韓国語能力試験 TOPIK II 作文完全対策

前田真彦 著

はじめに

私は21年間、中学校で国語の教師をしていました。

国語という教科は、英語や数学のようなトレーニング教科とは違い、指導の成果が表れにくい教科です。よく「国語はどのように勉強したらいいのか分からない」という声を聞きますが、確かに読解力などは一朝一夕に身に付くようなものではありません。ただし、そんな中でも作文は、定型さえしっかり指導すれば、どんな生徒でもある一定水準のものが書けるようになるものだという実感を得ました。

大阪府の公立高校の入試では、毎年作文（小論文）が課されます。中学３年生を担当することが多かった私は、この入試の作文指導に力を注ぎました。また、入学試験の作成にも毎年関わって経験を積んできました。小学校６年生を対象にした作文の書き方の出張授業に行ったこともあります。

「作文の書けない中学３年生に、きちんと作文を書かせるためにはどのようにすればよいか」ということが、国語教師としての一つの中心課題でした。

今は、国語教師を辞め、ミレ韓国語学院を立ち上げて韓国語を教える毎日を送っています。学習の目標には検定試験が最適で、学院では特にTOPIK受験を奨励していますが、「TOPIK対策として、どのように作文対策をしたらよいか分からない」という相談が一番多いです。

そういう受験生の声を反映させて、ミレ韓国語学院のTOPIK必勝講座でも、作文対策の講座を目玉としています。私のTOPIK作文対策講座は、受講生から「目からうろこが何枚も落ちました」と言われるものです。それは、TOPIK対策に関わる大部分の講師が韓国語の専門家であるのに対し、私は国語教師として悪戦苦闘してきたキャリアを生かした、韓国語の指導にとどまらない独自の作文指導が可能だからです。

韓国語指導の観点からのみならず、作文指導の面からも韓国語作文の書き方のコツを伝授して、みなさんをTOPIK作文が書けるところまで導くのが本書の狙いです。

作文指導の現場から得た私の体験を、もう少し聞いてください。

他の都道府県でも同様ですが、大阪府の中学校入試でも高校入試でも、作文に求められるのは「意見文」です。小学生の作文はいわゆる「できごと作文」です。「できごと作文」とは、時間の流れに従ってできごとを羅列する、「遠足の作文」に代表される作文のことです。中学校に入ってすぐの国語の授業で、私は「できごと作文から卒業しよう」という授業をしていました。

「できごと作文」と「意見文」、これが小学生と中学生の作文の大きな違いです。中学校の国語の授業では、「意見文」や「説明文」が書けるように指導することになっていますが、その取り組みは難しく、成果はあまり上がっていないのが実情です。読解の領域でも文学作品の鑑賞が中心で、社会に出て即必要な「意見文」や「説明文」を読んだり書いたりという授業が少ないのです。

これは、日本の国語教育の大きな問題点です。実生活に根付いた国語運用力の育成より、文学的素養に重きを置いているようなところがいまだに残っています。意見文を書こうとするときに、なぜか修辞的な表現をたくさん使おうとする人が多いのは、こういう教育風土を反映しているのでしょう。

TOPIK作文では、まさに、この「意見文」が求められます。日本語で意見文が書けない人は、いくら韓国語ができてもTOPIK作文は書けません。日本語に不自由しない日本の中学生ですら、意見文を書く訓練をしないと、しっかりした意見文が書けないのと同じです。

ですから、本書では、TOPIK作文を書くために、次の二つの段階を設定します。

第1段階　日本語で作文（意見文）を書く
第2段階　それを韓国語で書く

第1段階と第2段階は、まったく別物です。このように分けて考えないと、効果的なTOPIK作文対策にはなりません。日本語でさえきちんと意見を述べられないのに、韓国語で良い作文を書こうとしても無理というものです。

私のTOPIK作文対策講座での印象的なエピソードを、一つ紹介しましょう。

そのときの作文の課題はかなり難しいテーマで、「麻薬の合法販売についてあなたはどう思うか（600～700字作文）」というものでした。いきなり韓国語で作文を書くのではなく、まずは準備段階として書くべき内容を日本語で箇条書きにし、それを発表するという活動から入りました。みなさん、ほとんどペンが動きません。日本語で書くにもかかわらず、苦戦している様子が伺えます。その中で一番作業が進んでいるのが、弁護士のYさんでした。

いざ発表のとき、Yさんを指名すると、「1. 現状分析、2. 合法販売に賛成、3. その理由――合法販売することによって犯罪を減らすことができるから」、とまあ、鮮やかにすらすらと発表なさったのです。ホー、とみなさんから感嘆の声が上がりました。Yさんは弁護士という職業柄、課題にあるような内容について考えたことがあったのかもしれません。あるいは、論理的に自分の意見をまとめることに慣れていたのかもしれません。

このYさんのように、自分の意見をしっかり持っていて書くべき内容がはっきり決まっていれば、後はこの内容を韓国語に移し替えるだけでいいのです。大事なのは、「書くべき内容がはっきりしているかどうか」であって、韓国語は二の次なのです。そこを誤って、韓国語の難しい表現を覚えると素晴らしい作文が書けると考えたり、あるいは作文が書けないのは韓国語の語彙が少ないからだと勘違いしたりしている人が多いのです。いくらたくさん単語や表現を知っていても、意見文を書けることには直結しません。意見文を書くのは、韓国語の実力とは別の能力だということを、ここで明言しておきます。

つまり、TOPIK作文を書くためには、まず「日本語でしっかりと意見文を書く」こと、そして「その内容を日本語の表現につられずに、韓国語らしい韓国語で分かりやすく書く」という二つの段階で、それぞれ能力を高めなければなりません。

作文が書けなくて悩んでいるみなさん、TOPIK作文の対策をどのようにしたらいいのか悩んでいるみなさん、ご安心ください。この本で、目からうろこが10枚ぐらい落ち、優れたTOPIK作文が書けるようになりますから。

さて、本書の構成を説明しましょう。

まず第1章「TOPIK作文の概要」では、TOPIKにおける作文領域の概要について説明しています。ここでは試験全体について説明した後、作文問題にはどのような問題が出題されるのかタイプ別に問題を分析しています。さらに作文の採点基準まで掲載しています。「彼を知り己れを知れば、百戦殆《あや》うからず」です。

第2章「準備土台編」では、まずは日本語で意見文を書く練習をします。前述した通り、日本語で意見文を書く基礎をしっかり固めていないと、いくら韓国語の単語を覚えてもTOPIK作文は書けません。ですから、この章で意見文を書く基礎をしっかり身に付けてください。日本語なら意見文を書けるという自信のある人も、ぜひ一度目を通してください。そして試験対策としては、この部分にこそ力を注いでください。ここさえクリアできれば、優れたTOPIK作文を書けるようになります。

第3章「テクニック編」では、まず、「書き言葉」について確認します。作文は普段使用している「話し言葉」ではなく、「書き言葉」で書かなければなりません。次に、한다体の作り方を実習します。日本語でも、「です・ます」調と「だ・である」調という文体の違いがありますが、TOPIK作文では、後者の「だ・である」調に当たる한다体を主に使います。普通、学習者は口語を中心に学び、書き言葉であるこの한다体に慣れていないことが多いからです。さらに、知っているようで知らないという人が多い、原稿用紙の使い方を学びます。最後に、作文の韓国語が「日本語的韓国語」になってしまうという最大の落とし穴に陥らないようにするために注意すべき点を学び、作文を書くときに知っておくと便利な文中・文末表現や語彙を学習します。

TOPIK作文においては、日本語で構成を考え、その後にその内容を、日本語的な韓国語にならないように自然な韓国語で作文する。この点が大事です。以上の第2章と第3章では、そのポイントをクリアすることに重点を置きました。

第4章「実践編」では、実際のTOPIK作文を模した問題に挑戦しましょう。ここで書く練習を繰り返せば、いろいろなパターンの問題に対応できる力が付いてきます。

この1冊で、みなさんは必ず優れたTOPIK作文を書けるようになります。そしてそればかりではなく、日本語でも意見文が書けるようになります。これは素晴らしいことです。韓国語の検定試験の勉強が、結果的に日本語で自分の意見をしっかりまとめて表現できる力を鍛えることになるのですから。職場や家庭でも役に立つスキルとなるはずです。

みなさんが、本書を通して、日本語、韓国語両方の言語で、根拠のある意見文を書く力を身に付けてくださることを祈っています。

2015年7月　前田真彦

目　次

第 1 章
TOPIK作文の概要

TOPIK IIの作文問題

TOPIK (Test of Proficiency in Korean) は、韓国語では한국어능력시험、日本語では「韓国語能力試験」という名称で知られています。

TOPIKは韓国政府が認定・実施している検定試験で、韓国文化の理解を深め、韓国に留学するため、あるいは韓国で就職するために必要な能力の測定・評価することを目的としています。試験は、1～6級までの6段階で評価され、日本の多くの検定試験とは違い、数字が大きくなるほどレベルが高くなります (6級が最上級)。

TOPIKは、韓国、日本を含む世界の約70の国と地域で実施されています。韓国では年6回の受験が可能ですが、日本では4月と10月に全国約30カ所の会場で試験が実施されています。

なお、TOPIKは、初級レベルの受験者を対象にした「TOPIK I (1・2級)」と、中・上級レベルの受験者を対象にした「TOPIK II (3～6級)」の二つに分かれています。受験者は、TOPIK IおよびIIの各試験で取得した点数によって、各級に合格します。ただし、いずれの基準にも満たない場合は、不合格となります。

TOPIK Iは、「듣기 (聞き取り問題)」が30問、「읽기 (読解問題)」が40問出題され、試験時間は休憩なしの100分の試験です。合格の基準となる点数は、200点満点で80点以上が1級、140点以上が2級となります。TOPIK IIは、「듣기」が50問、「쓰기 (作文問題)」が4問、「읽기」が50問出題され、試験時間は1時間目の「듣기」と「쓰기」で110分、2時間目の「읽기」で70分、合計180分の試験です。合格の基準となる点数は、300点満点で120点以上が3級、150点以上が4級、190点以上が5級、230点以上が6級となります。

表1　TOPIKの合格基準

受験級	TOPIK I (200点満点)		TOPIK II (300点満点)			
級	1級	2級	3級	4級	5級	6級
合格点	80点以上	140点以上	120点以上	150点以上	190点以上	230点以上

表2 TOPIK IIのセクション別試験時間と問題数、配点

	듣기	쓰기	읽기
試験時間	約60分	約50分	70分
問題数	50問	4問	50問
配点	100点	100点	100点

※듣기と쓰기は同じ時間（1時間目110分）内で行われ、休憩をはさんで읽기の試験が行われます（2時間目）。

前述した通り、TOPIK IIの試験において「듣기」と「쓰기」は同じ時間内で行われ、合計110分の中で解答しなければなりません。もう少し詳しく説明すると、「듣기」は流れる音声に合わせて解いていき、これが約60分かけて行われます。よって必然的に「쓰기」は50分以内で解答しなければならないことになります。そして、これが受験者の頭を悩ませる問題となっているのです。

なぜなら、「쓰기」領域は、文字通り「書くこと」の力が試される試験です。後述する通り3タイプの問題があり、1・2問目は10〜20字程度の文、3問目は200〜300字の文章、4問目は600〜700字の文章を書かなければなりません。つまり、TOPIK IIの「쓰기」は全て「作文」問題なのです。

表3 TOPIK作文セクション概要

問題タイプ	問題番号	問題種別	解答文字数
1	51, 52	空欄補充。文脈を捉えて適切な文を入れる	10〜20字（目安）
2-a	53	グラフや表を見てその内容をまとめる	200〜300字
2-b	53	提示された情報などを文章にまとめる	200〜300字
3	54	与えられた主題に沿って、質問に答える形でまとめる	600〜700字

「作文」と聞いただけで頭を抱える受験者もいるかもしれません。しかも、これらを全て50分以内でクリアしなければならないわけですから、相当の事前の訓練と覚悟が必要だということがお分かりでしょう。ですから、本書はこの「作文」問題に特化して、TOPIK II合格への対策を立てることにしました。

では、具体的にどのような問題が出るのか、以下で、タイプ別に見ていきましょう。

タイプ別・作文問題解析

作文問題は、三つのタイプに分けることができます。それぞれのタイプについて、問題例とともに見ていきましょう。

タイプ1

次のように、一つの文章の2カ所が空欄になっていて、そこにふさわしい一文（おおむね10～20字程度）を書き入れる問題です。

【問題例】

장마철에는 빨래가 잘 마르지 않는다. (　　　　　　　　　　　　). 그래서 빨래를 많이 하려고 한다. (　　　　　　　　　　　　). 빨래뿐만 아니라 이불도 말릴 수 있겠다.

ここで問われるのは、文脈をしっかり読み取れるかどうかです。つまり、このタイプ1には読解的な要素も含まれています。（　　）の前後の文から、（　　）の内容を推測して文を書き入れる問題です。

タイプ2－a

グラフや表を見て、その特徴を200～300字で説明する問題です。グラフや表について、自分の考えを求められることもあります。

【問題例】

다음 그래프를 보고 행복의 조건에 대한 남녀의 차이를 비교하여 자신의 생각을 200~300자로 쓰십시오.

다음 그래프는 '행복하기 위해 필요한 것'을 주제로 20~30대 남녀 500명에게 실시한 설문 조사의 결과입니다.

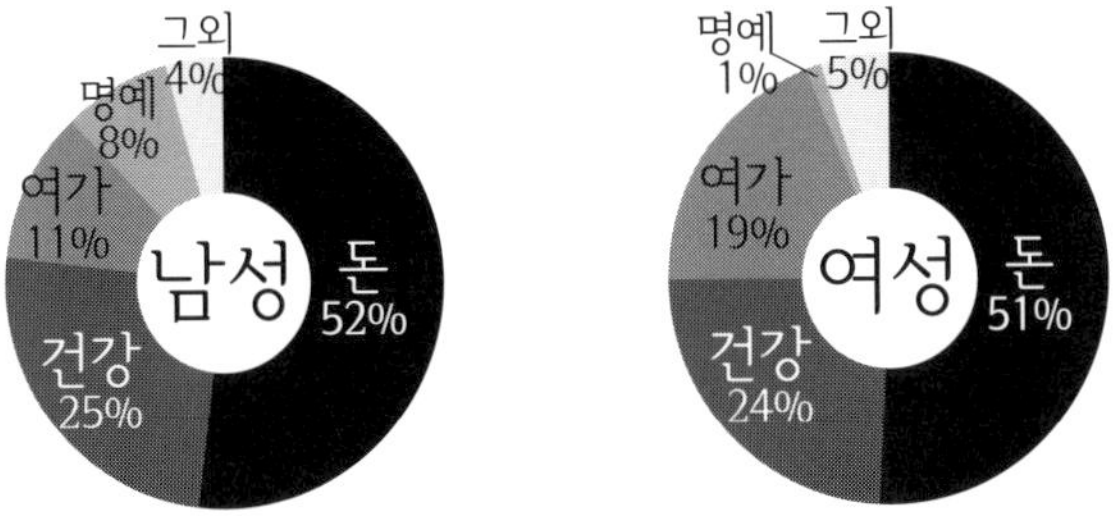

ここで問われるのは、まず与えられたグラフの特徴をつかめるかどうかです。いくつかのグラフが並んでいる場合、その共通点や差異を見つけ、これらのグラフ全体から見えてくるものを文章にまとめることが求められます。さらにそれを踏まえて、自分の考えを付け加えなければならないときもあります。

タイプ2－b

提示された情報をまとめて200～300字で述べる問題です。その情報について、自分の考えを求められることもあります。

【問題例】

다음 자료를 토대로 서울시 대중교통의 장단점을 쓰고, 대중교통을 더욱 편리하게 하기 위한 자신의 생각을 200~300자로 쓰십시오.

장점
①요금이 싸고 노선이 매우 발달했다
②자가용 이용 시보다 지연이 적고 시간 계산이 용이하다

단점
①출퇴근 시간대에 승객이 몰려 매우 붐빈다
②버스 운전이 난폭해서 위험하다

このタイプの問題は、作文に入れるべき情報などが全て提示されていますから、それらをつなぎ合わせて、最後に自分の意見を加えるなどしてまとめれば完成します。

タイプ3

与えられた主題について、600~700字の意見文を書く問題です。

【問題例】

다음을 주제로 하여 자신의 생각을 600~700자로 글을 쓰십시오.

걸으면서 스마트폰을 보는 사람들이 많아 문제가 되고 있습니다. 보행 중 휴대폰 사용의 이유와 위험성, 문제 해결 방안에 대해 아래의 내용을 중심으로 주장하는 글을 쓰십시오.

- 걸으면서 스마트폰을 보는 이유는 무엇일까요?
- 걸으면서 스마트폰을 보면 왜 위험할까요?
- 문제 해결을 위한 방안은 무엇입니까?

このタイプ3の長文作文問題では、作文に入れるべき具体的な内容は与えられません。代わりに与えられたいくつかの疑問に答える形を取りながら、600~700字で自分の考えを述べる意見文を書きます。

作文問題の採点基準

このように見てくると、TOPIK作文では、論理的な思考ができて、根拠を持って自分の意見を作文できればよいということが分かります。独自の視点や豊かな表現力、ユニークな発想などは一切必要ありません。作文というと、個性的な考え方、きらりと光る表現を要求されているように感じる人がいますが、そのような文学的な文章を書く必要はないのです。

繰り返しますが、TOPIK作文で要求されているのは、意見文です。文章が下手だ、表現力がない、文学的素養がない、などと嘆く必要はなく、誰でも自分の考えをしっかり持って、順序立てて述べていきさえすれば、TOPIK作文は書けるようになります。

「はじめに」でも述べたように、日本語で意見文が書けるかどうかがかなりの比重を占めていると考えてください。これをクリアしてから、韓国語で書くことを練習すれば、必ず優れたTOPIK作文が書けるようになります。

では最後に、解答した作文は、具体的にどのような基準で採点がなされるのか見てみましょう。

まず、タイプ1の問題は、難易度が「下（3級下・4級下）」レベルとされ、各10点ずつ、計20点の配点です。一つの問題に2箇所の空欄が設けられているので、空欄一つあたり5点の配点となります。次に、タイプ2の問題は、難易度が「中（3・4級）」レベルとされ、配点は30点です。最後に、タイプ3の問題は、「上（5・6級）」レベルとされ、配点は50点です。

TOPIK作文では、与えられた課題に該当する内容を少しでも書くと、「部分点数」が得られます。つまり、作文練習を忠実に行って問題に取り組めば、少しでも点数をアップさせることができるわけです。

TOPIKを主管する韓国・国立国際教育院が公開している情報によると、作文の採点の基準は、次のようになっています。

表4 TOPIK作文問題別採点基準

タイプ1	・中級レベルの表現と文法を使用しなければならない ・初級レベルの文法を使用した場合は減点となる ・話の文脈に合わない表現や文法を使用すると減点となる ・綴字法（正書法）が正確でないと減点となる
タイプ2、3	・一貫性のある文章を論理的に展開しなければならない ・「導入—展開—結び」の構造を備えることが必要である ・文章の特性に合わせて文語的に書くことが重要である（口語の語彙・文法は使用不可、終止形に합니다体、해요体を使用すると減点となる） ・タイプ2は、中級レベルの語彙・文法を正確に使用しなければならない（中級の上レベルが望ましい） ・タイプ3は、上級レベルの語彙・文法を正確に使用しなければならない（中級レベルの語彙・文法を使用するより、間違いがあっても上級レベルのそれを使用する方がよい）

なお、問題の解答に使う筆記道具は、当日会場で配布されるサインペンを使用するのが決まりです。作文問題で誤って記入した内容を修正するには、該当箇所を修正テープで消すか二重線を引くことになっています。

なお、ここまでの情報は、2015年7月現在の情報です。最新の情報については、下記のTOPIK日本公式サイトでご確認ください。

TOPIK日本公式サイト　http://www.kref.or.jp/examination

それでは、ここまで述べてきたことを頭に入れて、実際にTOPIK作文を書くための練習を行っていきましょう。

第 2 章

準備土台編

まずは日本語で書く練習を

TOPIK作文を書くために、まずは準備運動として、日本語で作文を書く練習をしてみましょう。「韓国語の作文なのにどうして日本語で作文を書く練習をするの?」と思う人が、まだいると思います。韓国語をネイティブ講師に習っている人の中には、「日本語を介さず、できるだけ韓国語で書くように」という指導を受けている人もいるかもしれません。しかし、TOPIK作文をいきなり韓国語で書くのは正直言って無謀です。それだけの力があれば、すでにTOPIKの最上級に合格しているでしょう。

どうして日本語で書く練習をすべきなのか、もう少し考えてみましょう。

ミレ韓国語学院の私の授業(TOPIK作文高級講座)でのことです。「ではみなさん、1分後に英語で自己紹介をしてもらいます。準備してください」。私がこう言うと、みなさん戸惑いの表情を隠し切れません。教室はシーンとし、私と目を合わせないようにうつむいたままの人、諦めムードの人、笑顔がひきつっている人、「どうせ脅しでしょ」と平然としている人……。「では、○○さんから、お願いします……というのはうそです」……と、ここでやっと教室に安堵《あんど》のため息と笑いが漏れます。この間、受講生の頭の中は、日本語でする自己紹介ではなく、自分のできる英語で何が言えるのか、「My name is ……」の他に何が言えるのかを考えていたはずなんです。相当英語ができる人以外、今の仕事や将来の夢、趣味のことなどを話そうと思った人は少ないはずです。

このように「英語で自己紹介」となると、自分が使える英語で何が言えるのか、言える範囲で無難に収めようとします。そもそも英語で言えもしない内容については考えようとしなくなるのです。考えたところで表現できないのですから。つまり、思考が浅くなってしまって、自分が言える英語で何とかその場をしのごうと、本来の自己紹介どころではなくなってしまうのです。

英語が韓国語になっても同じです。初級学習者が自己紹介をすると、○○라고 합니다. 잘 부탁합니다.で終わってしまいます。中級学習者になると、공부를 시작한 지 ~.や열심히 하겠습니다.などが加わる程度です。上級者になってやっと、요즘은 ○○에 대해 관심을 가지고 책을 읽고 있어요.などが付け加えられるようになってきます。

これらのことから、「考えること」と「駆使できる言語表現のレベル」には密接な関係があり、TOPIKで要求されているような、日本語でも大人が精いっぱい考えないといけない「高度な意見文」は、日本語で思考し、日本語で構築し、そしてその後、日本語的な韓国語にならないように韓国語で書いていくというのが正しいやり方だと理解していただけると思います。

私が大学院でお世話になった英語音声学の先生は、英語圏での長期留学を経験し、英語で論文を発表し、学会でも英語で司会をする、いわば英語の達人です。その先生に伺ったことがあります。「先生は英語の達人でいらっしゃいますが、論文をお書きになるときも、いきなり英語で書いていかれるのですか?」と。先生曰く、「いえいえ、まず日本語でしっかり考え、論文をあらかた日本語で書いて、それを英語らしい英語で書いていきます」と。このような英語の専門家の大学教授ですら、日本語で書いて、英語らしい英語で論文を仕上げるわけです。ですから、みなさんが挑戦するTOPIK作文も、「日本語で考え、韓国語らしい韓国語で仕上げる」方法が効率的なのです。

それでは、日本語で意見を言う練習を、基本的なところからやっていきましょう。これこそがTOPIK作文の基礎の土台となるのですから。

そもそも日本人は、自分の意見をずばり人前で言うのが苦手です。なので、まずは「意見をはっきり言う」ところから練習していきます。次の部分からは、この本に直接書き込んでいってください。鉛筆を準備しましたか?　読むだけでは、練習の効果が半減してしまいますので、必ず直接書いてみてくださいね。

次のページを開けると、例題が出ています。指示に従って、書き込んでいきましょう。各例題に費やす時間は1分です(ストップウオッチも必需品です。100円均一ショップでも売っていますし、スマートフォンにもついています)。制限時間を設けるのは、TOPIK作文では書くために与えられる時間は短く、試験の場で長考する時間はないからです。さっと考える瞬発力も、TOPIK作文には必要なのです。

では、例題です。

例題1

二者択一問題です。どちらかに○を付けて、その理由を二つ具体的に挙げてください。（※一般論ではなく、あなた自身のことを聞いています）

昼食に食べるなら、ラーメンがいいか、うどんがいいか？

・ラーメン　　　　・うどん

■その理由

一つ目：＿＿＿＿＿＿＿＿＿＿＿＿＿＿＿＿

二つ目：＿＿＿＿＿＿＿＿＿＿＿＿＿＿＿＿

いかがですか？　1分で書き込めましたか？

では、解答例です。

・ラーメン（○）　　　　・うどん

■その理由

一つ目：職場の地下においしいラーメン屋さんがあり、昼食を取るのに時間がかからない。

二つ目：あっさり味の野菜ラーメンがあるので、カロリーや脂肪分についても、そんなに心配しなくてもよい。

上で選択したものと箇条書きした理由とをつなげて、文章にしてみます。

私ならラーメンです。理由の一つは、職場の地下においしいラーメン屋さんがあるので、昼食を取るのに時間がかからないからです。二つ目は、その店にはあっさり味の野菜ラーメンがあるのでカロリーや脂肪分についても、そんなに心配しなくてもよいからです。以上二つの理由から、昼食はうどんよりラーメンがいいです。

この例題に正解はありません。つまり、あなたがラーメンを食べようがうどんを食べようがどちらでもいいのです。「根拠をはっきりさせて、立場を明らかにする」、いわば論理ゲームのようなものだと考えてください。ユニークな意見や相手をはっとさせる理由は不要です。分かりやすくコンパクトに意見を述べることができるか、要求されているのはそれだけです。「結論－理由1－理由2－結論」といった組み立ては必要です。きちんと理由と結論を述べることができたでしょうか?

同じような例題で、練習してみましょう。全て1分以内に書いてください。

例題2

家で飼うなら、犬がいいか、猫がいいか?

・犬　　・猫　　※どちらかに○を付けてください

■その理由

一つ目：＿＿＿＿＿＿＿＿

二つ目：＿＿＿＿＿＿＿＿

例題3

韓国に行くなら、春がいいか、秋がいいか?

・春　　・秋　　※どちらかに○を付けてください

■その理由

一つ目：＿＿＿＿＿＿＿＿＿＿＿＿＿＿＿＿＿＿＿＿＿＿＿＿＿＿＿＿

二つ目：＿＿＿＿＿＿＿＿＿＿＿＿＿＿＿＿＿＿＿＿＿＿＿＿＿＿＿＿

例題3の場合、あなたの心の中で次のような逡巡《しゅんじゅん》があるかもしれません。「花粉症がひどくて、毎年春は憂鬱《ゆううつ》で旅行に行くどころではないのだが、韓国は花粉が飛散していないので花粉症で苦しまなくてもよいという話を聞いた。だから、今年の春には絶対に韓国に行こうと思っていた。ところがその矢先、知人の中で韓国に行って、黄砂にやられてひどい目に遭ったという人の話を聞いた。花粉症から解放されるのを取るか、黄砂の被害を我慢するかで迷うし、春休みは飛行機代が高い。しかしこの機会を逃すと次は夏になってしまう。為替レートもそんなによくないけれど、ここは思い切って春に行こうか。でも、春に行くと、秋に行くだけの資金がなくなってしまうなあ……。」

たとえ事実であったとしても、このようなことを考えている時間はありません。うそを書けというのではありませんが、シンプルに当たり前のことを分かりやすく書けばいいのです。たとえ自分のことでなくても、「春に韓国に行きたい。理由は、花粉症から解放されたいし、真っ黄色のレンギョウの咲き誇っている様子を見たいから。だから春に韓国に行きたい」。これでいいのです。

例題4

例題1～3について、最初に選んだものと反対の答えを選択して、これまでと同じ作業を行ってみましょう。

・ラーメン　　・うどん

・犬　　・猫

・春　　・秋　　※どちらかに○を付けてください

どうでしょうか？　ここまでで、作文を書くのに大切なことを理解していただけたかと思います。はっきりと自分の意見（結論）を持ち、その理由をさっと考えて、簡潔にまとめられること。これで、TOPIK作文を書くための準備運動は完了です。

ここで、実際にあったエピソードを紹介します。TOPIK対策でプライベートレッスンを申し込んだ方の話です。この方は、相当学力が高く、語彙も文法も聞き取りも上級レベルです。しかし作文だけは苦手。何か迷いがあって、なかなか書き出せないのです。そこで、この方とは、私が示した次のようなテーマに対し、即座に結論とその理由を答えるという練習をたくさんしました。

・晴れの日が好きか、雨の日が好きか。その理由は？
・時計はアナログがいいか、デジタルがいいか。その理由は？
・試験では鉛筆で書くのがいいか、シャーペンで書くのがいいか。その理由は？
・梅田に来るには地下鉄がいいか、JRがいいか。その理由は？
・お昼ご飯はかつ丼がいいか、親子丼がいいか。その理由は？　……などなど

一度それぞれに答えた後、2回目には、結論を逆にして言ってもらいました。1回目に「晴れの日が好き」と答えたのであれば、2回目は「雨の日が好き」でその理由を答えてもらうのです。

これは、結論をずばり言う瞬発力、そしてもっともらしい理由を付ける思考の柔軟性を鍛える練習です。深くじっくり考えることは、ここでは要求されていません。自分が実際にどちらを好きなのか良いと考えているのかは問題ではなく、「根拠のある意見をはっきり言う」練習なのです。

これが功を奏しました。この方は、うまくコツをつかんだのです。どのようなテーマでも、即座に結論とその理由が言えるようになりました。これが作文力の決め手になりました。もともと韓国語の力はある方でしたので、あっという間に苦手だった作文を克服して見事6級に合格しました。そして最後には「作文が一番好き」という言葉を残してくれました。

日本語で問題を解いてみる

では、もう少し実際の試験問題に近い例題を解いて、試験に対する勘《かん》を養っておきましょう。ここでも、日本語で考え、日本語で答える練習をします。解答するときや作文を書くときに留意したいことを、☞〈ポイント〉で示しています。

なお、実際の試験では、例題3～6のような問題は韓国語の文字数が指定されていますが、ここでは考えないことにします。タイプの分類については、P.12～14を参照してください。

例題1（タイプ1）

一つの文章の2カ所が空欄になっていて、そこにふさわしい一文を書き入れる問題です。日本語で㉠ ㉡に解答を書き込んでみましょう。

①梅雨時は洗濯物がよく乾かない。
②（㉠　　　　　　　　　　　　　　）。
③だからたくさん洗濯しようと思う。
④（㉡　　　　　　　　　　　　　　）。
⑤洗濯物ばかりではなく、布団も干せそう。

※ 説明が分かりやすいように、問題の各文に丸数字で番号を振っています。

このタイプの問題は、空欄の前後の文に注目します。③には「だから」、⑤には「～ばかりではなく」と、前後の文章をつなぐ言葉が入っています。そこに着目すると、おのずと②④に入る文が浮かんでくるでしょう。このように、文脈をつかむためのヒントを見つけられるかどうかが鍵となります。

☞〈ポイント〉接続詞や接続表現に着目する

【解答例】
㉠しかし今日は久しぶりに朝から晴れている
㉡普段洗えないようなシーツなども洗濯できるな

同じような類型でもう1題解いてみましょう。日本語で、㉠ ㉡に解答を書き込んでみましょう。

例題2（タイプ1）

①幼いときから良い習慣を身に付けることが大事だ。
②なぜなら（ ㉠ ）。
③韓国語には「3歳のときの癖、80まで行く」ということわざがある。
④これは（ ㉡ ）という意味である。
⑤つまり、習慣がその人の人生を形づくっていくとも言えるのだ。

例題1同様、まず接続詞に着目します。②には「なぜなら」があるので、①の内容の理由となることを書けばよいでしょう。④は「これは～という意味である」とあり、指示語が冒頭に来ています。この「これ」という指示語が何を指しているか分かれば、④の内容も決まってきますね。

☞〈ポイント〉指示語に着目する

【解答例】
㉠一度身に付いた習慣はなかなか直すことが難しいからだ
㉡幼いときの習慣がその人の一生に影響を与える

いかがでしょうか？　日本語で考えると、内容的にそう難しいものではなく、きちんと文脈を捉えれば解答できるということが分かっていただけたでしょうか？　独創的な考えやユニークな表現は必要ありません。

次はグラフや表を見て、その特徴を説明する問題です。グラフや表の全体像をつかんで説明し、最後に自分の意見を述べます。指示に従って、日本語で書き込んでみましょう。

例題3（タイプ2-a）

次のグラフを見て、幸せの条件に対する男女の差を比較し、自分の考えを書きなさい。

次のグラフは、「幸せになるために必要なもの」を主題として20代〜30代の男女500人に実施したアンケートの結果です。

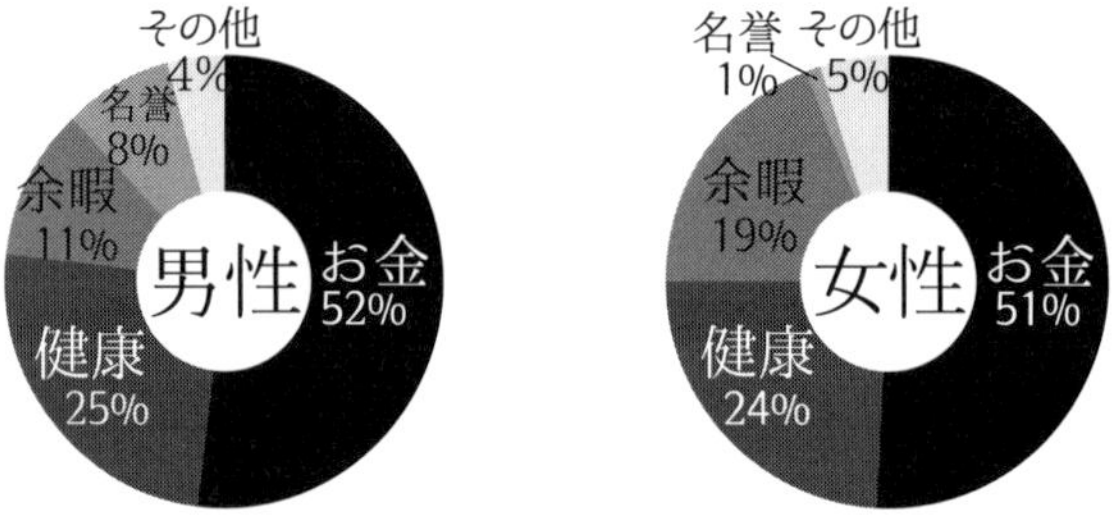

まずは円グラフを、男女の差について見て分かることを三つ、箇条書きしてみましょう。

① ＿＿＿＿＿＿＿＿

② ＿＿＿＿＿＿＿＿

③ ＿＿＿＿＿＿＿＿

全体の共通点や数値の異なる点について、素早く見抜けなければなりません。一つひとつの円グラフにとらわれるのではなく、二つのグラフを比較して、まず全体像をつかむようにしましょう。そして、数値の変化に着目し、その数値の変化がどのような現象を反映したものか考えることです。

☞〈ポイント〉グラフは数値の差に着目する

箇条書きの例を挙げておきます。

①男女どちらも数値が高いのは「お金」で、ほとんど同じ数値である。

②次に高いのは「健康」で、男女のどちらもほとんど同じ数値である。

③男性8%が「名誉」を挙げたのに対し、女性は1%だけ。また男性の11%が「余暇」を挙げたのに対し、女性は19%となっている。

左ページで箇条書きしたものをつなげて、文章にしてみましょう。最後に自分の考えを付け加えてください。

【解答例】

男女に共通して数値が高いのは「お金」。その次に高いのは「健康」となっている。つまり、アンケートに応じた人は、男女を問わず何よりも「お金」が自分を幸せにしてくれる、また健康であればこそ幸せになれると考えているわけだ。

一方、男性8%が「名誉」を挙げたのに対し女性は1%にとどまり、逆に男性の11%が「余暇」を挙げたのに対し女性は19%となっている。

このことから、男性は社会的な立場や面子を重視するのに対し、女性は仕事を離れた余暇活動を楽しんでいるという傾向があると言える。

次は、提示された情報などをまとめる問題です。まずは基本的なまとめ方を練習します。指示に従って、日本語で書き込んでいきましょう。

例題4（タイプ2-b）

次の情報を見て、社会人が夏休みを有効に使うためにはどのようにするのがよいか、自分の考えを書きなさい。

夏休みのいい点
・自由に時間が使える ・普段できないことを行える

夏休みに注意すべき点
・生活が不規則になったり、無計画に過ごしたりしがちだ ・過ごし方によっては出費がかさむ

書くべき内容を箇条書きしてみましょう。まず夏休みのいい点について、次に注意すべき点についてまとめ、最後に自分の考えを書きます。

①夏休みのいい点について：＿＿＿＿＿＿＿＿＿＿

②夏休みに注意すべき点について：＿＿＿＿＿＿＿＿＿＿

③自分の考え：＿＿＿＿＿＿＿＿＿＿

上で箇条書きしたものをつなげて、文章にしてみましょう。

＿＿＿＿＿＿＿＿＿＿

＿＿＿＿＿＿＿＿＿＿

＿＿＿＿＿＿＿＿＿＿

＿＿＿＿＿＿＿＿＿＿

＿＿＿＿＿＿＿＿＿＿

【解答例】※①〜③の数字は説明の便宜上入れています

①夏休みは時間が自由に使え、旅行など普段できないこともできる。また長い時間仕事から離れ、精神的にリセットを図ることも可能である。②その反面、計画的に時間を過ごさなければ、生活が乱れてしまい、休み明けに元の生活に戻るのがつらくなるだけだ。③つまり、

夏休みは、しっかり計画を立てて、時間を有効活用することが大事である。夏休みには、事前に計画を立てて海外旅行に行くなど、新たな経験をするのもよい。出費がかさんでも、こうして気分転換を図ることで、夏休みの後の仕事も大いにはかどるはずだ。

このタイプの問題は、簡単に言ってしまえば、提示された情報を「つなげればおしまい」なのです。つなぎ方は「導入—展開—結び」の流れになるようにし、自分の考えをまとめとして入れます。つまり、①長所を引用→②短所を引用→③あなたなりのまとめ、で完成です。③「あなたなりの」といっても、短所を最小限にして長所を生かすといった内容を書けばそれでよいのです。決してオリジナリティーを要求しているわけではありません。①②を踏まえて書けばいいのです。

☞〈ポイント〉短所をつぶして長所を生かすまとめを心掛ける

次も例題4と同じ類型の問題です。今度は少し硬い話題を取り上げてみます。指示に従って、日本語で書き込んでいきましょう。

例題5（タイプ2-b）

次の資料を基に、ソウルの公共交通機関の長所と短所について書き、公共交通をさらに便利に利用するための自分の考えを書きなさい。

長所
①利用料金が安く、路線が発達している ②自家用車を利用するのに比べ遅延が少なく、時間が計算しやすい

短所
①通勤時間には乗客が集中し、車内が大変混雑する ②バスの運転が乱暴で、危険だ

書くべき内容を箇条書きしてみましょう。まず文の導入を考え、次に長所および短所についてまとめ、最後に自分の考えを書きます。

①導入：

②長所および短所について：

③長所および短所について：

④長所および短所について：

⑤自分の考え：

上で箇条書きしたものをつなげて、文章にしてみましょう。ここでは、例題4よりさらに作文らしく仕上げてみましょう。

【解答例】 ※①～⑤の数字は説明の便宜上入れています

①ソウルの公共交通機関はよく発達している。②公共交通機関を利用すれば出・退勤は、自家用車に比べると安く、早く行うことができる。③しかし、出退勤時には利用が集中するため、電車、バス共に車内が混雑し、苦痛を感じる人も多い。④また、バスの運転が乱暴で、安全面での心配があることも事実である。⑤公共交通機関の利便性をもっと高めるには、産業界が時間をずらした通勤制度を導入して混在を緩和させる一方で、自治体や運営会社はバス運転手の安全教育を行い、より多くの人がバスを安心して利用できるようにすべきである。

この解答例は、①で導入として、ソウルの交通機関の全体像を述べ、②は長所を引用、③④は短所を引用、⑤で自分の意見を述べる、といった構成になっています。「自分の意見」といってもオリジナリティーを出す必要はなく、「通勤時間をずらす」「安全教育を行う」など、常識的に考えられることをまとめればいいのです。

より優れた、説得力のある作文にしたいときは、結論に「市民全体の意識改革が必要だ」「国や自治体の制度的なバックアップが必要だ」「社会全体で取り組んでいく必要がある」などといった「社会的な視野」を持ち込むと、まとめやすくなります。

☞〈ポイント〉結論には社会的な視野を持ち込むとまとめやすい

最後に、いくつかの事項に答える形を取りながら、自分の意見をまとめる問題にチャレンジしてみましょう。

例題6（タイプ3）

韓国では2000年代以降、外国人女性を嫁に迎える農家が増えたことなどにより、「多文化家庭」が増加しています。社会における多文化家庭のあり方について、下の内容を中心にあなたの考えを述べなさい。

① 多文化家庭の現状と問題点は何ですか？
② 多文化家庭に支援が必要な理由は何ですか？
③ 今後の理想的な姿はどういうものですか？

①～③の疑問に答える形で、作文に書くべき内容を箇条書きしてみましょう。

①＿＿＿＿＿＿＿＿＿＿＿＿＿＿＿＿＿＿＿＿

＿＿＿＿＿＿＿＿＿＿＿＿＿＿＿＿＿＿＿＿

②＿＿＿＿＿＿＿＿＿＿＿＿＿＿＿＿＿＿＿＿

＿＿＿＿＿＿＿＿＿＿＿＿＿＿＿＿＿＿＿＿

③

箇条書きしたものをつなげて、作文してみましょう。

【解答例】※①～③の数字は説明の便宜上入れています

①韓国社会において多文化家庭が次第に多くなり、混血に対する否定的な見方や感情は徐々になくなってきている。農村部での国際結婚の増加などにより、多文化家庭は一つの社会現象としても根付いてきた。しかし差別や偏見などの問題は現存し、社会制度面でも不備が目立つ。

②多文化家庭に対する支援が必要だと考える理由は、韓国の将来に役に立つと考えるからだ。多文化家庭の子どもたちが成長して、将来的に韓国と他国とをつなぐ橋の役割を果たすと考える。

③多文化家庭に対する政策はこれからも一層強化されなければならない。物質的な福祉を提供する支援政策よりは、多文化家庭に対するイメージを改善するために法的支援を通じた差別禁止法を強化したり、社会適応教育などを通じて多文化家庭の構成員が韓国社会の一員として成長できるような支援をしたりすることが優先だと考える。

いかがでしょうか？　タイプ2の作文はすでに情報が提示されていますから、それらを組み合わせれば作文はほとんど完成しますが、タイプ3は与えられた疑問に答える形で内容を自分で考え出さなければなりません。しかし書き方としては、タイプ2とほとんど同じです。

作文の構成は、どのような問題でもおおよそ次のようなまとめ方でよいのです。

①導入　②展開　③結論

この中で、まず③の結論から先に決めると書きやすくなります。この例題で言うと、結論を「多文化家庭に対する積極的な支援が必要」と決めます。そしてその理由を、「今後の韓国社会をより一層豊かなものにするために」とします。ここが決まれば、作文の展開のしかたが見えてきますね。

このように結論を先に考えて、そこに持っていくように考えると書きやすくなりますが、その結論は自分の本来の考えとは違っても構いません。テーマを見て、論理的に書きやすい結論を選ぶのも一つの方法です。万一結論に迷ったら、「肯定的な思考」「未来志向的な結論」を選ぶ方が、自由度が高くなり書きやすい傾向があります。

☞〈ポイント〉最初に結論を決める

この問題で多文化家庭に関してほとんど知識がなくても慌てる必要はありません。例えば日本における国際結婚や国際関係に置き換えて、「国際交流の大切さ」「価値観の多様化」「人権差別撤廃」などと結び付けると考えやすくなるのではないでしょうか。

あるいは、「今後私のすべきことは……」というようなまとめにもっていくと、抽象的なテーマも自分に引き付けて書きやすくなります。実際に自分が実行できるようなこと、例えば「隣近所との交流を大切に」「誰とでも仲良く」「相互の助け合いが必要」などとまとめると、ぐっと書きやすくなります。

☞〈ポイント〉自分の身に引き付けて書く

また、少々書きにくいテーマでも、「プラスの評価」「今後の積極的な展開」を考えるようにすると書きやすくなります。逆にマイナスの評価、否定的な姿勢の作文になってしまうと、不思議と途中から書きにくくなります。

☞〈ポイント〉前向きな姿勢で書く

これまでに挙げたポイントを、表にまとめてみました。作文に取り組む際には、ぜひ心掛けるようにしてください。

ポイントまとめ

タイプ1	・接続詞や接続表現に着目する ・指示語に着目する
タイプ2	・グラフは数値の差に着目する ・短所をつぶして長所を生かすまとめを心掛ける ・結論には社会的な視野を持ち込むとまとめやすい
タイプ3	・最初に結論を決める ・自分の身に引き付けて書く ・前向きな姿勢で書く

作文を書くときのコツ

前項において、問題のタイプ別に、作文を書くときに気を付けたいポイントを示しましたが、最後に、特に重要な文章作成のコツを紹介します。これらを知っておけば、必ず作文領域での高得点への道が開けます。

1. 箇条書きでメモする

問題用紙の余白に、与えられた情報や考えた構成を箇条書きでメモすると、作文が書きやすくなります。問題用紙の余白にメモする習慣を付けておきましょう。特に、長文作文の場合は、作文スペースの全体を見渡し、「導入」「展開」「エピソード」「理由」「結論」などの構成要素の文字量配分を先に行って、該当箇所にメモして書き始めるとよいでしょう。全てを頭の中だけで済まそうとせず、メモを利用すれば、何倍もスムーズに作文を書くことができ、非常に効果的です。

2. 表現に凝らない

凝った表現は必要なく、平易な言葉でよいので論理的な文章を書くように努めましょう。「○○は星の数ほどあるけれど」「そのとき私の心に嵐が吹き荒れました」「断崖絶壁に追い詰められた心境でした」「まさに世の終わりだと心の中で叫びました」……。学校での作文以外に作文をほとんど書いたことがない人は、修辞的（形容詞や副詞の多いユニークな表現を散りばめた）作文を書く傾向があります。TOPIK作文に凝った表現は一切必要ありません。エッセーのような作文にならないように注意しましょう。

3. 接続詞や接続表現をうまく使う

前項を通じて、接続詞や接続表現は、文章を展開する上で非常に重要なキーワードとなることはすでにお分かりですね。作文を書くときにも、文章をただ羅列するのではなく、起承転結に沿って上手に接続詞や接続表現を使ってみましょう。文脈が捉えやすい、すっきりと論理的な作文になるはずです。

4. 構成を見失わない

書く内容と構成を決めたら、迷わず結論まで持っていきましょう。自分の家族のことや経験した衝撃的なエピソードなどを書こうとすると感情的になってしまい、支離滅裂な作文になってしまうことがあります。あくまで最初に決めた構成を見失わず、冷静に客観的に書くことが大事です。自分にとって書きやすい内容であればあるほど、書きたいことがどんどん出てきて夢中になってしまい、全体が見えなくなるという失敗に陥りやすいので、気を付けましょう。

Column

中学校での作文指導

中学校で作文指導をしていた頃の経験を少し紹介しましょう。「友達」というタイトルで作文を書いた場合の二つのケースです。

①「友達は大事だ。家族より大事だ。世の中で一番大事なのは友達だ」というようなことを書き連ねる。同語反復が果てしなく繰り返される。

②「A君とは小学生のころから遊んだ友達だ。僕が自転車事故で入院していたとき、A君が毎日宿題を届けに病院まで来てくれた。心細かった入院生活の中でどれほどうれしかったことか。それ以来A君は単なる遊び友達ではなく、心の友達へと変わった。友達を大切にしたい」という文章のように、自分の経験を踏まえて、意見を述べる文章を構成する。

①と②には歴然とした差があります。作文指導を行う前は、大部分の中学生が①の作文を書きます。そして指導を行うと②の作文が書けるようになります。

一つの意見を主張するときに、いくつかの材料を準備して、それらを効果的に配置する作業ができるかどうか。これが作文力なのです。つまり、中学校での私の作文指導は、1にも2にも構成指導でした。カードやふせんを準備して材料を書き出し、それを並べ替え、構成を考える。これが大事です。作文の指導は大部分このために費やしました。構成さえできれば意見文が書けるのです。書きたい内容が定まり、構成がしっかりできれば、「これが、中学生が書いた作文か?」と驚くようなしっかりした内容の作文を仕上げるようになります。

第3章
テクニック編

書き言葉で書く

韓国語の「話し言葉」と「書き言葉」は違います。日本語でも「～じゃないです」は話し言葉なので、文章を書くときには「～ではありません」を使いますよね。韓国語でも、このような「話し言葉」と「書き言葉」の違いが存在します。そして、TOPIK作文は、基本的に書き言葉で書く必要があります（タイプ1の問題のみ例外があります）。

みなさんは、해요体になじんでいる人が多いと思いますが、해요体は主に会話のときに使われる形であり、文章を書くときには한다体を使うのが適切です。しかし、通常、한다体を使って文章を書く機会が少ないため、「한다体が苦手」という人が多いようです。ですので、本章では、한다体を使う練習を行います（P.41～）。

한다体の練習に先立ち、書き言葉で文を書く際に注意すべき幾つかの点について見てみましょう。

한다体では、저は使わずに나を使う

韓国語の文章で使われる一人称単数には저と나の二つがありますが、文章全体の待遇法が합니다体であれば저、한다体であれば나を用いることになっています。例えば、日本語の「私は本を読む」は한다体を使って訳すので、나는 책을 읽는다となります。저と한다体を一緒に使わないように注意しましょう。また、一人称複数にも同じように저희と우리の二つがありますが、한다体では우리を使うのが原則です。

나는 학교에 간다.	× 저는 학교에 간다.
친구가 내 이름을 불렀다.	× 친구가 제 이름을 불렀다.
나에게 편지가 왔다.	× 저에게 편지가 왔다.

우리는 주의해야 한다.	× 저희는 주의해야 한다.
친구가 우리 집을 찾아왔다.	× 친구가 저희 집을 찾아왔다.
우리에게 가르쳐 주었다.	× 저희에게 가르쳐 주었다.

書き言葉にふさわしい単語や助詞、語尾、表現

한다体や합니다体を使った書き言葉を書く際には、それにふさわしい助詞や語尾、表現を使う必要があります。特に、似た意味であっても話し言葉と書き言葉で使い分けがある助詞や語尾の場合は、話し言葉用のものを使わないように注意しなければいけません。

그 사람에게 들었다. × 그 사람한테 들었다.
사과와 배를 샀다. × 사과랑 배를 샀다.
사람이 많아서 힘들다. × 사람이 많아 가지고 힘들다.
밥을 먹으려고 나갔다. × 밥을 먹을려고 나갔다.
그래서 바꿀 필요가 있는 것이다. × 그러니까 바꿀 필요가 있는 것이다.

上のような、主に書き言葉で使う助詞や語尾などを、次ページの表にまとめてみましたので、確認してみましょう。「主に話し言葉」の欄にあるものは、文章を書く際には使わない方がいいものです。表の右側の列にある、「主に書き言葉」の欄にある語尾は硬い語尾なので、文章の中に何度も現れると重い印象を与えます。そのため、話し言葉と書き言葉の両方に使える語尾と使い分けて、特に強調して主張したい部分に使うことがあります。例えば、-(으)므로や-기 때문에は、-(으)니까や-아/어서よりも客観的な分析に基づく根拠や理由を表すことが多いため、自らの主張の根拠を述べる際に使うと効果的です。

차가 많아서 길이 언제나 막히니까 지각할 때가 많다. 많은 사람들이 차를 타기 때문에 길이 막히는 것이다.

車が多く道がいつも渋滞しているので、遅刻するときが多い。多くの人が車に乗るために、渋滞が起こるのである。

表　書き言葉で使われる助詞や語尾など

	日本語	主に話し言葉（作文には不適）	両方に使える	主に書き言葉
助詞	～に	～한테	**～에게**	
	～から	～한테서	**～에게서**	
	～と	～(이)랑 ～하고	**～와/과**	
語尾	～して	-아/어 가지고	**-아/어서,** **-고**	
	～しようと	-(으)ㄹ려고	**-(으)려고**	
	～するので、 ～するため		**-(으)니까,** **-아/어서**	**-(으)므로,** **-기 때문에**
	～し、 ～しており		**-고**	**-(으)며**
	～するが		**-지만**	**-(으)나**
	～しても、 ～するとしても		**-아/어도**	**-더라도**
副詞	だから、 そのため	그러니까		**그러기 때문에,** **그렇기 때문에**
	しかし、 ところが	근데		**그런데,** **그렇지만,** **그러나**

ハンダ体の作り方

日本語で文章を書くときの文体には「です・ます調」(敬体)と「だ・である調」(常体)の2通りがあります。韓国語も同じように2通りの文体があり、**합니다**体と**한다**体という二つの待遇法を用いて文章を書きます。ここでは、日本語の「だ・である調」に相当する**한다**体の平叙形をどのように作るのかを学びます。

TOPIK作文のタイプ2とタイプ3の問題は、**한다**体で書くことが求められます。ただし、タイプ1の問題だけは、**한다**体以外の文体も出題されるので、全体の文体に合わせて書く必要があります(問題タイプについてはP.12〜14参照)。

ここからは、**한다**体の作り方について一通り確認した上で、実際に**한다**体を作る練習をします。

現在形(動詞)

基本形(辞書に出ている形)に**-ㄴ/는다**が付いた形です。動詞の現在形だけは特殊なので、注意が必要です。

	한다体の例	注意
母音語幹	하다→**한다**　모르다→**모른다**	-ㄴ**다**が付く
ㄹ語幹	알다→**안다**　만들다→**만든다**	ㄹが消え-ㄴ**다**が付く
子音語幹	먹다→**먹는다**　받다→**받는다**	-는**다**が付く

現在形(形容詞・存在詞・指定詞)

基本形と同じなので、何ら難しいところはありませんが、**하다**の付く形容詞は注意が必要です。例えば、필요**하다**を誤って필요**한다**とする人が多いのですが、필요**하다**は形容詞なので필요**한다**とはしません。**하다**動詞と**하다**形容詞の混同に注意しましょう。

	한다体の例	
母音語幹	크다→**크다** 아니다→**아니다**	책이다→**책이다** 필요하다→**필요하다**
ㄹ語幹	멀다→**멀다**	길다→**길다**
子音語幹	있다→**있다**	좋다→**좋다**　　춥다→**춥다**

過去形

品詞に関係なく、語幹に-았/었다が付きます。過去形では、動詞であっても-ㄴ/는다を付ける必要はありません（먹다→먹었는다とはしない）。

	한다体の例	
陽母音語幹	받다→**받았다** 가다→**갔다**	좋다→**좋았다**
陰母音語幹	먹다→**먹었다** 크다→**컸다**	깊다→**깊었다**
-하다	사랑하다→**사랑했다**	조용하다→**조용했다**

否定・不可能

書き言葉では-지 않다と-지 못하다を用います。用言の前に안や못を置く方法は避けた方がいいでしょう。なお、用言の品詞が、않다や못하다にまで引き継がれる点に注意が必要です。つまり、現在形で動詞に付く場合は-ㄴ/는다が付き、現在形で形容詞に付く場合は基本形のままです。

	한다体の例	
動詞（現在）	간다→**가지 않는다**	먹는다→**먹지 못한다**
形容詞（現在）	크다→**크지 않다**	좋다→**좋지 못하다**
過去形	갔다→**가지 않았다** 컸다→**크지 않았다**	먹었다→**먹지 못했다** 좋았다→**좋지 못했다**

-겠-

品詞に関係なく語幹に-겠다が付きます。過去形の後ろにも付きます。갔겠다は「行っ

ていただろう」、**먹었겠다**は「食べていただろう」という意味で、過去の時点に立って推測するときに用います。

	한다体の例	
動詞	가다→**가겠다**	먹다→**먹겠다**
形容詞	크다→**크겠다**	좋다→**좋겠다**
存在詞	있다→**있겠다**	
指定詞	아니다→**아니겠다**	
過去形	갔다→**갔겠다** 컸다→**컸겠다**	먹었다→**먹었겠다** 좋았다→**좋았겠다**

平叙形以外の語尾

한다体には、平叙形だけでなく疑問形や勧誘形などもあります。疑問文を書く場合は、**한다**体の疑問形語尾を使います。動詞、存在詞、過去形には**-느냐**、形容詞と指定詞には**-(으)냐**が付きます。また、해体の語尾ですが、-(으)ㄹ까(～するのだろうか、～なのだろうか)も使うことができます。

	한다体の例	
動詞(現在)、存在詞	간다→**가느냐, 갈까**	있는다→**있느냐, 있을까**
形容詞(現在)、指定詞	깊다→**깊으냐, 깊을까**	이다→**이냐, 일까**
過去形	갔다→**갔느냐, 갔을까**	
-겠-	있겠다→**있겠느냐, 있겠을까**	

また、勧誘文には、**한다**体の勧誘形語尾**-자**が使えます。勧誘文を作れるのは、動詞と**있다**だけです。

	한다体の例	
動詞	가다→**가자**	먹다→**먹자**
存在詞	있다→**있자**	

第3章 テクニック編

練習問題1 次の文の下線部を한다体に変えてみましょう。（解答☞P.47）

1. 친구가 도쿄에 <u>와요</u>.
2. 책을 <u>팔아요</u>.
3. 사람이 <u>많아요</u>.
4. 음악은 <u>안 들어요</u>.
5. <u>재미있겠어요</u>.
6. <u>못 찾아요</u>.
7. 사람들 앞에 <u>있어요</u>.
8. 자리를 <u>잡았어요</u>.
9. 경치가 아주 <u>예뻐요</u>.
10. 영어를 <u>못 읽어요</u>.
11. 시간이 <u>필요해요</u>.
12. 언제나 <u>느껴요</u>.
13. 바람이 <u>불어요</u>.
14. 가격이 <u>올라요</u>.
15. 하늘을 <u>날아갔어요</u>.
16. 다른 이름으로 <u>불려요</u>.
17. 문을 <u>열어요</u>.
18. <u>설명 안 해요</u>.
19. 그런 경우는 <u>드물어요</u>.
20. 돈을 많이 <u>벌어요</u>.
21. 키가 <u>안 커요</u>.

22. 아무래도 힘이 없어요.

23. 언니가 미국에서 살아요.

24. 두껍게 입으면 안 추워요.

25. 쓰레기를 버렸어요.

26. 그것은 그림책이 아니에요.

27. 친구가 한 말이 너무 심했어요.

28. 비가 오겠어요.

29. 날씨가 좋았어요.

30. 오늘은 안 가요.

練習問題2 次の日本語の文の下線部を한다体の韓国語にしてみましょう。（解答☞P.47）

1. 土地の値段が高い。

2. 韓国語が通じる。

3. 要求を受け入れた。

4. あまりしゃべらない。

5. 7時でも暗くない。

6. どこへ行くのか。

7. ごみがなく、きれいだ。

8. 毎回読んでみる。

9. 彼は優れた選手である。

10. この点は重要ではない。

11. 影響を受けている。

12. どこから来たのだろう。

13. 彼は学生ではない。

14. 友達と話した。

15. 騒音が原因だ。

16. 政府は積極的ではない。

17. ドアが閉まらない。

18. 誰が解決するのか。

19. 漢字が書けない。

20. 毎朝コーヒーを飲む。

21. あの作品は美しい。

22. 動きがとても速い。

23. 同じ場所に座る。

24. 家の外がうるさかった。

25. あの人が捨てたのだろうか。

■練習問題1 解答

1. 온다
2. 판다
3. 많다
4. 듣지 않는다
5. 재미있겠다
6. 찾지 못한다
7. 있다
8. 잡았다
9. 예쁘다
10. 읽지 못한다
11. 필요하다
12. 느낀다
13. 분다
14. 오른다
15. 날아갔다
16. 불린다
17. 연다
18. 설명하지 않는다
19. 드물다
20. 번다
21. 크지 않다
22. 없다
23. 산다
24. 춥지 않다
25. 버렸다
26. 아니다
27. 심했다
28. 오겠다
29. 좋았다
30. 가지 않는다

■練習問題2 解答

1. 비싸다
2. 통한다
3. 받아드렸다
4. 말하지 않는다
5. 어둡지 않다
6. 가느냐 / 갈까
7. 깨끗하다
8. 읽어 본다
9. 선수이다 / 선수다
10. 중요하지 않다
11. 받고 있다
12. 왔을까
13. 학생이 아니다
14. 이야기했다
15. 원인이다
16. 적극적이지 않다
17. 닫히지 않는다
18. 해결하느냐 / 해결할까
19. 쓰지 못한다
20. 마신다
21. 아름답다
22. 빠르다
23. 앉는다
24. 시끄러웠다
25. 버렸을까

原稿用紙の使い方

TOPIK作文では、タイプ2とタイプ3の問題の解答は、原稿用紙形式の解答欄に書き入れなければなりません。原稿用紙に韓国語を書き込む場合には一定のルールがありますので、ここでそれらについて見ていくとともに、短い文章を使って、実際に練習してみましょう。

原稿用紙記入のルール

①段落の先頭は1マス空けます（段落が変わるごとに空けます）。

②띄어쓰기（分かち書き）に該当する部分は1マス空けますが、行の先頭に来る場合はマスを空けずに詰めます。

③「,」「.」は1マスに入れますが、その後は1マス空けずに次の文字を書きます。また、行の先頭のマスに来る場合は、先頭のマスには入れず、その前の行の最後の文字に付けて入れます。

①	거	리	를	②	걷	다	가	②	과	일		가	게		앞	에	서		발
을		멈	추	었	다	.	노	란		유	자	가		햇	볕		속	에	서
②멱	을		감	고		있	는		듯	이		보	였	다	.③				
①	알	고		있	겠	지	만	,③	유	자	는		그	대	로		먹	는	
과	일	이	라	기	보	다	는		향	기	를		주	는		열	매	이	다.③

④疑問符「?」や感嘆符「!」は1マスに入れ、次のマスを一つ空けます。

	한	국	!④		한	국	이	다	.	내	가		가	고		싶	었	던	

⑤引用符「“ ”」「‘ ’」は、それぞれ1マスに入れます。

	⑤‘	인	연	’⑤	은		유	명	한		소	설	이	다	.				

⑥ただし、「“ ”」「‘ ’」を使った引用文で、文の句点と重なった場合は、引用符と句点を1マスに一緒に書きます。

	나	는		“	비		때	문	에		늦	었	어	요	⑥.”	라	고		변
명	했	다	.																

⑦「?」や「!」の後に引用符を書く場合は、それぞれ1マスに入れます。

	“	무	엇	을		먹	었	어	요	?	”⑦	라	고		물	었	다	.	

なお、「“ ”」と「‘ ’」には使い分けがあります。「“ ”」は文の中で人の言葉を引用するときや対話文を表示するときに使われ、「‘ ’」は「“ ”」の中でさらに引用する場合や心の中で言った言葉を書くとき、あるいは重要な部分を強調するときなどに使われます。

⑧英字の大文字を書く場合は、1マスに1文字書きます。

⑧	K	O	R	E	A	라	고		써		있	었	다	.					

⑨英字の小文字や数字を書く場合は、1マスに2文字ずつ書きます。文字数が奇数の場合は、最後の1文字を1マスに書きます。小数点を含む場合は、ピリオドと同じように1マスに入れます。「%」は1マスに入れますが、行の先頭のマスに来る場合は、先頭のマスには入れず、その前の行の最後の文字に付けて入れます。

	ha	pp	y		bi	rt	hd	ay		19	99	년		15	0	명			
	11	6	.	5	시	간		50	%										50%

練習　次の文章をマス目に入れてみましょう。

한미 양국은 전시작전권 전환을 재연기하는 데 합의했다.

아가, 불쌍한 아가, 얼마나 힘들었니? 이리 오너라.

담뱃값 인상, 금연 치료 지원 등을 골자로 하는 '금연 종합대책' 을 마련했다.

수술을 받은 후, "같이 갑시다." 라는 메시지를 올렸다.

세상 입양 엄마들이 말한다. '엄마가 비록 너를 열 달 배 아파 낳지는 않았지만 가슴으로 낳았다' 고. 신애라 역시 두 딸에게 "우리 딸 누가 낳았지?" 하면 "엄마가 가슴으로 낳았지." 라고 대답한다고 한다.

인순이는 대한민국 최고의 여가수다. 가창력도, 퍼포먼스도 그 인간적인 매력도 따라올 자가 없어 보인다. 그를 보면 '멋있다' 라는 말이 절로 나온다.

주한 미군이었던 흑인 아버지와 한국인 어머니 사이에서 태어나 1978년 가수로 데뷔했다. 춤 실력은 출중했고, 가창력 또한 뛰어났으나, 혼혈을 백안시하던 당시 사회 분위기는 실력보다 외모에 대한 호기심이 더 컸다.

■練習記入例

	한	미		양	국	은		전	시	작	전	권		전
환	을		재	연	기	하	는		데		합	의	했	다.

	아	가	,	불	쌍	한		아	가	,	얼	마	나	
힘	들	었	니	?		이	리		오	너	라	.		

	담	뱃	값		인	상	,	금	연		치	료		지
원		등	을		골	자	로		하	는		‘	금	연
종	합	대	책	’	을		마	련	했	다	.			

	수	술	을		받	은		후	,	“	같	이		갑

시다."라는 메시지를 올렸다.

세상 입양 엄마들이 말한다. '엄마가 비록 너를 열 달 배 아파 낳지는 않았지만 가슴으로 낳았다'고. 신애라 역시 두 딸에게 "우리 딸 누가 낳았지?" 하면 "엄마가 가슴으로 낳았지."라고 대답한다고 한다.

인순이는 대한민국 최고의 여가수다. 가창력도, 퍼포먼스도 그 인간적인 매력도 따라올 자가 없어 보인다. 그를 보면 '멋지다'라는 말이 절로 나온다.

주한 미군이었던 흑인 아버지와 한국인 어머니 사이에서 태어나 1978년 가수로 데뷔했다. 춤 실력은 출중했고, 가창력 또한 뛰어났으나, 혼혈을 백안시하던 당시 사회 분위기는 실력보다 외모에 대한 호기심이 더 컸다.

漢字語の知識をフルに使う

「見つける」にぴったりの韓国語が思い浮かばないときは、「発見하다」と置き換えることができます。このように、単語が思い浮かばないときは、漢字語の知識をフルに使って乗り切りましょう。日本語と韓国語には共通の漢字語が多く存在します。特に「漢字+する」の形の日本語の動詞は、韓国語でも「○○하다」の形に置き換えられるものが多く、また「漢字+だ」の形の形容動詞も「○○하다」でうまくいくことが少なくありません。いくつか例を挙げましょう。

1. 名詞を言い換える例

けが人 → 負傷者 → 부상자

よりどころ → 判断基準 → 판단 기준

見直し → 再検討 → 재검토

クオリティーの差 → 品質の差異 → 품질의 차이

絶好のチャンス → 絶好の機会 → 절호의 기회

前向きな考え方 → 積極的な思考方式／姿勢 → 적극적인 사고방식/자세

後ろ向きな考え方 → 消極的な思考方式／姿勢 → 소극적인 사고방식/자세

2. 動詞を言い換える例

調べる → 調査する → 조사하다

測る → 測定する → 측정하다

選ぶ → 選択する → 선택하다

直す → 修理する、修正する → 수리하다, 수정하다

治す → 治療する → 치료하다

飾る → 装飾する → 장식하다

壊す → 破壊する → 파괴하다

こだわる → 固執する → 고집하다

求める → 追求する → 추구하다

捕まえる → 逮捕する → **체포하다**

伝える → 伝達する → **전달하다**

見込んでいる → 展望している → **전망하다**

〜のし過ぎ → 過度に〜する → **과도하게 ~하다**

リスクを避ける → 危険性を回避する → **위험성을 회피하다**

プレッシャーをかける → 圧力を加える → **압력을 가하다**

練習を繰り返すことにより成り立つ → 練習を反復することにより成立する → **연습을 반복함으로써 성립하다**

事故につながる恐れがある → 事故に連結する可能性がある → **사고로 연결될 가능성이 있다**

3. 形容詞を言い換える例

子どもっぽい → 幼稚だ → **유치하다**

しつこい → 執拗《しつよう》だ → **집요하다**

さまざまだ → 多様だ → **다양하다**

あやふやだ → 曖昧《あいまい》だ → **애매하다**

まじめだ → 勤勉だ → **근면하다**

似ている → 類似している → **유사하다**

激しい → 過激だ → **과격하다**

明らかだ → 明白だ → **명백하다**

詳しい → 詳細だ → **상세하다**

ややこしい → 複雑だ → **복잡하다**

珍しい → 特殊だ → **특수하다**

するどい → 鋭利だ、鋭敏だ → **예리하다, 예민하다**

TOPIK IIを受けるレベルの学習者であれば、ある程度、漢字語の音を類推できるはずです。たとえ、「類似している」を**유지하다**（正しくは**유사하다**）と間違えて類推して書いたとしても、書かずに諦めてしまうよりはずっといいです。

日本語的な韓国語にならないために

ここまで読み終えたみなさんは、すでに「日本語で意見文を書く力」がある程度身に付いているはずです。ここからは、「日本語で考えた内容」を、日本語の表現につられずに「韓国語らしい韓国語で表現する」ためのいくつかのポイントについて見ていきます。

意見文を書くときの日本語的表現には、いくつかの類型がありますので、その類型別に説明します。

1. -고 있다を多用しない

日本語母語話者は「している」を訳す際に、하고 있다と書いてしまいがちですが、韓国語では多くの場合、한다と表現します。-고 있다は主に、動作が進行していることを具体的に表す場合に使われます。また、連体形の場合は、過去連体形の-(으)ㄴを使うと自然になることがあります。

彼は〜と主張している ⇒ 그는 ~라고 주장한다

毎日映画を鑑賞している ⇒ 매일 영화를 감상한다

後悔していること ⇒ 후회하는 것

決まっていること ⇒ 결정된 것

2. -라고 생각한다を多用しない

日本語の「〜だと思う」に該当する-라고 생각한다を使い過ぎないことが大事です。「思う」を使わなくても、筆者の思いに違いないわけですから。同様に、「〜したいと思う」も、싶다は「〜したい」という思いの表現ですから、~싶다고 생각한다とは言いません。これらの場合は~싶다として、断定するようにしましょう。ちなみに韓国語では、-라고 생각한다は、自分の考えをあえて主張するときに使います。

3. 控えめな表現を避ける

日本人は控えめな表現を好みます。直接的に表現しないことが美徳であると考え、無意識のうちに控えめに表現する傾向にあります。しかし、強気に断言する言い方の方が

韓国語的です。TOPIK作文では、「～ではないだろうか」「～かもしれない」「～と言えるかもしれない」のような控えめな表現は避け、이것이 결론이다、내 생각은 다음과 같다、앞으로 반드시 이렇게 해야 한다のような断定表現を思い切って使いましょう。

4. 二重否定や否定疑問文を避ける

日本人は、「～と言えなくはないかもしれない」「言い過ぎではないだろうか」のような、二重否定や否定疑問文を好みます。回りくどい表現は避け、単刀直入で分かりやすい表現に置き換えましょう。「～と言える」「言い過ぎである」で十分です。

5. 謙遜の前置き表現は多用しない

「私の少ない経験から判断しても」「個人的な経験に過ぎないが」「どちらかというと」「あえて言わせてもらえれば」……。これらは、謙遜の前置き表現ですが、TOPIK作文ではこういう表現は不要です。ずばり、言いたいことから始めればよいのです。

それでは、上記の説明に基づいて、日本語的な表現を韓国語的な表現に直してみましょう。一度に韓国語にするのではなく、日本語的表現をまず、韓国語になりやすい単刀直入な表現に改め、それを韓国語に訳す、という手順で行います。

①地球温暖化防止に関して、私たちにできることについて、次に述べたいと思う。

⇒地球温暖化防止について、私たちにできることは、次のようなことである。

⇒지구온난화 방지에 관해 우리가 할 수 있는 일은 다음과 같다.

②公共の場での禁煙について、どちらかというと賛成の立場に立ちたいと思うが、……

⇒公共の場での全面禁煙ということについて賛成する。ただし、……

⇒공공 장소에서 금연이라는 데 찬성한다. 단, ……

③もし自分なりの意見を言わせていただけるなら、女性に優しい制度の導入は必要だと言わざるを得ない。

⇒女性に優しい制度の導入は必要である。

⇒친여성 정책의 도입은 필요하다.

④責任の所在を明らかにする必要があるのではないかと思われる。

⇒責任の所在を明らかにすべきだ。

⇒책임 소재를 분명히 해야 한다.

⑤結論から述べさせていただくと

⇒まず結論から言うと

⇒우선 결론부터 말하자면

⑥被害者の側にも責任の一端があるのではないかという気がしないでもない。

⇒被害者側にも責任の一部がある。

⇒피해자 측에도 책임의 일부가 있다.

⑦矛盾した態度だと言わざるを得ない。

⇒その態度は矛盾している。

⇒그 태도는 모순된다.

いかがでしたでしょうか? 実は韓国語でも、ここに日本語的な表現として挙げたような控えめな表現や曖昧な表現、間接的な表現を使う場合があり、新聞の社説や記事などの文章でもよく見掛けます。ただし、こうした表現を織り交ぜて韓国語の文章を完成させるには、それなりの韓国語力と作文技術が必要です。受験者のみなさんは、まずシンプルで分かりやすい表現に徹することが、韓国語らしい韓国語を書けるようになる近道であり、TOPIK作文で高得点を得るための方法でもあります。

作文に使える文中・文末表現

この項には、TOPIK作文で実際に使えるさまざまな表現を集めました。実際の試験で、作文をスムーズに書くコツの一つが、このような表現、言い回しをどれだけ多く知っているかだと言えます。多くの例を挙げましたが、自分の得意の言い回しを見つけて、必要に応じていつでも使えるように練習しておきましょう。

1. 例を挙げる、比較する、論を展開する

- □ 예를 들면 (例を挙げれば、例えば)
- □ 예를 들어 (例を挙げると)
- □ 들 수 있다 (挙げることができる)
- □ 그 예이다 (その例である)
- □ ~한 일례가 있다 (~した一例がある)
- □ ~ 등의 이유가 있다 (~などの理由がある)
- □ ~ 등의 이유를 들었다 (~などの理由を挙げた)
- □ 자연적인 원인이 있고 (自然な原因があり)
- □ 인위적인 원인이 있다 (人為的な原因がある)
- □ 크게 두 가지로 나눈다 (大きく2通りに分けられる)
- □ 그 이유는 세 가지가 있다 (その理由は三つある)
- □ 증가의 원인이다 (増加の原因である)
- □ 대표적인 사례이다 (代表的な事例である)
- □ ~ 같다 (~のようだ)
- □ ~ 중 하나가 (~のうちの一つが)
- □ 첫째는 (一つ目は)
- □ 첫째로 (第一に)
- □ 먼저 (まず初めに)
- □ 둘째는 (二つ目は)
- □ 둘째로 (第二に)

□ 다음에（次に）
□ 한편（一方で）
□ 반대로（反対に）
□ 또 다른 측면에서는（また別の側面では）
□ 게다가（さらには）
□ 또 덧붙이자면（さらに付け加えるなら）
□ 마지막으로（最後に）
□ 이상을 정리하면（以上をまとめると）
□ 다음과 같다（次の通りだ）
□ 결론을 말하면（結論を述べると）
□ 결론지을 수 있다（結論付けることができる）

2. 客観的に分析・評価する

□ 다양하다（多様である）
□ 존재한다（存在する）
□ ~도 분명 존재한다（～も明らかに存在する）
□ 높인다（高める）
□ 되고 있다（なりつつある）
□ 바꾸어 놓았다（すっかり変えた）
□ 기록하는 추세다（記録する勢いだ）
□ 이른다（至る）
□ 늘어났고（増えており）
□ 불러일으켜（呼び起こして、呼び、醸し）
□ 높아지고 있는 실정이다（高まっている状況である）
□ 이어질 것으로 보인다（続くものとみられる）
□ ~로 자리 잡았다（～として定着している）
□ 관심이 많다（関心が強い）
□ 초래한다（招く）
□ 생긴다（生ずる）

□ 생기기 쉽다 (生じやすい)
□ 생길 수 있으며 (生ずることがあり)
□ ~마저 생겼다 (~さえ生じた)
□ 야기할지도 모른다 (引き起こすかもしれない)
□ 방지한다 (防止する)
□ 폐지하고 있으며 (廃止しているところであり)
□ 대화를 나누며 (対話を交わし)
□ 육성하고 (育成して)
□ 우선하며 (優先しており)
□ 쾌적하며 (快適であり)
□ 필요하다 (必要である)
□ 필요가 있다 (必要がある)
□ 중요해졌다 (重要になった)
□ 있기 때문이다 (あるためだ)
□ 알맞기 때문이다 (ふさわしいためである)
□ 줄 것이기 때문이다 (与えるはずだからだ)
□ ~하는 경우도 있다 (~する場合もある)
□ 되기도 한다 (なったりもする)
□ 행사하는 ~ (行使する~)
□ 담당한다 (担当している、担っている)
□ 만든다 (作る)
□ 중요한 변수로 작용한다 (重要な変数として作用する)
□ 진입하고 있다 (進入している)
□ 요구된다 (要求される)
□ 감소했다 (減少した)
□ 줄이고 (減らして)
□ -다는 부정적 관측도 나왔다 (~という否定的観測も出た)
□ -다는 말조차 나오고 있다 (~という言葉さえ出ている)
□ ~까지 등장했다 (~まで登場した)

□중요성이 부각되고 있다 (重要性が浮き彫りになっている)
□확산되고 있다 (拡散している)
□위기를 맞았다 (危機を迎えた)
□위협을 받는다 (脅かされている)
□방해한다 (妨害する)
□심각하다 (深刻だ)
□파괴하며 (破壊し)
□위험이 따른다 (危険が伴う)
□~을/를 당할 수가 있다 (~を受ける可能性がある)
□~하게 될지도 모른다 (~することになるかもしれない)
□~에 심각한 해를 끼친다 (~に深刻な害を及ぼす)
□~에 미치는 영향은 (~に及ぼす影響は)
□미치게 된다 (及ぼすことになる)
□받게 되었다 (受けることになった)

3. プラスに評価する

□가능해진 것이다 (可能になったのである)
□쉽다 (たやすい)
□~을/를 살려 (~を生かして)
□쉬워졌다 (容易になった)
□진화했다 (進化した)
□장점이다 (長所である)
□안목을 키워 준다 (目を肥やしてくれる)
□마땅하다 (ふさわしい)
□큰 장점이다 (大きな長所である)
□검색이 가능하고 (検索が可能で)
□해결할 수 있다 (解決することができる)
□평가할 수 있다 (評価できる)
□도움이 된다 (役に立つ)

□ 기대된다 (期待される)

□ 건설적이다 (建設的である)

□ 칭찬받을 만하다 (称賛を受けるに値する)

□ 따라올 자가 없다 (他者の追随を許さない)

□ 뛰어난 ~ (優れた~)

□ 훌륭하다 (すばらしい)

□ 긍정적으로 보면 (肯定的に見ると)

□ ~할 수 있을 것이라 믿는다 (~できるはずだと信じる)

□ 알맞게 (程よく)

□ 잘될 것이다 (うまくいくだろう)

□ 적극적으로 참여하고 싶다 (積極的に関わりたい)

4. マイナスに評価する

□ 부추기고 있다 (あおっている、けしかけている)

□ ~이/가 아닐 수 없다 (~でないはずがない)

□ 노출되고 (露出して、あらわになって)

□ 마음에 들지 않는 ~ (気に入らない~)

□ 우려도 있다 (憂慮もある)

□ 빠질 것이다 (抜け落ちるはずだ、漏れるはずだ)

□ 못하는 것이 흠이다 (できないことが欠点である)

□ 부족하다 (足りない)

□ 심하다 (ひどい、甚だしい)

□ 외면하고 (目を背け)

□ 두겠다는 것과 다르지 않다 (放っておくということと変わりない)

□ -아/어지는 단점이 있다 (~くなる短所がある)

□ 치명적이다 (致命的だ)

□ -아/어야 하는 것이 단점이다 (~しなければならないのが短所である)

□ 떨어지고 만다 (落ちてしまう)

□ 고작 ~에 불과하다 (せいぜい~にすぎない)

5. 疑問や問い、自らの主張を投げ掛ける

□ 무엇일까 (何だろうか)
□ 생겼겠는가? (生じただろうか)
□ 줄여야 한다 (減らさなければならない)
□ 깨달아야 한다 (気付かなければならない)
□ 일깨우는 것도 중요하다 (目覚めさせることも重要である)
□ 잊지 말아야 한다 (忘れてはならない)
□ 각별할 것이다 (格別なはずだ)
□ ~ 여부에 따라 (~いかんによって)
□ 이유 여하를 불문하고 (理由のいかんを問わず)
□ 이해해야 한다 (理解しなければならない)
□ 도모해야 한다 (図らなければならない)
□ 잃지 않아야 한다 (失ってはならない)
□ ~을/를 줄여야 한다 (~を減らさなければならない)
□ 높이는 것도 중요하다 (高めることも重要である)
□ 철저히 해야 한다 (徹底的にやらなければならない)
□ 노력을 부단히 해야 할 것이다 (不断の努力をしなければならない)
□ -다는 사실을 주목해야 한다 (~という事実に注目しなければならない)
□ 배려해야 한다 (配慮しなければならない)
□ 모색할 때다 (模索するときだ)
□ 강화해야 한다 (強化しなければならない)
□ 활용해야 한다 (活用しなければならない)
□ -는 것이 좋다 (~するのがよい)
□ -아/어서는 안 된다 (~してはならない)
□ -다는 노력을 해야 할 것이다 (~という努力をしなければならないだろう)

必ず知っておきたい語彙

過去の問題や模擬試験問題の模範解答などを基に、TOPIK作文を書く上で、必ず知っておきたい語彙を分野別にピックアップしました。

【仕事・職場】

□就職	취직
□就職活動	취업 활동
□面接	면접
□履歴書	이력서
□新卒	새 졸업자/그 해 졸업자
□社員	직원 (職員) /사원
□非正規職	비정규직
□契約社員	계약 사원
□経営陣	경영진
□構造改革	구조개혁
□リストラ	구조조정 (構造調整)
□人材	인재
□資金	자금
□業界	업계
□業種	업종
□企画	기획
□予算	예산
□ラッシュアワー	러시아워
□コピー	복사본 (複写本)
□コピーする	복사하다
□通勤	통근
□出勤	출근
□退勤	퇴근
□外出	외근 (外勤), 외출
□休日出勤	휴일 근무
□残業	야근 (夜勤) /잔업
□休暇	휴가
□有給休暇	유급 휴가
□有給を取る	유급 휴가를 내다
□産休	출산 휴가/산휴
□年収	연봉 (年俸)
□給与	급여
□月給	월급
□手当	수당
□ボーナス	보너스, 상여금

【経済】

□物価	물가
□景気	경기
□バブル経済	거품 경제
□株式 / 株	주식
□株価	주가
□株主	주주
□利子	이자

□融資　융자
□投資　투자
□債権　채권
□債務　채무
□買収　매수, 인수 (引受)
□倒産　도산
□破産　파산
□好況　호황
□不況　불황
□不景気　불경기
□不振　부진
□未払い　미불 (未払)
□支給する　지급하다
□インフレ　인플레
□デフレ　디플레
□自由貿易　자유 무역
□口座　계좌 (計座)/통장 (通帳)
□口座を開く　계좌를 만들다
□口座から下ろす　통장에서 찾다
□貯金　저금
□貯蓄　저축
□赤字　적자
□黒字　흑자
□購買力　구매력
□共働き　맞벌이
□紙幣・お札　지폐
□コイン　동전
□お小遣い　용돈
□就職率　취직률
□失業率　실업률

【教育】

□専攻　전공
□課程　과정
□学生服　교복 (校服)
□クラス　반 (班)
□学級委員長　반장 (班長)
□男女共学　남녀공학
□名簿　명단 (名単)
□出席簿　출석부
□学籍番号　학번 (学番)
□進学　진학
□転校　전학 (転学)
□留学　유학
□授業料　수업료, 등록금 (登録金)
□奨学金　장학금
□単位　학점 (学点)
□単位を取る　학점을 따다
□中間試験　중간고사 (考試)
□期末試験　기말고사
□再試験　재시험
□カンニング　커닝
□部活動　동아리 활동
□学園祭　축제 (祝祭)
□同窓会　동창회
□保育園　어린이집
□塾・予備校　학원 (学院)
□課外授業　과외 수업
□校長　교장
□副校長・教頭　교감
□講師　강사

□非常勤講師	**시간 강사**（時間講師）
□教授	**교수**
□准教授	**부교수**（副教授）

【暮らし・気候】

□住宅	**주택**
□居間・リビング	**거실**（居室）
□寝室	**침실**
□ロフト	**다락방**（—房）
□不動産	**부동산**
□家賃	**집세**（—貰）
□核家族	**핵가족**
□世帯	**가구**（家口）
□一人世帯	**1인 가구**
□独居老人	**독거노인**
□公共施設	**공공시설**
□身分証	**신분증**
□天気予報	**일기예보**（日気予報）
□季節の変わり目	**환절기**（換節期）
□猛暑	**혹서**（酷暑）
□残暑	**늦더위**
□豪雨	**호우**
□梅雨	**장마**
□降水量	**강수량**
□大雪	**대설**
□豪雪	**폭설**（暴雪）
□湿気	**습기**
□湿度	**습도**
□不快指数	**불쾌지수**
□乾燥	**건조**

【環境】

□環境保護	**환경 보호**
□環境破壊	**환경 파괴**
□環境汚染	**환경 오염**
□リサイクル	**재활용**（再活用）
□使い捨て	**일회용**（1回用）
□エコ、環境にやさしい	**친환경**（親環境）
□燃えるごみ	**타는 쓰레기**
□燃えないごみ	**안 타는 쓰레기**
□資源ごみ	**자원 쓰레기**
□粗大ごみ	**대형**（大型）**쓰레기**
□分別収集	**분리수거**（分離収去）
□不法投棄	**불법 투기**
□段ボール	**박스**（box）
□発砲スチロール	**스티로폼**（styrofoam）
□ペットボトル	**페트병**（pet瓶）
□空き缶	**빈 깡통**（— —筒）
□温暖化	**온난화**
□排気ガス	**배기가스**
□オゾン層	**오존층**
□紫外線	**자외선**
□酸性雨	**산성비**
□異常気象	**이상 기후**（異常気候）

□埋立地 매립지
□節約 절약
□省エネ 에너지 절약 (energy 節約)

【メディア・通信】

□マルチメディア 멀티미디어
□マスコミ 언론(言論), 매스컴
□媒体 매체
□双方向 쌍방향
□リアルタイム 실시간(実時間)
□ネットワーク 네트워크
□インターネット 인터넷
□アカウント 계정(計定)
□パソコン 피시(PC), 컴퓨터 (computer)
□ノートパソコン 노트북(notebook)
□視聴率 시청률
□番組 프로, 프로그램 (program)
□生放送 생방송
□芸能人 연예인
□取材 취재
□インタビュー 인터뷰
□トップ記事 머리기사
□見出し 표제
□広告 광고
□郵便局 우체국
□郵便ポスト 우체통
□郵便受け 우편함
□手紙 편지
□はがき 엽서
□封筒 봉투
□切手 우표

【比較】

□比較する 비교하다
□対照的だ 대조적이다
□増える 늘다/늘어나다
□増やす 늘리다
□減る 줄다/줄어들다
□減らす 줄이다
□倍 배
□割合 비율(比率)
□差 차이
□増加する 증가하다
□減少する 감소하다
□拡大する 확대하다/되다
□縮小する 축소하다/되다
□急増する 급증하다
□激減する 격감하다
□向上する 향상되다
□上昇する 상승하다/되다
□低下する 저하되다
□変化する 변화하다
□置き換わる 대체(代替)되다
□際立つ 두드러지다
□目立つ、目を引く 눈에 띄다

第４章
実践編

問題タイプ別 解説・練習

この章では、これまでに学んだ文章構成の方法とテクニックを使いながら、TOPIKの作文問題を解いていきます。

まずは、タイプ別に解説を読みながら例題を解いていき、その後、練習問題を解くことで実践力を付けていきます。また、章の最後には、時間配分の感覚を身に付けるために、本番の作文領域と同じ形式の模擬試験問題を2セット準備しました。なお、この章のタイプ2と3の解答例は、韓国人の書き手による本格的な文章です。文章で使われている語彙や文法、表現などをぜひ参考にしてください。

タイプ1（問題51、52）

実際の試験で問題51と問題52に出題される、タイプ1の空欄埋め問題を見ていきましょう。いずれも配点は10点で、1問につき空欄が二つあり、空欄一つにつき5点です。〈手順〉に従って、㉠㉡にどのような内容の文を入れるのが適切か考えていきます。

※解説部分では、説明が分かりやすいように、問題の各文に丸数字で番号を振っています。

例題1

①사람을 찾습니다.

②지난 5월 1일 오후 2시경 지하철 혜화역 계단에서 도움을 주신 분을 찾습니다. ③그때는 너무 정신이 없어서 (　　　　㉠　　　　). ④넘어진 저를 일으켜 주시고 제 물건까지 찾아 주셔서 정말 감사합니다. ⑤덕분에 아직 세상이 따듯하다고 느꼈습니다. ⑥아래로 연락 주시면 밥 한 끼라도 대접하고 싶습니다. ⑦(　　　　㉡　　　　).

〈手順1〉　**全体を読み通し、意味を把握しましょう。**

まずは、きちんと文章の意味が取れることが前提です。下の空欄に、訳を書いてください。

〈手順2〉　**㉠に入る内容を考えてみましょう。**

㉠のある③の前半を見ると、그때는 너무 정신이 없어서（あのときはあまりに気が動転していたので）とあります。-아/어서は、前の節が後ろの節の原因となる場合に使うので、気が動転していた結果、どうしたのか考えましょう。①②には、自分に手を貸してくれた人を探していることが述べられ、④には、その人が倒れた自分を起こして荷物まで探してくれたことに対する感謝が述べられていることから、㉠には「十分にお礼も言えなかった」という内容を入れるとよさそうですね。

〈手順3〉　**㉡に入る内容を考えてみましょう。**

㉡の前の⑥は「連絡くだされば、お食事でもごちそうしたい」ということですから、要するに「連絡がほしい」と伝えたいということが分かります。よって、⑦は「必ず連絡いただけるようお願いします」という内容がよいのではないでしょうか。

〈手順4〉 では、韓国語で作文してみてください。

解答欄

㉠	
㉡	

きちんと内容を追っていくと、そう難しいものではありません。まずは読解の問題と考えてしっかり流れをつかむことです。特に（　）の前後に気を付け、流れにぴったりの内容を思い付けば、それを韓国語にすればいいのです。

【解答例】

사람을 찾습니다.

지난 5월 1일 오후 2시경 지하철 혜화역 계단에서 도움을 주신 분을 찾습니다. 그때는 너무 정신이 없어서 ㉠ 미처 감사 인사도 제대로 드리지 못했습니다. 넘어진 저를 일으켜 주시고 제 물건까지 찾아 주셔서 정말 감사합니다. 덕분에 아직 세상이 따듯하다고 느꼈습니다. 아래로 연락 주시면 밥 한 끼라도 대접하고 싶습니다. ㉡ 꼭 연락 주시기 바랍니다.

【訳】

人を探しています。

去る5月1日午後2時ごろ、地下鉄恵化（ヘファ）駅の階段で手を貸してくださった方を探しています。あのときはあまりに気が動転していたので、（感謝のあいさつもちゃんとできませんでした）。倒れた私を起こしてくださり、私の荷物まで探してくださって、本当にありがとうございました。おかげで、まだ世の中が温かいと感じました。下記に連絡くだされば、お食事でもごちそうしたいです。（必ず連絡いただけるようお願いします）。

例題2

①언어 교환 원합니다.

②안녕하세요?　③저는 한국에서 공부하고 있는 일본인입니다.
④다름이 아니라, (　　　　　　　　㉠　　　　　　　　).
⑤하루에 1시간 정도 만나서 서로의 언어로 자유롭게 대화했으면 좋겠습니다.
⑥그런데 혹시 (　　　　　　㉡　　　　　　), 메신저 등을 이용해도 괜찮습니다.

〈手順1〉　**全体を読み通し、意味を把握しましょう。**

まずは、全体を読み通します。冒頭の①の部分で何かの依頼だということが分かるので、それを念頭に置いて読んでいきましょう。

〈手順2〉　**㉠に入る内容を考えてみましょう。**

冒頭の①に「ランゲージ・エクスチェンジ（言語交換）を希望します」とあり、㉠の次の文⑤には、「1日に1時間ほど、会って互いの言語で自由に会話できればうれしいです」とあるので、㉠には「ランゲージ・エクスチェンジ（言語交換）をしたい」という内容が入るでしょう。ランゲージ・エクスチェンジを、韓国語では**언어 교환**（言語交換）と言います。さらに加えるなら、この文章を書いた本人は「韓国語を勉強している日本人」で、ランゲージ・エクスチェンジの相手として望むなら、当然「日本語を勉強している韓国人」となるので、それも内容に加えるといいでしょう。

〈手順3〉　**㉡に入る内容を考えてみましょう。**

⑥の最初に、接続詞**그런데**（ですが）があることに着目しましょう。⑤では直接会うことを希望していますが、⑥は「もし（　　㉡　　）、メッセンジャーなどを利用しても構い

ません」ということなので、直接会うこととメッセンジャーを利用することとの違いは何かを考えてみましょう。直接会おうとするならお互いに日にちや時間を合わせなければなりませんが、メッセンジャーを利用するなら、若干でも煩わしさは軽減されますよね。そのことに気が付けば、㉡には「時間がつくれないなら」というような内容が入ることが分かるでしょう。また、혹시（もし）があることがヒントとなり、혹시 ～면（もし～なら）という構文を使えばいいことも分かりますね。

〈手順4〉 では、韓国語で作文してみてください。

解答欄

㉠	
㉡	

問題を解くときには、この例題で示したように、1）冒頭に提示されているタイトルなどをヒントとすること、2）文中の接続詞に着目すること、3）ヒントとなる構文（ここでは혹시 ～면）を見つけることなどに留意するとよいでしょう。

【解答例】

언어 교환 원합니다.

안녕하세요? 저는 한국에서 공부하고 있는 일본인입니다.
다름이 아니라, ㉠ 일본어를 공부하고 싶은 한국 분과 언어 교환을 했으면 합니다.
하루에 1시간 정도 만나서 서로의 언어로 자유롭게 대화했으면 좋겠습니다.
그런데 혹시 ㉡ 시간을 따로 내기가 어렵다면, 메신저 등을 이용해도 괜찮습니다.

【訳】

ランゲージ・エクスチェンジ（言語交換）を希望します。

こんにちは。私は韓国で勉強している日本人です。
他でもなく、（日本語を勉強したいと思っている韓国の方と言語交換をできればと思います）。
1日に1時間ほど、会って互いの言語で自由に会話できればうれしいです。
ですが、もし（時間をつくるのが難しいのなら）、メッセンジャーなどを利用しても構いません。

例題3

①쓰기는 읽기와 무관하지 않다. ②책은 어휘를 늘려 줄 뿐만 아니라, 사고의 체계를 잡아 문장 구성력을 높여 주기 때문이다. ③그러므로 (　　㉠　　). ④그런데 너무 어려운 책을 보려고 하면 지루함을 느끼기 쉽다. ⑤차라리 본인에게 맞는 쉬운 책을 고르는 편이 좋다. ⑥그래야 (　　㉡　　).

〈手順1〉　全体を読み通し、意味を把握しましょう。

まず、全体を読み通しましょう。この文章は、冒頭①にあるように、「書くことと読むことは関連性がある」という内容ですね。

〈手順2〉　接続詞・接続表現をチェックしましょう。

③④⑥の文頭にそれぞれ、그러므로（そのため、だから）、그런데（しかし）、그래야（そうしてこそ）といった接続詞・接続表現が出ています。これらが問題を解くためのヒントとなります。

第4章 実践編

〈手順3〉　㉠に入る内容を考えてみましょう。

㉠の直前の文②には「本は語彙を増やしてくれるだけではなく、思考の体系を捉え、文章構成力を高めてくれる」とあり、③그러므로（そのため、だから）とつながっています。그러므로は順接の接続詞なので、③には②をそのまま受ける内容を入れればよいことが分かります。「文章構成力を高める」とどうなりますか？　そう、今、みなさんが学習していることそのものですね。つまり、「書くこと、作文することが上手になる」でしょう。㉠部分は、こういった内容であればOKです。

〈手順4〉　㉠㉡の間の文脈を追いましょう。

④の冒頭には그런데（しかし）とあり、これは逆接の接続詞で、「あまりに難しい本だと退屈になる」と、前の文章とは別の内容が続いています。さらに、⑤は차라리（むしろ、いっそ）ではじまり、「易しい本を選ぶ方がいい」とつながっています。

〈手順5〉　㉡に入る内容を考えてみましょう。

⑥の冒頭には、그래야「そうしてこそ」という、前の文章をそのまま受ける接続表現があるので、④⑤のようにしたら、どうなるのかを考えます。つまり、「飽きずに読書を続けることができる」という結論となるわけです。この文章は冒頭にもあるように、「書くことと読むことは関連性がある」という内容で、読むこと→書くこと→読むことのような流れになっているといった、全体的な把握も重要です。

〈手順6〉　では、韓国語で作文してみてください。

解答欄

㉠	
㉡	

この例題には多くの接続詞・接続表現が出てきました。こういった文章の場合は、これらに注意しながら、文脈を追うことが大切です。特に、逆接表現はそれまでの内容ががらっと変わる分岐点となることがありますので、注意しましょう。

【解答例】

쓰기는 읽기와 무관하지 않다. 책은 어휘를 늘려 줄 뿐만 아니라, 사고의 체계를 잡아 문장 구성력을 높여 주기 때문이다. 그러므로 ㉠ 책을 많이 읽으면 쓰기를 잘하게 된다. 그런데 너무 어려운 책을 보려고 하면 지루함을 느끼기 쉽다. 차라리 본인에게 맞는 쉬운 책을 고르는 편이 좋다. 그래야 ㉡ 지치지 않고 꾸준히 독서량을 늘릴 수 있다.

【訳】

書くことは読むことと無関係ではない。本は語彙を増やしてくれるだけではなく、思考の体系を捉え、文章構成力を高めてくれるからだ。そのため、(本をたくさん読めば書くのが上手になる)。しかし、あまりにも難しい本を読もうとすると、退屈さを感じやすい。むしろ本人に合う易しい本を選ぶ方がいい。そうしてこそ(疲れずに粘り強く読書量を増やすことができる)。

タイプ1　練習問題

それでは実際に、タイプ1の問題を解いてみましょう。解説と解答はP.82~85に掲載されています。

1. 다음을 읽고 ㉠과 ㉡에 들어갈 말을 각각 한 문장으로 쓰십시오.

국제교류과에서는 캐나다 ABC대학교 교환학생과의 교류 행사 참가자를 모집합니다. 파티는 7월 1일 오후 6시부터 한마당 홀에서 진행됩니다. 본교 학생이면 (㉠). 참가를 원하시는 분은 5월 31일까지 이메일로 (㉡). 입장은 이메일 신청자에 한합니다.

解答欄

㉠	
㉡	

2. 다음을 읽고 ㉠과 ㉡에 들어갈 말을 각각 한 문장으로 쓰십시오.

구두 모델 3번을 주문했는데요. 전체적으로 제 발에 맞게 조절하고 싶습니다. 가능한가요?

저희 쇼핑몰을 이용해 주셔서 감사합니다. 이 모델 3번은 발볼의 너비가 9cm여서 충분히 넓습니다만, (　　　　㉠　　　　)? 굽 높이의 경우 3cm, 5cm 중에서 하나를 (　　　　㉡　　　　). 고르신 굽 높이에 맞춰 조절해 드리겠습니다.

解答欄

㉠	
㉡	

第4章 実践編

3. 다음을 읽고 ㉠과 ㉡에 들어갈 말을 각각 한 문장으로 쓰십시오.

> 한국어 공부를 하다 보면 좋을 때도 있고 나쁠 때도 있다. 모르는 것을 알게 되었을 때는 더없이 좋지만, (㉠). 그렇게 공부에 대한 회의의 마음이 들었을 때는 잠시 쉬어 가도 좋다. 그러나 만약 포기한다면 스스로에게 느끼는 자괴감도 클 것이다. 공부는 결국 (㉡).

解答欄

㉠	
㉡	

4. 다음을 읽고 ㉠과 ㉡에 들어갈 말을 각각 한 문장으로 쓰십시오.

> 자유여행과 패키지여행은 각각 장단점이 있다. 자유여행의 경우 원하는 장소와 일정을 스스로 정할 수 있어 말 그대로 자유롭다. 그러나 (㉠). 패키지여행은 낯선 여행지에서도 불안감 없이 안전하게 다닐 수 있으나, (㉡).

解答欄

㉠	
㉡	

■タイプ1練習問題 解説・解答例

1.

交換留学生との交流イベントへの参加者募集のお知らせです。㉠の前に「本校の学生であれば」とあるので、素直に考えて㉠は「誰でも参加できます」になるでしょう。これを韓国語に直して、누구나 참가할 수 있습니다とします。

また、希望者は「Eメールで」とくれば、㉡は「お申し込みください」となるのが自然な流れです。これを韓国語にして、신청하세요でも構いませんが、より広告の文章らしく丁寧に신청해 주시기 바랍니다とするのがベストです。

【解答例】

국제교류과에서는 캐나다 ABC대학교 교환학생과의 교류 행사 참가자를 모집합니다. 파티는 7월 1일 오후 6시부터 한마당 홀에서 진행됩니다. 본교 학생이면 ㉠ 누구나 참가할 수 있습니다. 참가를 원하시는 분은 5월 31일까지 이메일로 ㉡ 신청해 주시기 바랍니다. 입장은 이메일 신청자에 한합니다.

【訳】

国際交流課では、カナダABC大学の交換留学生との交流イベントに参加される方を募集します。パーティーは7月1日午後6時からハンマダンホールで進行します。本校学生であれば（誰でも参加することができます）。参加を希望される方は、5月31日までにEメールで（お申し込みください）。入場はEメール申請者に限ります。

2.

㉠には、直前の충분히 넓습니다만（十分広いですが）から考えて、「もっと広げますか?」という内容が入ります。「広げる」はどう言いますか?　「広い」は넓다［널따］。これに히を挿入すると他動詞넓히다となります。「もっと広げますか?」は、尊敬の－(으)시－と、控えめに相手の意向を尋ねる－겠－も付けて더 넓히시겠습니까?とするといいでしょう。

㉡は直前の3cm, 5cm 중에서 하나를 (3cm、5cmのどちらかを) から考えて、「お選びいただけます」となりますので、선택하실 수 있습니다とするのが適当です。

【解答例】

질문 : 구두 모델 3번을 주문했는데요. 전체적으로 제 발에 맞게 조절하고 싶습니다. 가능한가요?

답변 : 저희 쇼핑몰을 이용해 주셔서 감사합니다. 이 모델 3번은 발볼의 너비가 9cm여서 충분히 넓습니다만, ㉠ 그래도 더 넓히시겠습니까? 굽 높이의 경우 3cm, 5cm 중에서 하나를 ㉡ 선택하실 수 있습니다. 고르신 굽 높이에 맞춰 조절해 드리겠습니다.

【訳】

質問 : 靴のモデル３番を注文したんですが。全体的に私の足に合うように調節したいです。可能でしょうか？

回答 : 私どものショッピングモールをご利用くださり、ありがとうございます。この３番のモデルは足幅が9cmなので十分広いですが、(それでももっと広げますか) ？ ヒールの高さは３cm、5cmのどちらかを (お選びいただけます) 。お選びになったヒールの高さに合わせて調節いたします。

3.

最初の文には、韓国語の勉強をしてみると「いいときもあれば悪いときもある」とあり、次に「知らないこと知ったときはいいが」といいときのことが述べられているので、㉠にはその逆の悪いときのことを書けばいいですね。ここは、「上達しないときはやる気を失う」「実力が伸びないときは失望する」のような内容でいいでしょう。「(実力が) 伸びる」というときに올라가다を使いがちですが、늘다を使います。

㉡の直前の文は「もし諦めたら自らを恥じる」という内容なので、㉡は「(勉強は結局) 自分との戦いだ」といった内容で結びとするといいでしょう。解答例では자기와의 싸움이기 때문에 이겨 내는 수밖에 없다としました。「戦い」は싸움、「なので」は이기 때

문에、「勝つ」は이겨 내다、「～しかない」は-는 수밖에 없다を使います。이겨 내는 수밖에 없다は、이겨 내야 한다（勝たなければならない）でもOKです。

【解答例】

한국어 공부를 하다 보면 좋을 때도 있고 나쁠 때도 있다. 모르는 것을 알게 되었을 때는 더없이 좋지만, ㉠ 실력이 늘지 않을 때는 몹시 실망하게 된다. 그렇게 공부에 대한 회의의 마음이 들었을 때는 잠시 쉬어 가도 좋다. 그러나 만약 포기한다면 스스로에게 느끼는 자괴감도 클 것이다. 공부는 결국 ㉡ 자기와의 싸움이기 때문에 이겨 내는 수밖에 없다.

【訳】

韓国語の勉強をしてみると、いいときもあり悪いときもある。知らないことを知ったときはこの上なくいいが、（実力が伸びないときはとても失望することになる）。このように勉強に対する懐疑の気持ちが生じたときはしばし休むのもよい。しかし、もし諦めたら、自らを恥ずかしいと思う気持ちも大きいだろう。勉強は結局（自分との戦いなので、打ち勝つしかない）。

4.

㉠の直前の文は、自由旅行の良さについて述べています。続いて그러나（しかし）とあるので、㉠は自由旅行についての否定的な内容になります。例えば解答例のように、「下調べが不十分だと順調な旅行ができない」というような内容ならいいでしょう。「下調べ」は、「事前の知識」に置き換えて사전 지식とします。

㉡のある文章の前半ではパッケージ旅行の良さが述べられていますが、最後に逆接の-(으)나（～だが）があるので、㉡にはパッケージ旅行についての否定的な内容が入ります。例えば、「希望しない場所にも行かなければならない」というようなことです。プラスとマイナスそれぞれの面が交互に出ていますので、分かりやすいですね。「希望しない場所」は（내가） 원하지 않는 장소です。내가はあってもなくてもOKです（내가は「私が」ではなく「自分が」という意味）。

【解答例】

자유여행과 패키지여행은 각각 장단점이 있다. 자유여행의 경우 원하는 장소와 일정을 스스로 정할 수 있어 말 그대로 자유롭다. 그러나 ㉠ 사전 지식이 부족할 경우 원만한 여행이 안 될 수도 있다. 패키지여행은 낯선 여행지에서도 불안감 없이 안전하게 다닐 수 있으나, ㉡ 내가 원하지 않는 장소에도 갈 수밖에 없어서 불편한 점도 있다.

【訳】

自由旅行とパッケージ旅行にはそれぞれ長所、短所がある。自由旅行の場合、望む場所と日程を自分で決めることができ、言葉の通り自由だ。しかし、（下調べが足りない場合、順調な旅行にならないこともある）。パッケージ旅行は、見知らぬ旅行地でも不安感なく安全に歩き回ることができるが、（自分が希望しない場所にも行かなければならず、不自由な点もある）。

タイプ2（問題53）

タイプ2の問題は、実際の試験では問題53として出題される作文問題です。配点は30点です。問題51、52に比べると難易度が上がりますが、手順に従って解いていきましょう。

例題1

현재 한국에서는 연애, 결혼, 출산을 포기하는 이른바 3포(세 가지를 포기한다는 뜻) 세대가 사회적 이슈가 되고 있습니다. 다음 자료를 참고하여 3포의 원인과 3포의 결과를 설명하는 글을 200~300자로 쓰십시오.

3포의 원인
·11.1%의 높은 청년 실업률 ·높은 주택 구입비 ·높은 사교육비

3포의 결과
·1인 가구 급증 ·출산율 저하 ·노동 인구가 빠른 속도로 감소

〈手順1〉　全体を読み通し、設問を把握しましょう。

まずは、設問文を正確に読み取れなければなりません。自分で設問文を訳した後、下の訳で確認してみましょう。意味が分からない単語などがあれば、調べておきます。

【訳】

現在、韓国では恋愛、結婚、出産を諦める、いわゆる3放（三つを放棄する=諦めるという意味）世代が社会的イシュー（論点）になっています。次の資料を参考にし、3放の原因と3放の結果を説明する文章を200〜300字で書きなさい。

3放の原因
・11.1%の高い若者の失業率
・高い住宅購入費
・高い私教育費（塾などの費用）

3放の結果
・1人世帯の急増
・出生率の低下
・労働人口が速いスピードで減少

〈手順2〉　日本語で、原因と結果について書いてみましょう。

この例題の場合は、情報が出そろっています。まず、3放の原因について、与えられた材料を基に文にしてみましょう。

1.

2.

3.

続いて、3放の結果、どのような社会になるのか、与えられた材料を基に文にしてみましょう。

1. ______________________________

____

2. ______________________________

____

3. ______________________________

____

〈手順3〉 構成を考えて、韓国語で書いてみましょう。

ここまでは、労せずしてできたはずです。タイプ2の問題では、作文の最後にまとめの1文があった方がいいケースもありますが、この例題の場合はそういう要求がありません。「3放」の「原因」と「結果」について説明していればそれでOKです。

ただし、作文としての構成を考えると、冒頭に何らかの導入部分が必要です。この例題の場合は、前提となる韓国社会の現状について触れるようにすればいいでしょう。つまり、第1段落「韓国社会の現状」、第2段落「3放の原因」、第3段落「3放の結果」といった構成にします。第1段落は設問をまとめればよく、第2、3段落は〈手順2〉で書いた文をつなげて韓国語に直せばOKです。

では、段落ごとに韓国語で書いてみましょう。

第1段落

____

____

____

第2段落

第3段落

〈手順4〉 では、解答例を見てみましょう。

【解答例】

현재 한국에서는 연애와 결혼, 출산을 포기하는 3포 세대가 사회적 이슈가 되고 있다. 젊은이들이 결혼과 관련된 일들을 포기하는 이유는 다음과 같다.

우선 젊은 층의 높은 실업률을 들 수 있다. 현재 한국 청년의 실업률은 11.1%에 이른다. 높은 주택 구입비도 결혼 포기를 부추기고 있다. 게다가 높은 사교육비는 자녀 교육에 대한 부담으로 이어져 출산을 포기하게 만든다.

이 결과 혼자 사는 1인 가구가 급증했으며, 출산율 저하로 이어졌고, 노동 인구가 빠른 속도로 감소하고 있다.

【訳】

現在、韓国では恋愛と結婚、出産を諦める3放世代が社会的イシューになっている。若者が結婚と関連のあることを諦める理由は次の通りだ。

まず、若年層の高い失業率が挙げられる。現在、韓国の若者の失業率は11.1%に達する。高い住宅購入費も結婚を諦める原因のうちの一つだ。その上、塾などの費用が高いのが子どもの教育に対する負担につながり、出産を諦めさせる。

この結果、1人世帯が急増し、出生率低下につながり、労働人口が速いスピードで減少している。

〈手順3〉で自分が書いた文章と、解答例を比べてみましょう。いかがですか？　うまくまとめられましたか？　解答例を使って、段落を上手につなげるポイントを説明します。

第1段落

젊은이들이 결혼과 관련된 일들을 포기하는 이유는 다음과 같다.

与えられた設問文を生かしながら、第2段落につなげる文を挿入します。-는 이유는 다음과 같다（～する理由は次の通りである）という文を挿入すると、次に具体例を挙げることが分かるため、導入としてうまくまとまりますね。

第2段落

우선 젊은 층의 높은 실업률을 들 수 있다. （中略） **게다가 높은 사교육비는 자녀 교육에 대한 부담으로 이어져 출산을 포기하게 만든다.**

理由などを列挙する際の接続表現として、우선（まず）があると分かりやすいです。먼저（はじめに）や첫 번째로（1番目に）などでもOKです。さらに文をつなげるときには、게다가（その上）などを入れます。그 위에（その上に）、あるいはもっと簡単に、그리고（そして）や또（また）でも構いません。

第3段落

이 결과 혼자 사는 1인 가구가 급증했으며, 출산율 저하로 이어졌고, 노동 인구가 빠른 속도로 감소하고 있다.

最後にまとめを述べるとき、이 결과（この結果）をよく使うので覚えておきましょう。그 결과でも構いません。日本語でも、「この結果」と「その結果」は大差ありませんね。それと同様です。

例題2

다음 자료를 보고 카페 공부의 장단점에 대해 쓰고 카페 공부에 대한 자신의 생각을 200~300자로 쓰십시오.

카페 공부의 장점	카페 공부의 단점
・아늑한 공간 ・적절한 소음	・카페 영업을 방해 ・다른 손님에게 민폐

〈手順1〉　**全体を読み通し、設問を把握しましょう。**

まずは、設問文を把握しましょう。自分で訳した後、下の訳で確認してみましょう。意味が分からない単語などあれば、調べておきます。

【訳】

次の資料を見て、カフェでの勉強の長所、短所について書き、カフェでの勉強に対するあなたの考えを200~300字で書きなさい。

カフェでの勉強の長所	カフェでの勉強の短所
・穏やかな空間 ・適度な騒音	・カフェの営業の邪魔 ・他の客に迷惑

〈手順2〉　日本語で、以下の点についてまとめてみましょう。

1. 現況
2. 長所と短所
3. 自分の考え

1. ＿＿＿＿＿＿＿＿＿＿＿＿＿＿＿＿＿＿＿＿＿＿＿＿

＿＿＿＿＿＿＿＿＿＿＿＿＿＿＿＿＿＿＿＿＿＿＿＿

2. ＿＿＿＿＿＿＿＿＿＿＿＿＿＿＿＿＿＿＿＿＿＿＿＿

＿＿＿＿＿＿＿＿＿＿＿＿＿＿＿＿＿＿＿＿＿＿＿＿

3. ＿＿＿＿＿＿＿＿＿＿＿＿＿＿＿＿＿＿＿＿＿＿＿＿

＿＿＿＿＿＿＿＿＿＿＿＿＿＿＿＿＿＿＿＿＿＿＿＿

次のような形でまとめられましたか？　自分の解答と比べてみましょう。

1. 最近カフェで勉強をするのがはやっている。
2. 長所は、カフェは穏やかで適度に騒音があって、勉強に集中できること。短所は、長時間席を占領するので営業妨害になること、他の客に迷惑がかかることがあること。
3. 他の客の迷惑にならないよう、節度をもって活用すればよい。

〈手順3〉　構成を考えて、韓国語で書いてみましょう。

もうお気付きかもしれませんが、〈手順2〉の1～3は、作文を書く場合の構成パターンの一つです。つまり、「現況」を第1段落に、「長所と短所」を第2段落に、「自分の考え」を第3段落にして、序論、本論、結論という構成にするのです。

では、段落ごとに韓国語で書いてみましょう。

第1段落

第2段落

第3段落

〈手順4〉 では、解答例を見てみましょう。

【解答例】

요즘은 카페에서 오랫동안 공부를 하는 사람이 많다. 커피 한 잔에 하루 종일 있을 수 있어 주머니가 가벼운 학생에게 알맞기 때문이다.

카페는 도서관에 비해 아늑하고 편안하다. 그리고 적절한 소음이 오히려 집중도를 높인다. 하지만 자리가 없어서 돌아가는 손님이 생기는 데다, 옆에 공부하는 사람이 있으면 시끄러울까 봐 걱정하는 손님도 있기 때문에 민폐를 끼치게 된다.

카페를 공부하는 공간으로 활용하는 것은 좋지만, 다른 사람을 방해하지 않는 선에서 적절히 행동할 줄 아는 성숙한 시민의 자세가 필요하다.

【訳】

最近、カフェで長時間勉強する人がたくさんいる。コーヒー1杯で1日中いることができ、懐が寒い学生にぴったりなためだ。

カフェは図書館と比べて穏やかで気楽だ。そして、適度な騒音がむしろ集中度を高める。しかし、席がなくて帰る客が生じる上に、隣に勉強している人がいるとうるさいんじゃないかと心配する客もいるため、迷惑を掛けることになる。

カフェを勉強する空間として活用することはいいが、他の人の邪魔をしない程度で適切に行動できる成熟した市民の姿勢が必要だ。

〈手順3〉で自分が書いた文章と、解答例を比べてみましょう。いかがですか？　うまくまとめられましたか？　解答例を使って、ポイントとなる表現などを見てみましょう。

第1段落

커피 한 잔에 하루 종일 있을 수 있어 주머니가 가벼운 학생에게 알맞기 때문이다.

-기 때문(에) は「～だからだ」という意味で、原因・理由を表す表現として、作文でもよく使われます。

第2段落

카페는 도서관에 비해 아늑하고 편안하다. 그리고 적절한 소음이 오히려 집중도를 높인다. 하지만 자리가 없어서 돌아가는 손님이 생기는 데다, 옆에 공부하는 사람이 있으면 시끄러울까 봐 걱정하는 손님도 있기 때문에 민폐를 끼치게 된다.

-하지만は逆説の副詞です。別の言葉を使うなら、그러나でもいいでしょう。ある側面に触れた後、別の側面からも述べようとするときには、한편(으로)（一方）、반대로（反対に）などの表現を覚えておくと便利です。

第3段落

카페를 공부하는 공간으로 활용하는 것은 좋지만, 다른 사람을 방해하지 않

는 선에서 적절히 행동할 줄 아는 성숙한 시민의 자세가 필요하다.

最後に入れる「自分の考え」では、市民としてのマナーや社会全体の意識向上などに一言触れると、引き締まった結びになります。-가 필요하다（～が必要だ）など、断定口調にして自分の意見をはっきり述べます。

Column

TOPIK作文がうまく書けるようになるための心得

TOPIK作文がうまく書けるようになるためには、常日頃からの心掛けも大事です。それは社会の出来事について関心を持つということです。普段からニュースや新聞を見ることを習慣にして、韓国の社会現象にも敏感になっておきたいものです。

単に情報を受け取るだけではなく、「現象の背景に思いを巡らせる」ことも必要です。一つの現象には、必ずそれが生まれるに至った背景があるものです。はっきりしたことがわからなくても、「背景について思いを巡らせる」よう心掛けるだけで大きな違いが出てきます。

タイプ2　練習問題

それでは実際に、タイプ2の問題を解いてみましょう。解説と解答はP.100~106に掲載されています。

1. 다음 자료를 보고 한국 여행의 장단점에 대해 쓰고 개선이 필요한 부분에 대한 제안을 200~300자로 쓰십시오.

한국 여행의 장점	한국 여행의 단점
·치안이 좋음 ·편리하고 쾌적한 지하철 ·저렴한 숙소가 많음	·서울에만 집중된 여행 상품 ·교통 체증이 심함 ·바가지를 씌움

100

200

300

2. 다음 자료를 보고 다이어트의 장단점에 대해 자신의 생각을 200~300자로 쓰십시오.

다이어트의 장점	다이어트의 단점
・비만으로 인한 질병을 줄인다 ・날씬함으로 인해 자신감을 얻는다	・영양의 불균형을 초래한다 ・외모 지상주의를 부추긴다

100

200

300

3. 한국의 성인 흡연율은 과거에 비해 감소했습니다. 다음 자료를 보고 흡연율이 감소한 이유를 설명하고 흡연에 대한 자신의 생각을 200~300자로 쓰십시오.

흡연을 계속하는 이유
①주위 사람이 피워서
②스트레스 해소를 위해
③끊고 싶지만 끊지 못해서

금연하는 이유
①몸에 나빠서
②회사, 음식점, 노상 흡연 금지로 흡연이 불편해져서
③담뱃값이 올라서

4. 다음 자료를 보고 정보 미디어를 이용하는 여가 활동 시간이 어떻게 변화했는지 설명하는 글을 200~300자로 쓰십시오.

	2005년	2010년
텔레비전 시청	108.61	104.45
녹화 또는 촬영한 비디오, DVD를 감상	4.8	8.41
텔레비전 게임	6.07	2.78
신문을 읽는다	13.99	9.55
휴대전화 웹 서핑	0.8	4.77
컴퓨터 웹 서핑	6.86	11.71

(단위:분)

100

200

300

■タイプ2練習問題 解説・解答

1.

全体の構成としては、提示されている長所三つを、その次に短所三つをつなげ、最後に短所を改善する方法を書くというまとめ方でいいでしょう。シンプルに考えましょう。

韓国語を書くときに使う表現は、すでに提示されている表現を最大限に有効活用しましょう。例えば저렴한 숙소（安い宿泊施設）や、바가지를 쓰다（ぼったくられる）の使役形である바가지를 씌우다（ぼったくる）という表現は、自分で文章を書くときにはなかなか思い付きませんが、このように提示されていればそのまま使うことができます。

長所をつなげた後、逆接の接続詞を用いて、短所を列挙していきます。逆接の接続詞は、解答例では그러나を使っていますが、하지만や그렇지만、그런데などを使っても構いません。

文末表現にも気を配りましょう。冒頭の文では、文末に疑問形の무엇일까?（何だろうか?）を使っています。作文の冒頭をこのような問い掛けの形にすると、文章全体のテーマを明確にすることができます。結論を「〜するだろう」と結ぶのであれば、-(으)/ㄹ 것이다を用いるのがいいでしょう。

ところで、みなさん한다体の作り方には慣れてきたでしょうか。この解答例では、1文目以外は文末の用言が形容詞と指定詞のみなので、辞書形と同じ形になっています。もし動詞を文末で使う場合は、例えば바가지를 씌운다（ぼったくる）のようになります。注意してください。

【解答例】

한국을 찾는 외국인에게 한국 여행의 장점과 단점은 무엇일까?

우선 치안이 좋아서 어디든 마음 놓고 갈 수 있다는 점이 장점이다. 지하철이 편리하고 쾌적하며, 숙소의 경우 호텔 외에 게스트 하우스나 민박 같은 저렴한 숙소도 많다.

그러나 여행 상품이 서울에만 집중되어 다양성이 부족하다. 그리고 지하철 외에는 교통 체증이 심하다. 외국인에게 바가지를 씌우는 것도 안 좋은 점이다.

서울 지역 외의 특색 있는 관광 상품을 개발하고 교통 환경을 개선하며 외국인에게 바가지를 씌우는 문제를 해결한다면 더 많은 사람이 방문할 것이다.

【訳】

（問題）

次の資料を見て、韓国旅行の長所、短所について書き、改善が必要な部分に対する提案を200〜300字で書きなさい。

韓国旅行の長所
・治安が良い ・便利で快適な地下鉄 ・安い宿が多い

韓国旅行の短所
・ソウルにのみ集中している旅行商品 ・交通渋滞がひどい ・ぼったくる

（解答例）

韓国を訪れる外国人にとって、韓国旅行の長所と短所は何だろうか？

まず、治安が良く、どこでも安心して行けるという点が長所だ。地下鉄が便利で快適であり、宿は、ホテルの他にゲストハウスや民宿のような安い宿も多い。

しかし、旅行商品がソウルにのみ集中しており、多様性が足りない。そして、地下鉄以外は交通渋滞がひどい。外国人からぼったくるのも良くない点だ。

ソウル地域以外の特色ある観光商品を開発して、交通環境を改善し、外国人からぼったくる問題を解決するのなら、より多くの人が訪問するだろう。

2.

この問題も、提示された長所と短所をうまく生かして書いていくのは同じです。テーマがダイエットの場合、極論すると「バランスの取れた食事、適切な運動、生活習慣の改善などの健康的なダイエットをするのがよい」という結論でまとめればいいので、この文を韓国語で書けるようにしておくと使い回しができます（今回の解答例の最後の段落にあるので、確認してください）。

長所や短所の羅列で単調になってしまうことを避けたい場合は、특히（特に）や오히려（逆に、かえって）などの副詞を挟むと、述べたい部分が明確になり効果的です。

文末表現に注目すると、最後の結論の部分では、-지 말아야 한다（〜するのをやめ

なければならない=〜してはならない)という表現を使っていますね。自分の意見を述べるとき、「〜してはならない」「〜する必要がある」のように、人々への注意喚起の形を使うと、文章がうまくまとまります。この-지 말아야 한다という表現は、覚えておくとあちこちで使えそうですね。

なお、今回は文末に動詞が来る例が多数あります。動詞の한다体の現在形は-ㄴ/는다です。얻는다(得る)、초래한다(招く)、잊지 말아야 한다(忘れてはならない)のようになります。

【解答例】

날씬한 몸매를 위한 다이어트는 남녀노소를 불문하고 관심이 많다. 특히 비만이 각종 질병의 원인으로 지목을 받으면서 '살과의 전쟁' 이라는 표현마저 생겼다.

다이어트는 비만에서 오는 질병을 줄이고, 변화한 외모를 통해 자신감을 얻는다. 그러나 무조건 굶거나 한 가지 음식만 먹으며 살을 빼면 오히려 건강을 해칠 뿐이며, 외모만 중시해 살찐 사람을 차별하는 등의 갈등을 초래한다.

균형 있는 식사, 적절한 운동, 생활 습관 개선 등의 건강한 다이어트를 하는 것이 좋다. 건강한 몸에 건강한 정신이 따른다는 점을 잊지 말아야 한다.

【訳】

(問題)

次の資料を見て、ダイエットの長所、短所に対する自分の考えを200〜300字で書きなさい。

ダイエットの長所
・肥満による病気を減らせる ・痩せることにより自信が得られる

ダイエットの短所
・栄養の不均衡を招く ・外見至上主義を助長する

(解答例)

スリムな体のためのダイエットは老若男女問わず関心事だ。特に、肥満がいろいろな病気の原因として指摘されて '肉との戦争' という表現すら生まれた。

ダイエットは肥満から来る病気を減らし、変化した外見から自信が得られる。しかし、食事を抜くだけだったり、一つの食べ物だけ食べて痩せるとむしろ健康を害するだけであり、外見のみ重視して太った人を差別するなどの争いを招く。

バランスの取れた食事、適切な運動、生活習慣の改善などの健康なダイエットをするのがよい。健康な肉体に健全な精神が伴うということを忘れてはならない。

3.

喫煙の理由と禁煙の理由が挙げられているので、それらを順番につなぎながら喫煙率が減った理由をまとめ、「健康のために過度な喫煙はすべきでない」、あるいは「非喫煙者に対する配慮をさらに徹底しなければならない」など、自分の考えを入れて締めくくるとよいでしょう。

作文でよく使用する「〜ために」という表現を確認しておきましょう。「目的」を表す「〜ために」は、-기 위해を使います。「ストレス解消のために」は、解答例にもあるように스트레스를 풀기 위해とするか、または漢字語の「解消」を生かして스트레스를 해소하기 위해とします。-기 위해は動詞にしか付かないので、日本語の「解消」という名詞を해소하다（解消する）という動詞に言い換える必要があります。名詞に付ける場合は、設問にあるように〜을/를 위해という形を使って스트레스 해소를 위해とします。

これに対して、「原因・理由」を表す「〜ために」は때문에を使います。「中毒性のために」という表現は、名詞+때문에の形を使って중독성 때문에とするか、用言+-기 때문에の形を使って중독성이 있기 때문에とします。

【解答例】

한국의 성인 흡연율이 감소했다. 금연을 권장하는 사회 분위기가 한몫을 한 것으로 보인다.

흡연자가 흡연을 계속하는 이유로는, 주위 사람들이 피우니까, 스트레스를 풀기 위해, 끊고 싶지만 강한 중독성 때문에 끊지 못해서, 등의 이유가 있고, 금연에 성공한 사람의 금연 이유로는, 흡연이 몸에 나빠서, 회사, 음식점, 노상 흡연 금지로 흡연이 불편해져서, 담뱃값이 올라서, 등의 이유를 들었다.

第4章 実践編

흡연은 개인의 자유다. 그러나 흡연자의 자유 때문에 피해를 보는 사람도 분명 존재한다. 흡연자와 비흡연자의 현명한 공존을 모색할 때다.

【訳】

（問題）

韓国の成人喫煙率は、過去に比べ減少しました。次の資料を見て、喫煙率が減少した理由を説明し、喫煙に対する自分の考えを200～300字で書きなさい。

〈喫煙を続ける理由〉
①周囲の人が吸うので
②ストレス解消のため
③やめたいがやめられなくて

〈禁煙する理由〉
①体に悪いので
②会社、飲食店、路上喫煙禁止で喫煙が楽ではなくなったので
③たばこの値段が上がったので

（解答例）

韓国の成人喫煙率が減少した。禁煙を推奨する社会の雰囲気が一役買ったと見られる。

喫煙者が喫煙を継続する理由では、周囲の人が吸うから、ストレス解消のために、やめたいが強い中毒性のためにやめることができないから、などの理由があり、禁煙に成功した人の禁煙理由では、喫煙が体に悪いから、会社、飲食店、路上喫煙の禁止で喫煙が楽ではなくなったから、たばこの値段が上がったから、などの理由を挙げた。

喫煙は個人の自由だ。しかし、喫煙者の自由のために被害を受ける人も明らかに存在する。喫煙者と非喫煙者の賢明な共存を模索する時だ。

4.

グラフ・表問題の鉄則は、共通点や差異に着目して、データの特徴を見抜くことです。特にこの問題では、データの移り変わりを説明することが要求されています。例えば、データを見てまず目に付くことの一つに、2005年も2010年も同じくテレビの視聴が多いという点が挙げられます。そこから、その数値が他の項目の数値と比べてどうなのか、また他の項目は2005年のデータと比べてどのように変化しているのかといったことを、順を追って説明すればいいのです。

グラフ・表問題に出てくる特有の表現をいくつか確認しましょう。자료에 따르면（資料によれば）は、データに触れる際に必要な表現です。また、それによって分かったことがある場合は、～인 것으로 나타났다（～であることが分かった）という表現が使えます。～인は指定詞の現在連体形なので、前には名詞が来ます。指定詞の代わりに、動詞や形容詞の連体形を使って늘어난 것으로 나타났다（増えたことが分かった）や큰 것으로 나타났다（大きいことが分かった）のようにも応用できます。

その他、떨어졌다（落ちた）や웃돌았다（上回った）、밑돌았다（下回った）、비율이 높아졌다（比率が高まった）のような表現や、그에 비해（それに比べ）のような比較を表す表現もあります。このような表現は、今後もずっと使えますから、確実に覚えておきましょう。

【解答例】

현대인은 여가 활동을 어떻게 보낼까? 2010년 자료에 따르면 텔레비전을 보는 비율이 가장 높아서 하루 중 104.45분인 것으로 나타났다.

텔레비전 다음으로 많은 여가 활동은 2005년에는 신문 구독으로 13.99분이었으나 2010년에는 9.55분으로 떨어졌고, 대신 컴퓨터 웹 서핑이 2010년에 11.71분, 휴대전화 웹 서핑은 2010년에 4.77분을 기록해 각각 늘었다.

2010년에는 텔레비전 게임가 준 반면, 비디오나 DVD를 감상하는 비율이 높아져 2005년 4.8분에서 2010년 8.41분으로 크게 늘었다.

【訳】

（問題）

次の資料を見て、情報メディアを利用する余暇活動の時間がどのように変化したか説明する文章を200～300字で書きなさい。

	2005年	2010年
テレビの視聴	108.61	104.45
録画もしくは撮影したビデオ、DVDの鑑賞	4.8	8.41
テレビゲーム	6.07	2.78
新聞を読む	13.99	9.55
携帯電話でのネットサーフィン	0.8	4.77
パソコンでのネットサーフィン	6.86	11.71

（単位：分）

（解答例）

現代人は、余暇活動をどのように送っているのだろうか？　2010年の資料によれば、テレビを見る比率が最も高く、一日のうち104.45分であることが分かった。

テレビの次に多い余暇活動は、2005年では新聞購読で13.99分だったが、2010年には9.55分に落ち、代わりにパソコンでのネットサーフィンが2010年に11.71分、携帯電話でのネットサーフィンは2010年に4.77分を記録し、それぞれ増えている。

2010年にはテレビゲームが減った反面、ビデオやDVDを鑑賞する比率が高まり、2005年の4.8分から2010年の8.41分へと大きく増えた。

タイプ3（問題54）

タイプ3の問題は、実際の試験では問題54として出題される作文問題です。配点は50点です。基本はタイプ2と同じですが、情報が与えられていませんので、内容は自分で考える必要があります。まずは、〈手順〉に従ってやってみましょう。

例題1

다음을 주제로 하여 자신의 생각을 600~700자로 글을 쓰십시오.

IT산업의 발달은 그 편리함으로부터 새로운 인간관계를 형성하도록 발전하였습니다. 이제 현대인의 일상생활에 빼놓을 수 없는 수단으로 자리잡은 소셜 네트워크 서비스(SNS)활동의 역할과 나아갈 방향에 대해 아래의 내용을 중심으로 주장하는 글을 쓰십시오.

....

①SNS의 발달이 우리 생활에 미친 영향이 무엇입니까?
②SNS가 나아갈 방향은 무엇입니까?

〈手順1〉　全体を読み通し、設問を把握しましょう。

設問の意味は分かりましたか？　まず、設問の訳を確認しましょう。

【訳】

次を主題にして自身の考えを600~700字で文章にしなさい。

IT産業の発達はその便利さから新しい人間関係を形成するように発展しました。すでに現代人の日常生活に欠かせない手段として定着したソーシャルネットワークサービス（SNS）活動の役割とこれから進む方向について、下の内容を中心に主張する文章を書きなさい。

①SNSの発達が私たちの生活に及ぼした影響は何ですか?
②SNSが進む方向は何ですか?

タイプ3では、文章を書く際の課題が疑問文の形で提示されます。これに答える内容を含んだ文章を書く必要があります。

〈手順2〉 日本語で、①②に対する答えを、それぞれ考えてみましょう。

소셜 네트워크 서비스(ソーシャルネットワークサービス=SNS)とは、インターネットを通じて人と人のつながりを支援するサービスのこと。트위터(Twitter=ツイッター)や페이스북(Facebook=フェイスブック)、LINEなどでおなじみですね。日本独自のものとしては、ミクシィ(mixi)がありますし、韓国では미니홈피(ミニホムピ)というのもありました。私も日頃からこうした便利なサービスを利用して情報発信を行っていますが、まず①の「SNSの発達が私たちの生活に及ぼした影響」について、日本語で考えてみましょう。まず、良い影響として考えられるものは何でしょうか。

■良い影響

・＿＿＿＿＿＿＿＿＿＿＿＿＿＿＿＿＿＿

・＿＿＿＿＿＿＿＿＿＿＿＿＿＿＿＿＿＿

・＿＿＿＿＿＿＿＿＿＿＿＿＿＿＿＿＿＿

・＿＿＿＿＿＿＿＿＿＿＿＿＿＿＿＿＿＿

・＿＿＿＿＿＿＿＿＿＿＿＿＿＿＿＿＿＿

次のようなことが書けましたか?

・個人でも自分の意見を広く拡散させることができるようになった。

・場所にとらわれず、全世界どこでも人とつながれるようになった。

・知人はもちろん、会ったことのない人とのネットワークも作れるようになった。
・企業のマーケティングにも重要な役割を担うようになった。
・どのようなことでもリアルタイムで意見を言えるようになった。

次に悪い影響については、どうでしょうか。思い付くままにいろいろ挙げてみましょう。

■悪い影響

・＿＿＿＿＿＿＿＿＿＿＿＿＿＿＿＿＿＿＿＿

・＿＿＿＿＿＿＿＿＿＿＿＿＿＿＿＿＿＿＿＿

・＿＿＿＿＿＿＿＿＿＿＿＿＿＿＿＿＿＿＿＿

・＿＿＿＿＿＿＿＿＿＿＿＿＿＿＿＿＿＿＿＿

・＿＿＿＿＿＿＿＿＿＿＿＿＿＿＿＿＿＿＿＿

悪い影響については、例えば、次のようなことが考えられるはずです。
・プライバシーが外部にさらされることがある。
・発信した内容が一人歩きし、意図しない誤解を引き起こすことがある。
・SNSを通して集団で個人を中傷し、サイバー暴力の被害者を作ってしまうこともある。

②の「SNSが進む方向」については、どのように考えますか？　「進む方向は何か」という問い掛けは、分かりやすく言うと、「今後の理想的なあり方」について問われているのです。簡単に言ってしまえば、②で挙げた長所を生かし、短所をなくせば、「理想的なあり方」に近づきますよね？　書き方としては、順序を逆にして短所を克服して、長所を生かす方法を書けばよいのです。

では、実際に日本語で書いてみましょう。

これについては、次のような形でまとめるといいでしょう。

SNSの便利な機能を生かして便利さを損なわないようにするためには、オフラインの場合と同じく他人についての配慮や理解、礼儀などの道徳心をなくさないようにしなければならない。人間が人間らしさを失わないときに初めて全ての技術と発展に意味があるからだ。

〈手順3〉　構成を考えて、韓国語で書いてみましょう。

〈手順2〉で考えた内容をつなげて、韓国語で書いてみましょう。

〈手順4〉　では、解答例を見てみましょう。

【解答例】

IT산업의 발달과 더불어 SNS는 현대인의 생활을 여러모로 바꾸어 놓았다. 전화나 편지로 안부를 묻던 인간관계에서 벗어나 인터넷 공간만으로 소통이 가능해진 것이다. 장소에 구애되지 않고 전 세계 어디서나 관계를 이어갈 수 있게 되면서 지인은 물론 모르는 사람과의 네트워크도 중요해졌다.

경쟁 사회 속에서 스스로를 드러내고 홍보하는 수단으로서의 SNS는 개인뿐만 아니라 기업 마케팅에도 중요한 역할을 담당한다. 나아가 행정에도 활용되는데, 시나 도에서 운영하는 도로 신고 시스템, 공지사항 등이 그 예이다. 무엇이든 실시간으로 목소리를 낼 수 있다는 점은 큰 장점이다.

그런데 신뢰가 바탕이 되는 기존의 관계와 달리 쉽게 친구가 되는 인터넷 관계망은 접근이 쉽다는 점이 오히려 단점이 되기도 한다. 사생활이 고스란히 노출되고, 의도하지 않은 오해를 불러일으켜 갈등이 생긴다. 실제로 또래의 영향이 큰 10대 청소년의 경우 마음에 들지 않는 친구에게 SNS를 통해 집단으로 험담을 하거나 심한 말로 상처를 주는 이른바 사이버 폭력의 피해자를 만들기도 한다.

SNS의 장점을 살려 편리함을 퇴보시키지 않게 하기 위해서는 오프라인에서와 마찬가지로 타인에 대한 배려와 이해, 예의 등의 도덕심을 잃지 않아야 한다. 인간이 인간다움을 잃지 않을 때 비로소 모든 기술과 발전에 의미가 있기 때문이다.

【訳】

IT産業の発達と合わせてSNSは現代人の生活をいろいろ変えた。電話や手紙で安否を尋ねていた人間関係から抜け出し、インターネット空間だけで疎通が可能になったのだ。場所にとらわれず全世界どこでも関係を続けていくことができるようになり、知人はもちろん知らない人とのネットワークも重要になった。

競争社会の中で、自らをさらけ出し広報する手段としてのSNSは個人だけでなく企業のマーケティングでも重要な役割を担う。ひいては行政でも活用されており、市や道で運用する道路申告システム、お知らせなどがその例だ。何でもリアルタイムに意見を言えるという点は大きな長所だ。

しかし、信頼が土台になる既存の関係と違い、簡単に友達になれるインターネットのネットワークは、接近が簡単だという点がかえって短所になったりもする。私生活が全てさらけ出され、意図しない誤解を引き起こし、対立が生じる。実際に同年代の影響が大きい10代の青少年の場合、気に入らない友達にSNSを通して集団で中傷したり、ひどい言葉で傷つけるいわゆるサイバー暴力の被害者を作ったりもする。

SNSの長所を生かし便利さを損なわないようにするためには、オフラインの場合と同じく他人に対する配慮や理解、礼儀などの道徳心をなくさないようにしなければならない。人間が人間らしさを失わないときに初めて全ての技術と発展に意味があるからだ。

例題2

다음을 주제로 하여 자신의 생각을 600~700자로 글을 쓰십시오.

글로벌화가 진행된 오늘날의 세계에도 여전히 문화 우월주의는 존재합니다. 이런 현상이 생기는 이유와 타개할 방법에 대해 아래의 내용을 중심으로 주장하는 글을 쓰십시오.

・문화 우월주의가 생기는 배경은 무엇입니까?
・문화 우월주의의 문제점은 무엇입니까?
・문화 우월주의를 해소할 방안은 무엇입니까?

〈手順1〉　**全体を読み通し、設問を把握しましょう。**

まずは設問を正しく読み取りましょう。下の訳で、確認してみてください。

【訳】

次を主題にして自身の考えを600～700字で文章にしなさい。

グローバル化が進行した今日の世界にも、依然として文化優越主義は存在します。このような現象が生じる理由と打開する方法について、下の内容を中心に主張する文章を書きなさい。

・文化優越主義が生じる背景は何ですか？
・文化優越主義の問題点は何ですか？
・文化優越主義を解消する方案は何ですか？

〈手順2〉　**難しいテーマが出てきたときの対処法を覚えましょう。**

さて、例題のテーマである문화 우월주의とは何でしょうか？　こういうテーマは、普段の生活では考える機会がないものです。考えたこともないテーマが出てくると、「ちょっと自分には書けないな、無理だな」と思って諦めてしまいがちです。でも、実際の試験ではこういう難しいテーマが出ることも多いのです。

まず、문화 우월주의が「文化優越主義」という漢字語だと気付けば、この漢字から察するに、「自国の文化が優れていて他国の文化が劣っているという考え方」ではないかと推測できます。こういう点は日本人には得ですね。このように、知らない単語でも、何とか漢字からその意味を推測することを覚えておきましょう。少し書けそうな気がしてきませんか?

ちなみに、国際理解、異文化理解、グローバリゼーションなどのテーマのときは、結論を「相互理解」に持っていくと書きやすくなります。結論から先に構想する方法です。この例題の解答例を参考に、国際理解に関連した作文の結論で利用出来るような「相互理解」についての文章を書けるようにしておくとよいでしょう。

〈手順3〉　内容の中心となる点について、日本語で考えてみましょう。

この文章を書く上で要求されているのは、「文化優越主義が生じる背景」と「問題点」、そして「解消する方法」の三つです。これらについて、まずは日本語で考えてみましょう。

①背景：世界にはたくさんの文化がある

・

・

②問題点：自国の文化が一番優れていると考える人々がいる、食文化の違いを具体例として挙げる

・

・

・

・

・

③解消方法：異文化を認める、知ってこそ理解し合える、文化優越主義ではなく相互理解が必要

・

・

これらを意識して、文章にしてみましょう。一例を下に挙げてみます。この①～③をうまくつなげて韓国語にすれば、作文ができあがります。

①世界各国には、数多くの文化がある。そして、どの国の人でも、自国の文化に対してプライドを持っているものである。

②しかし、このプライドのために、自国の文化が最も優れていて、他国の文化を劣っていると考える人々がいる。これが文化優越主義だ。この文化優越主義は、時に他国の人々を差別したり他国と敵対するような関係となったりすることがあるのが問題だ。

例えば、食文化を考えると、牛や豚などの家畜の肉を食べる文化もあれば、それをタブー視する文化もあるし、犬やネズミ、虫などを食べる文化もある。これらはそれぞれの文化が背景にあるので、どちらが優れているとか劣っているとかいう判断を下すことはできないだろう。

③それぞれの文化は優劣の問題ではなく、是非を問う問題でもない。異文化間にあっては、お互いを理解し合い、尊重する態度が重要である。

今回のように、「異文化理解」「相互理解」について書くときには、**시민 교류**（市民交流）、**대중적인 교류**（大衆的な交流、草の根交流）、**서로를 알다**（お互いを知る）、**다양성을 인정하다**（多様性を認める）、**다른 가치관에 대해 관용하다**（異なる価値観に寛容である）、**다른 가치관을 배제하지 않는 유연성**（異なる価値観を排除しない柔軟性）などの言葉をキーワードとして作文するといいでしょう。

「プライド」は韓国語では**긍지**（矜持）が適当な訳になりますが、この言葉が思い浮かばなくても「プライド→自負心」と漢字語を連想できれば、**긍지**と同義の**자부심**（自負心）に行き着くことができます。

〈手順4〉　では、解答例を見てみましょう。

【解答例】

세계 각국에는 수많은 문화가 존재한다. 어느 나라 사람이든 자국 문화에 대한 자부심은 각별할 것이다.

그런데 이 자부심 때문에 자국 문화만이 우월하고 타국의 문화는 열등하다고 여기는 문화 우월주의가 생기기 쉽다. 다른 문화에 대해 열등하다고 느끼는 것은 역사와 문화인류학적 무지나 다름없기 때문에 경계해야 마땅하다. 타 문화에 대해 배척하고 비난하거나 차별하는 행위로 인해 인류의 평화로운 공존을 방해한다면 지금처럼 국제화된 사회에서 고립되거나 다툼이 생길 것이 너무나 자명하다.

음식 문화를 예로 들자면, 소를 신성하게 여겨 먹지 않는 문화, 돼지고기를 안 먹는 문화, 개나 쥐를 식용하는 문화, 또는 각종 벌레를 먹거나 날것을 먹는 문화 등이 존재하는데 이러한 문화는 각각 고유한 토착적 풍토에 기인한 것임을 이해해야 한다.

긴 세월에 걸쳐 만들어낸 역사와 문화 현상은 결코 쉽게 없어지는 것이 아니며, 편협한 생각으로 비난할 성질의 것도 아니다. 세계 문화의 다양성을 인정하고 각 문화가 가진 그들만의 환경과 사회적 상황에 대한 이해가 중요하다. 이를 바꿔 말하면 문화 상대주의라고도 할 수 있는데, 문화는 수준이 높고 낮음으로 판단할 것이 아니며, 옳고 그름을 가릴 수도 없다. 다른 문화에 대해 폭넓게 이해하고 가치를 인정함으로써 평화로운 공존을 도모해야 한다.

【訳】

世界各国には数多くの文化が存在する。どの国の人でも、自国の文化に対する自負心は格別だろう。

ところがこの自負心のために、自国の文化だけが優れており他国の文化は劣っていると感じる文化優越主義が生じやすい。他の文化に対して劣っていると感じるのは歴史と文化人類学的に見て無知に違いないため、警戒してこそ当然だ。他文化に対して排斥して非難したり、差別する行為によって人類の平和な共存を邪魔するならば、今のように国際化した社会で孤立したり争いが起きたりするのは自明だ。

食文化を例に挙げれば、牛を神聖視して食べない文化、豚肉を食べない文化、犬やネズミを食用する文化、または、各種の虫を食べたり生ものを食べたりする文化などが存在するが、このような文化はそれぞれ固有の土着の風土に起因しているものであることを理解しなければならない。

長い歳月にわたって作り出した歴史と文化現象は決して簡単になくなるものではなく、偏狭な考えで非難する性質のものでもない。世界文化の多様性を認めて、各文化が持っている彼らだけの環境と社会的状況に対する理解が重要だ。これを言い換えれば文化相対主義とも言えるが、文化は水準の高低で判断するものではなく、是非で判断することもできない。他文化に対して幅広く理解し価値を認めることによって、平和な共存を図らなければならない。

Column

書きにくいテーマこそ、練習で取り組むべき

書きにくいテーマに取り組んでこそ、自分の思考領域が広がります。また、あるテーマについて考えたり書いたりした経験があれば、試験でそれに近いテーマが与えられたとき、対処しやすくなります。ですから、日頃から幅広いテーマについて考えるようにしておきましょう。そして、実際の試験では、どういうテーマが与えられても、慌てず、焦らず、自分の持っている知識や経験を総動員して、論を展開してみましょう。作文の構成がしっかりしていて、文法的に間違いのない韓国語で書けていて、結論が明確であれば、相応の点数が取れるはずです。

タイプ3　練習問題

それでは実際に、タイプ3の問題を解いてみましょう。解説と解答はP.126～135に掲載されています。

1. 다음을 주제로 하여 자신의 생각을 600~700자로 글을 쓰십시오.

> 걸으면서 스마트폰을 보는 사람들이 많아 문제가 되고 있습니다. 보행 중 휴대폰 사용의 이유와 위험성, 문제 해결 방안에 대해 아래의 내용을 중심으로 주장하는 글을 쓰십시오.
>
> ・・・
>
> ・걸으면서 스마트폰을 보는 이유는 무엇일까요?
>
> ・걸으면서 스마트폰을 보면 왜 위험할까요?
>
> ・문제 해결을 위한 방안은 무엇입니까?

(memo)

100
200
300
400
500
600
700

2. 다음을 주제로 하여 자신의 생각을 600~700자로 글을 쓰십시오.

> 산업용 로봇을 비롯해 인공 지능 로봇, 스마트 기기, 무인 자동차 등 오늘날 한층 진화한 과학 기술의 발전이 인간의 삶을 바꾸고 있습니다. 다가올 미래에 과학의 발전이 인간에게 미칠 영향과 나아갈 방향에 대해 아래의 내용을 중심으로 주장하는 글을 쓰십시오.
>
> ··
>
> - 과학 기술의 발전으로 인해 인간의 삶이 과거에 비해 어떻게 바뀌었습니까?
> - 과학 기술의 발전이 어디까지 이루어졌으며 이에 따른 문제점은 무엇입니까?
> - 과학 기술의 발전이 인류에게 끼칠 문제점을 해결할 방법은 무엇입니까?

(memo)

3. 다음을 주제로 하여 자신의 생각을 600~700자로 글을 쓰십시오.

> 도시화, 산업화에 따른 대기오염이 세계를 위협하고 있습니다. 대기오염 발생 원인과 문제점 해결 방법에 대해 아래의 내용을 중심으로 주장하는 글을 쓰십시오.
>
> ....
>
> · 대기오염이 발생하는 원인은 무엇입니까?
>
> · 대기오염의 문제점은 무엇입니까?
>
> · 대기오염 문제를 해소할 방안은 무엇입니까?

(memo)

100

200

300

400

500

600

700

4. 다음을 주제로 하여 자신의 생각을 600~700자로 글을 쓰십시오.

> 인구 감소가 진행 중인 일본의 미래에 대해 비관적으로 보는 견해와 대책 마련이 시급하다는 의견이 있습니다. 아래의 내용을 중심으로 주장하는 글을 쓰십시오.
>
> ·인구 감소의 원인은 무엇입니까?
> ·인구 감소는 국가에 어떤 문제를 가져옵니까?
> ·인구 감소를 해결할 방안은 무엇입니까?

(memo)

100
200
300
400
500
600
700

第4章

実践編

■タイプ3練習問題 解説・解答

1.

「歩きながらスマートフォンを使う危険性」については、日常生活で話題に上がることもあり、身近なことなので書きやすそうですね。まず、歩きながらスマートフォンを使用することの危険性を具体的に挙げましょう。そして、それをなくすためには、どのようなことが有効な問題解決の方法かを述べます。方法としては、**사용 금지 캠페인**（使用禁止キャンペーン）、**금지 구역의 설치**（禁止区域の設置）、**벌금 제도**（罰金制度）、**홍보 활동**（広報活動）などが思い浮かんだでしょうか？

解答例では、**항상 즐기다 보니**（常に楽しんでいると）や**다수이다 보니**（多くいるので）のように**-다 보니**という表現が使われています。この**-다**は**-다가**の縮約形です。動詞に付いた場合は「ある行動を続けていたら、いつの間にか」という意味になり、形容詞に付いた場合は「ある状態が継続していたところ、いつしかそれが原因で」という意味になります。知らず知らずのうちに変化が起きていくことを表すので、社会の移り変わりなどについて述べるときに有用な表現です。

【解答例】

걸으면서 스마트폰을 사용하는 사람이 많아 문제가 되고 있다. 현대인에게 스마트폰은 단순 전화의 기능을 넘어 각종 콘텐츠를 접하는 오락적 여흥거리로 자리 잡았다.

일상적인 모바일 메신저를 비롯해 밖에서도 업무가 가능할 정도의 이메일 수신과 발신, 음악과 동영상을 휴대폰으로 항상 즐기다 보니 길에서조차 눈을 뗄 수가 없는 것이다.

그러나 걸으면서 휴대폰을 조작하면 위험이 따른다. 화면에만 집중하면 시야의 범위가 좁아져 차가 오는 것을 모르거나, 주위의 위험한 물체를 미처 느끼지 못해 사고를 당할 수가 있다. 또한 지하철 역사 내에서 이동 중일 때도 스마트폰을 보면서 걷는 이들 때문에 앞이 막히거나 부딪혀 답답함을 느끼는 사람이 많다. 이 같은 매너 없는 행동에 짜증을 느끼는 사람도 다수이다 보니, 대중교통 이용의 질마저 떨어지고 만다.

인명 사고를 막기 위해 법적 벌칙을 통해 금지하는 경우도 있다. 미국의 몇 개 주에서는 길을 건너면서 통화를 하거나 문자를 보내는 행위에 벌금을 부과한다. 또한 나라에 따라서는 캠페인이나 광고를 통해 위험성을 호소하기도 한다. 그러나 무엇보다 가장 중요한 것은 개개인이 경각심을 갖는 일이다. 나와 타인을 동시에 위협하는 행위라는 데 인식을 함께하고 화면을 보기보다 너른 시야로 앞을 바라보는 노력을 해야 할 것이다. 분명 눈앞의 경치를 즐기는 여유로움도 느낄 수 있을 것이다.

【訳】

(問題)

次を主題にして自分の考えを600～700字で文章にしなさい。

歩きながらスマートフォンを見る人が多く、問題になっています。歩行中の携帯電話使用の理由と危険性、問題解決方法について、下の内容を中心に主張する文章を書きなさい。

・歩きながらスマートフォンを見る理由は何でしょうか？
・歩きながらスマートフォンを見ると、どうして危険なのでしょうか？
・問題解決のための方法は何でしょうか？

(解答例)

歩きながらスマートフォンを使う人が多く、問題になっている。現代人にとって、スマートフォンは単純な電話機能を越えて、各種コンテンツに接する娯楽的な余興の種として定着した。

日常的なモバイルメッセンジャーをはじめ、外でも仕事ができるほどのメール受信と発信、音楽と動画を携帯電話で常に楽しんでいると、道ですら目を離せないのだ。

しかし、歩きながら携帯電話を操作すると、危険が伴う。画面にだけ集中すると、視野が狭まって車が来ることに気付かなかったり、周りの危険な物体をぎりぎりまで感じられずに事故に遭ったりすることがある。また、地下鉄の駅構内で移動中もスマートフォンを見ながら歩く人たちのせいで、前が詰まったりぶつかったりすることにもどかしさを感じる人が多い。このようなマナーのなってない行動にいら立ちを覚える人も多くいるので、公共交通利用の質すら落ちてしまう。

人命に関わる事故を防ぐために、法的な罰則によって禁止することもある。アメリカのいくつかの州では、道を歩きながら電話で話したりメールを送ったりする行為に罰金を科している。また、国によってはキャンペーンや広告を通して危険性を訴えたりもしている。しかし、何より一番大事なのは、個々人が戒め悟る心構えを持つことだ。自分と他人を同時に脅かす行為というところで認識を共有し、画面を見るより広い視野で前を見る努力をしなければならないだろう。確実に、目の前の景色を楽しむ余裕も感じられるであろう。

2.

「科学の発展が人間に及ぼす影響」と「今後の進むべき方向」。こういうテーマを与えられると、もう書き出す意欲を失い、諦めの気分になってしまうかもしれませんが、大丈夫です。一つずつクリアしていきましょう。

まず一つ目に要求されているのが、「科学技術の発展により人間の暮らしが過去に比べてどのように変わりましたか?」という課題。これは一言で言うと「便利になった」わけです。交通や通信において、人間の能力以上のことが可能になっていることを書けばいいでしょう。

二つ目は、「科学技術の発展による問題点」です。人間が機械を制御できなくなる危険性、天災によって機械が故障する可能性、人間に本来備わっていた能力の喪失、人の心の問題など、いくつか問題点が思いつくのではないでしょうか。

三つ目は、「問題点を解決する方法」です。一言で言えば、人間の生命や心を脅かさないような規制や倫理観が必要だということですね。

これで少し書けそうな気がしてきたのではないでしょうか? 歯が立たないと思っても、何とか情報を集め、自分なりの言葉で文章を構成しようと取り組んでみましょう。そういう練習を繰り返すことで、実際の試験で慣れないテーマに直面しても対応できるようになってきます。

この問題で出てきた「どのように変わったか」という課題に備えて、韓国語で変化を表す表現を書けるようにしておくとよいでしょう。解答例の中には、영향을 더 많이 받게 되었다(影響をより多く受けるようになった)や、정보를 얻기도 쉬워졌다(情報を得るのも簡単になった)のように、-게 되다や-아/어지다が使われています。この例のように、基本的には動詞に-게 되다、形容詞に-아/어지다を付けることで変化を表すことができます。

また、자유롭지 못하다のように形容詞に-지 못하다が付いた例があることにも注意しましょう。形容詞に-지 못하다が付くと「本来はその水準を満たしていなければならないのに、その水準に達していない」という意味を表し、「残念ながら～だ」という話者の不満を表します。単なる否定の-지 않다とは意味が違うので注意しましょう。

【解答例】

과학 기술의 발전으로 인간의 삶은 과거보다 물질의 영향을 더 많이 받게 되었다. 우리가 매일 타고 다니는 자동차나 전철은 물론 스마트 기기, 산업용 로봇에 이르기까지 그 범위는 다양하다.

이제 과학 기술은 일상에 깊이 관여한다. 로봇이 인간 대신 수술을 하기도 하고, 인공 지능 로봇은 인간과 대화를 나누며, 자동차는 스스로 가는 무인 자동차로까지 진화했다. 스마트 기기는 전 세계인을 하나로 연결해 주었고, 정보를 얻기도 쉬워졌다.

그러나 편리한 만큼 부작용의 우려도 있다. 로봇이 인간을 대신할 때 오히려 인간 소외의 문제가 생길 수 있으며, 로봇의 지능이 인간을 뛰어넘어 사람이 상대하지 못할 정도가 되면 인류는 큰 위험에 빠질 것이다. 편리하게 주고받던 정보는 테러의 위협에서 자유롭지 못할 것이고, 불신과 불안, 공포를 가져올지도 모른다.

과학 기술의 발전으로 생길 수 있는 위험을 방지하려면 반생명적이고 반인륜적인 모든 행위에 대한 인식을 바로 세우고 올바른 제도를 통해 위험 발생률을 줄여야 한다. 인간은 과학 기술보다 우선하며, 사람의 감성과 사회성은 감히 과학 기술이 넘어설 수 없는 부분이다. 어디까지나 인간을 위한 기술임을 잊지 않았을 때 인류에게 끼칠 악영향을 해결할 수 있다.

【訳】

（問題）

次を主題にして自分の考えを600～700字で文章にしなさい。

産業用ロボットをはじめとして、人工知能ロボット、スマート機器、無人自動車など、今日一層

第4章 実践編

進化した科学技術の発展が人間の暮らしを変えています。やってくる未来に科学の発展が人間に及ぼす影響と進む方向について、下の内容を中心に主張する文章を書きなさい。

・科学技術の発展により、人間の暮らしが過去に比べてどのように変わりましたか？
・科学技術の発展がどこまで進み、これによる問題点は何ですか？
・科学技術の発展が人類に及ぼす問題点を解決する方法は何ですか？

（解答例）

科学技術の発展で、人間の暮らしは過去より物質の影響をより受けるようになった。われわれが毎日乗って通う自動車や電車はもちろん、スマート機器、産業用ロボットに至るまで、その範囲は多様だ。

すでに、科学技術は日常に深く関与している。ロボットが人間の代わりに手術をしたりもし、人工知能ロボットは人間と会話し、自動車は自ら進む無人自動車まで進化した。スマート機器は全世界の人を一つにつないでくれ、情報を得るのも簡単になった。

しかし、便利な分、副作用の憂慮もある。ロボットが人間の代わりをするとき、むしろ人間疎外の問題が生じることがあり、ロボットの知能が人間を飛び越えて人が相手できないほどになると、人類は大きな危機に陥るだろう。便利にやりとりしていた情報はテロの脅威から逃れられないだろうし、不信と不安、恐怖をもたらすかもしれない。

科学技術の発展で生じ得る危険を防ぐには、反生命的で反倫理的な全ての行為に対する認識を改め、正しい制度を通じて危険発生率を減らさなければならない。人間は科学技術より優先され、人の感性と社会性は、あえて科学技術が飛び越えられない部分だ。どこまでも人間のための技術であることを忘れなかったとき、人類に及ぼす悪影響を解決できる。

3.

「大気汚染」がテーマの問題です。これなら常識の範囲内で書けそうですね。「大気汚染の原因」と「汚染による問題点」、そして「解決方法」が問われていますので、この3点を考えてみましょう。

原因

・火山の爆発、大規模な火災
・産業化による二酸化炭素や、その他の有害物質の排出の増加

問題点

・自然環境破壊

・人間への健康被害

解決方法

・化石燃料の消費削減

・代替燃料の開発

・国際的な連携

環境問題を語るときに出てくる用語は、他の関連するテーマでも広く使えるものが多いです。解答例の中から、使える語彙や表現をピックアップして習熟してください。例えば、오염물（汚染物）、유해 물질（有害物質）、오존층（オゾン層）、산성비（酸性雨）、친환경（親環境=環境にやさしい）、매연（ばい煙）、배출（排出）、청정 연료（清浄燃料=クリーンエネルギー）などがあります。さらに用語としては、日本でも話題になっているPM2.5に当たる、초미세먼지（超微細ほこり）も見逃せません（ただし、韓国ではPM10に該当する미세먼지をよく使います）。

광범위하게 확대되고 있다（広範囲に拡大している）は環境問題でよく使う表現です。ここでは、광범위하다（広範囲である）という形容詞に-게が付いて、副詞形として使われています。「広範囲」+「に」を直訳して、광범위에と間違えないように注意しましょう。

【解答例】

급격한 산업화와 도시화가 진행된 지구 곳곳은 발전의 속도만큼 대기 오염도 심각하다. 이전부터 유럽을 중심으로 확산된 위기감은 오늘날에 이르러서도 해결되지 않았고 점차 광범위하게 확산되고 있다.

대기 오염의 원인은 크게 두 가지로 나뉜다. 화산 폭발이나 산불 같은 자연적인 원인이 있고, 각종 산업이나 발전소, 가정 등에서 오염물을 배출하는 인위적인 원인이 있다.

이렇게 배출된 대기 오염 물질은 대기 중에서 화학적인 반응이 이루어지고 이것이 초미세먼지를 일으키거나 오존층을 파괴하며, 산성비를 만든다. 특히 초미세먼지는 입자가 극히 작아 코에서 걸러내지 못하기 때문에 사람이 마시면 호흡기 질환 및 심혈관계 질환에 치명적이다.

자연계 및 인류를 위협하는 대기 오염 문제를 해결하려면 무엇보다 오염 물질 배출량을 줄여야 한다. 공장이나 발전소에서는 청정 연료를 사용해 유해 물질 배출을 줄이고 또 허용에 대한 기준을 높이는 것도 중요하다. 자동차나 선박은 친환경 연료를 사용하며 경유의 경우 매연 저감 장치를 반드시 부착해 매연에 대한 관리 감독을 철저히 해야 한다. 또한 각 나라의 정부와 산업체뿐만 아니라 국가와 국가 간에도 긴밀히 협조하여 실질적인 행동을 위한 노력을 부단히 해야 할 것이다.

【訳】

（問題）

次を主題にして自分の考えを600～700字で文章にしなさい。

都市化、産業化に伴う大気汚染が世界を脅かしています。大気汚染の発生原因と問題点、解決方法について、下の内容を中心に主張する文章を書きなさい。

・大気汚染が発生する原因は何ですか？
・大気汚染の問題点は何ですか？
・大気汚染の問題を解消する方法は何ですか？

（解答例）

急激な産業化と都市化が進んだ地球の各地は、発展の速度の分、大気汚染も深刻だ。以前からヨーロッパを中心に広がった危機感は、今日に至っても解決されておらず、次第に広範囲に広がっている。

大気汚染の原因は大きく二つに分けられる。火山の噴火や山火事のような自然的な原因があり、各種産業や発電所、家庭などから汚染物を排出する人為的な原因がある。

このように排出された大気汚染物質は、大気中で化学的な反応が起こり、これがPM2.5を引き起こしたりオゾン層を破壊したりして、酸性雨を作る。特に、PM2.5は粒子がごく小さく、鼻で取り除くことができないため、人が吸い込むと呼吸器疾患および心臓関係の疾患にかかり致命的だ。

自然界および人類を脅かす大気汚染の問題を解決するには、何より汚染物質の排出量を減らさなければならない。工場や発電所ではクリーンエネルギーを使って有害物質排出を減らし、また、許可基準を高めることも重要だ。自動車や船舶は環境にやさしい燃料を使い、軽油の場合、ばい煙低減装置を必ず装着してばい煙に対する管理監督を徹底してしなければならない。また、各国の政府と産業界だけでなく、国と国の間でも緊密に協調して実質的な行動のための努力を絶えずしなければならないだろう。

4.

人口減少の問題は、労働人口の減少、高齢化社会、少子化、さらには低出生率、出産・育児のしにくい社会、男性と女性の賃金格差、女性の社会進出、女性の職場での人権保障など、多岐にわたるテーマに広がります。モデル作文を一つ作っておくと、さまざまな場面で応用が利きます。

以上に挙げたテーマについて、韓国語での表現を見ておきましょう。

노동 인구 감소（労働人口の減少）
고령화 사회（高齢化社会）
저출산（低出産＝少子化）　※소자화とは言わない
저출산율（低出生率）
출산과 육아가 어려운 사회（出産・育児のしにくい社会）
남성과 여성의 임금 격차（男性と女性の賃金格差）
여성의 사회 진출（女性の社会進出）
직장에서 여성의 인권을 보장함（職場において女性の人権を保障すること）

人口減少によって起きる問題には、解答例にもあるように、具体的な例として「コンビニエンスストアはもう留学生がいなければ運営が難しいという話さえ出ている」など、移民問題や労働力の不足問題、多文化社会問題にも転用できるものもあります。

結論としては、例えば여성이 일하기 쉬운 직장을 조성하는 제도적 지원（女性が働きやすい職場を作る制度的支援）や육아가 쉬운 사회/아이를 키우기 쉬운 사회

（育児のしやすい社会／子どもを育てやすい社会）などに結び付けると、うまくまとまるでしょう。

【解答例】

인구 감소가 일본의 미래를 어둡게 하고 있다. 감소의 원인으로 주목되는 저출산 때문에 경제 활동 인구는 급격한 하락을 맞게 되고, 수십 년 후면 일본의 총인구가 크게 줄 것이라는 전망이 나왔으며, 이 중 경제 활동 인구는 약 4천 만 명에 불과하리라는 부정적 관측도 나왔다.

총인구 감소의 가장 큰 문제는 노동력 부족과 내수 시장 축소이다. 도쿄의 편의점은 이제 유학생이 없으면 운영이 어렵다는 말조차 나오고 있다. 인구가 줄면 내수 시장이 축소되어 경제가 위태로워진다. 심지어 이제 이민자를 받아야 한다는 보고서까지 등장했다. 그러나 이민자에 대한 부정적인 인식이 많고 개방적이지 않은 일본에서 이민을 받기란 쉽지 않다.

이에 일본의 미래를 책임질 젊은 인재의 중요성이 부각되고 있다. 교육의 질을 높여 인재를 육성하고 경제적인 이유로 출산을 포기하는 일이 없도록 공교육을 강화해야 한다. 또한 여성의 사회 진출을 돕고 이들의 노동력을 적극 활용해야 한다. 출산 이후 은퇴로 이어지지 않게 사회 제도를 충실화하는 것이 좋다. 또한 지역 사회가 쇠퇴하지 않도록 지역 활성화 정책을 신속히 실행하는 것도 필요하다. 지역 경제의 붕괴를 막고 고용을 창출하기 위해 각 지역 특유의 문화를 살리는 동시에 새로운 문화를 창조하는 노력이 병행되어야 할 것이다.

【訳】

（問題）

次を主題にして自分の考えを600〜700字で文章にしなさい。

人口減少が進行中の日本の未来に対して悲観的に見る見解と、対策が急がれるという意見があります。下の内容を中心に主張する文章を書きなさい。

・人口減少の原因は何ですか？

・人口減少は国家にどのような問題をもたらしますか？
・人口減少を解決する方法は何ですか？

（解答例）

人口減少が日本の未来を暗くしている。減少の原因として注目されている少子化のため、経済活動人口は急激な下落に見舞われ、数十年後には日本の総人口が大きく減るだろうという見通しが出て、このうち経済活動人口は約4千万人にすぎないだろうという否定的な観測も出た。

総人口減少の最も大きな問題は、労働力不足と内需（内需市場）の縮小だ。東京のコンビニは今では留学生がいなければ運営が難しいという話さえ出ている。人口が減ると、内需が縮小して経済が危ぶまれる。甚だしくは、今後は移民を受け入れなければならないという報告書まで登場した。しかし、移民に対する否定的な認識が多く、開放的でない日本で移民を受け入れるのは容易ではない。

これに対して、日本の未来を担う若い人材の重要性が浮かび上がっている。教育の質を高め、人材を育成して経済的な理由で出産を諦めることがないように公教育を強化しなければならない。また、女性の社会進出を助け、彼女らの労働力を積極的に活用しなければならない。出産後に引退につながらないように、社会制度を充実させるのがよい。また、地域社会が衰退しないように、地域活性化政策を迅速に実行することも必要だ。地域経済の崩壊を防ぎ、雇用を創出するために各地域特有の文化を生かすのと同時に、新たな文化を創造する努力が並行して行われなければならない。

模擬試験 1

※実際の試験の番号に合わせて、問題番号を51～54としました。これら4問を50分以内に解いてください。

[51-52] 다음을 읽고 ㉠과 ㉡에 들어갈 말을 각각 한 문장으로 쓰십시오. (각 10점)

51

○○동호회에서 알립니다

회원 여러분 안녕하세요? 이번 주 금요일 6시 모임 건으로 연락 드립니다. 모두들 참석하실 거지요? 혹시 (　　　　㉠　　　　)? 장소 예약을 해야 하므로 이 메일에 답장을 주시는 분만 참석하시는 것으로 알겠습니다. 그럼, (　　　　㉡　　　　). 만나는 날까지 안녕히 계세요.

52

텔레비전과 인터넷, 나아가 모바일 홈쇼핑이 대중화되었다. 홈쇼핑은 집에서도 원하는 물건을 쉽게 살 수 있다는 장점이 있다. 그러나 (　　　　㉠　　　　). 게다가 홈쇼핑 회사의 노련한 마케팅 전략에 혹해 중독 증상에 빠질 수도 있다. 그러므로 (　　　　㉡　　　　).

[53] **다음 자료를 보고 조기 영어 교육의 장단점에 대해 쓰고 유아 때부터 영어 교육을 시키는 데 대한 자신의 생각을 200~300자로 쓰십시오. (30점)**

조기 영어 교육의 장단점

장점	①아이의 장래에 도움이 된다. ②어릴수록 언어 습득력이 뛰어나다.
단점	①모어 또는 모국어를 소홀히 한다. ②언어 형성에 혼란이 생겨 오히려 언어 발달이 더 더진다.

[54] **다음을 주제로 하여 자신의 생각을 600~700자로 글을 쓰십시오. (50점)**

조직폭력배나 깡패가 등장하는 영화가 많습니다. 영화의 폭력성이 청소년에게 어떤 영향이 있는지 문제점을 짚어 보고, 앞으로 나아갈 방향에 대해 아래의 내용을 중심으로 주장하는 글을 쓰십시오.

- 폭력배 영화에 대해 문제 제기를 하십시오.
- 폭력배 영화가 청소년기에 미칠 영향은 무엇입니까?
- 폭력배 영화의 해를 줄이기 위해 어떻게 해야 합니까?

模擬試験1	解答用紙	受験日　　/　　/

※マス目が小さくて書き込みづらい場合は、140%（片面の場合はA5→A4／見開きの場合はA4→A3）拡大コピーしてお使いください。実際の試験とほぼ同じ大きさの解答用紙になります。

한국어능력시험
TOPIK II (쓰기)

51	㉠
	㉡
52	㉠
	㉡
53	아래 빈칸에 200자에서 300자 이내로 작문하십시오(띄어쓰기 포함).

53

50
100
150
200
250
300

54	주관식 답란
	아래 빈칸에 600자에서 700자 이내로 작문하십시오(띄어쓰기 포함).

50
100
150
200
250
300
350
400
450
500
550
600
650
700

54

第4章 実践編

模擬試験1 解説・解答例

［51］

集会へのお誘い文です。集会の日時を知らせ、参加の有無について問い合わせしています。何かの集まりに誘う場合の連絡文の定型で、主に**합니다**体が使われています。

㉠の前の참석하실 거지요?（参加しますよね?）という表現から、メールの送信者は「全員参加するはず」という認識でいることが分かります。しかし、その後の혹시（もしかして）で始まる文は疑問符で終わっており、その後に「予約をするので返信をくれた人だけを参加とする」という内容があることから、前の内容と考えが変わっていることが分かります。つまり、「全員参加のはず」という考えから「不参加の人がいるかも」という考えに変わったのです。よって、㉠のある1文は「もしかして、不参加の人はいますか?」という内容になります。これを、単に참석 못 하시는 분이 계신가요?（参加できない方はいらっしゃいますか?）としてもいいのですが、その前に사정이 생겨서（事情ができて）などを入れると、連絡文としてより自然ですね。

㉡の前には그럼（それでは）があるので、それに続く文として㉡には、参加の有無の連絡を待つ旨の文章が入るでしょう。ここで「返事」は、회신（回信）か手紙やメールの返事を指す답장（答状）か답신（答信）のいずれかを使うのが、この手の文章では一般的です。同じく返事を表す言葉である답변（答弁）は、声による応答を表すので、この場合は適当ではありません。

【解答例】

○○동호회에서 알립니다

회원 여러분 안녕하세요? 이번 주 금요일 6시 모임 건으로 연락 드립니다. 모두들 참석하실 거지요? 혹시 ㉠ 사정이 생겨서 참석 못 하시는 분이 계신가요? 장소 예약을 해야 하므로 이 메일에 답장을 주시는 분만 참석하시는 것으로 알겠습니다. 그럼, ㉡ 회신 기다리겠습니다. 만나는 날까지 안녕히 계세요.

【訳】

[51-52] 次を読んで㉠と㉡に入る言葉を1文で書きなさい。

○○同好会からお知らせです

会員のみなさん、こんにちは。今週金曜6時の集まりの件で連絡致します。みなさん、参加なさいますよね？ もしかして、(事情ができて不参加の方はいらっしゃいますか)？ 場所の予約をしなければならないので、このメールに返事を下さる方のみ参加なさるものと解釈します。それでは、(お返事お待ちしています)。会う日まで、お元気で。

[52]

ホームショッピングの長所、短所について述べた文章です。まず、ホームショッピングの現況を述べています。次に、便利であるという長所に触れた後、그러나（しかし）という逆接が来て㉠が続き、その後게다가（その上）に続いて短所が書かれています。ですから、㉠には短所を書けばいいことが分かります。例えば、「買い過ぎてしまう短所がある」という内容にすればいいでしょう。「買い過ぎる」は、漢字語を活用して과소비（過消費）とし、과소비를 하게 되는 단점도 있다（過消費してしまう短所もある）とすればOKです。

㉡の直前には그러므로（だから）があるので、その前の「中毒症状に陥ることもある」という内容を受けて、まとめの文章を入れましょう。「（だから）必要な物だけを買うのが賢明だ」といった内容にすればよいでしょう。

この問題は、接続詞をきちんと押さえられれば答えられる問題ですね。

【解答例】

텔레비전과 인터넷, 나아가 모바일 홈쇼핑이 대중화되었다. 홈쇼핑은 집에서도 원하는 물건을 쉽게 살 수 있다는 장점이 있다. 그러나 ㉠ 과소비를 하게 되는 단점도 있다. 게다가 홈쇼핑 회사의 노련한 마케팅 전략에 혹해 중독 증상에 빠질 수도 있다. 그러므로 ㉡ 꼭 필요한 물건만 사는 것이 현명하다.

【訳】

テレビとインターネット、さらにはモバイルホームショッピングが大衆化した。ホームショッピングは家でも欲しい物を簡単に買えるという長所がある。しかし、（買い過ぎてしまう短所もある）。その上、ホームショッピング会社の巧みなマーケティング戦略に夢中になり、中毒症状に陥ることもある。だから、（必ず必要な物だけ買うのが賢明だ）。

［53］

早期英語教育に対しては、持論がある人もいるかもしれませんが、ここは冷静に、与えられている長所と短所をつなげることで文章を完成させましょう。長所を書いたのに続いて、그러나（しかし）で短所をつなげ、結論部分で「子ども自身の将来を考えることが大切」などの文章で終えるといいでしょう。

解答例で使われている의사소통（意思疎通）や언어 습득력（言語習得力）、언어 형성（言語形成）などは、言語や言語学習がテーマになる場合によく出てくるので、ぜひ押さえておきたい言葉です。

また、도움이 된다（助けになる）、소홀히 한다（おろそかにする）、더뎌진다（遅れる）もさまざまなテーマの作文で活用できる表現です。

【解答例】

자녀에게 일찍부터 영어를 가르치는 부모가 많다. 그런데 유아 때부터 영어를 배우는 데 대해 찬성과 반대 양쪽 입장에서 의견이 있다.

영어를 일찍부터 공부하면 아이의 장래에 도움이 되고, 어린 나이일수록 언어 습득력이 뛰어나다는 점에서 큰 장점이다. 그러나 모어(모국어) 교육을 소홀히 하거나, 언어 형성에 혼란이 생겨 오히려 언어 발달이 늦어지는 단점이 있다.

자녀의 재능에 상관없이 부모의 욕심으로 이루어지는 교육은 재고할 필요가 있다. 가장 우선할 것은 자녀의 행복이며 그것이 자녀의 미래를 밝혀 줄 것이기 때문이다.

【訳】

（問題）

次の資料を見て、早期英語教育の長所、短所について書き、幼児のころから英語教育をさせることについての自分の考えを200〜300字で書きなさい。

早期英語教育の長所、短所

長所	①子どもの将来の助けになる。 ②幼いほど言語習得力が高い。
短所	①母語あるいは母国語をおろそかにする。 ②言語形成に混乱が生じ、むしろ言語発達が遅れる。

（解答例）

子どもに早くから英語を教える親が多い。しかし、幼児のころから英語を学ぶことについて、賛成と反対、両方の立場から意見がある。

英語を早くから勉強すれば、子どもの将来の助けになり、幼ければ幼いほど言語習得力が高いという点で、大きな長所だ。しかし、母語（母国語）教育をおろそかにしたり、言語形成に混乱を生じてむしろ言語発達が遅れる短所がある。

子どもの才能に関係なく、親の欲でなされる教育は再考する必要がある。最も優先すべきは子どもの幸せであり、それが子どもの未来を明るくしてくれるからだ。

［54］

映画の中の暴力をどう考えるかがテーマです。身近な問題だけに、持論がある人が多いかもしれませんが、それはできるだけ抑えて、条件に従って順々に答えていくようにしましょう。

書くべきポイントを、箇条書きで書き出してみましょう。

① やくざ映画の問題点 → 暴力を美化している

② やくざ映画が青少年に与える影響 → 価値観形成へ影響を与える

③ 被害を減らすための方策 → 大人が健全な正義感を与えなければならない

このような骨組みができれば、後は肉付けをしていけばいいですね。解答例では、映画の影響を受けて犯罪を起こす青少年の話が例として挙げられていますが、暴力表現のある映画やドラマの影響で友人に乱暴な振る舞いをしてけがを負わせてしまう例や、汚い言葉遣いに影響されて相手の体ではなく心を傷つけてしまう例など、さらに身近な例でも構いません。これらの内容は、いじめ問題に関連したテーマにも応用できます。

폭력배は暴力団のことですが（배は「輩」）、その他にも조직폭력배（組織暴力団）、조폭（조직폭력배の略語）もよく使われます。また、暴力のことを주먹（拳）と表現することがあります。

表現としては、흥행 이후（封切り後）、인격 형성의 과도기（人格形成の過渡期）、재미를 추구한다（面白さを追求する）、어른의 책임（大人の責任）などが、他のテーマにも活用できそうです。

【解答例】

폭력배는 영화의 흔한 소재다. 주먹으로 세상을 쥐락펴락하거나 권력을 행사하는 이야기들이 특히 남성 관객의 호응을 크게 얻고는 한다. 그런데 폭력배가 권력을 얻거나 주먹질을 하는 모습을 영화적으로 멋있게 표현하는 데 아무런 문제는 없는 것일까? 조직폭력배를 다룬 영화 '친구'가 흥행에 성공한 이후, 청소년들의 장래 희망에 '조직폭력배'가 올랐다는 사실을 주목해야 한다.

청소년에게 노출된 영화의 폭력 미화는 아이들의 올바른 가치관 형성에 심각한 해를 끼친다. 다른 사람의 고통에 둔감해지면서 모방의 위험성이 높아지는데, 실제로 주유소를 공격해 돈을 빼앗는 영화를 모방한 범죄가 영화 흥행 이후 청소년을 중심으로 퍼져 나간 일례가 있다.

청소년기는 인격 형성의 과도기에 있으므로 이 시기에 알맞은 교육과 감성의 양성이 필요하다. 또한 이 시기의 경험은 인격과 자아 정체감에 중요한 변수로 작용한다. 그들의 불안한 심리적, 사회적 정체감은 자극적인 것에 약할 수 있다. 그러므로 감수성이 예민한 이들이 내면의 아름다움과 바람직한 인간관계를 배울 수 있도록 배려해야 한다. 영화적 재미를 추구하는 것도 좋지만, 아이들에 대한 책임감을 더욱 무겁게 갖는 어른, 그리고 이에 대한 끊임없는 감시의 눈이 요구된다.

【訳】

（問題）

次を主題にして自分の考えを600～700字で文章にしなさい。

暴力団ややくざが登場する映画がたくさんあります。映画の暴力性が青少年にどのような影響があるか、問題点を示し、これから進む方向について、下の内容を中心に主張する文章を書きなさい。

・やくざ映画について問題提起をしなさい。
・やくざ映画が青少年期に及ぼす影響は何ですか？
・やくざ映画の害を減らすためにどうしなければなりませんか？

（解答例）

やくざは映画によくある素材だ。拳で世界を思いのままにしたり、権力を行使したりする話が特に男性客に大きく受けたりする。しかし、やくざが権力を得たりけんかをする姿を映画的にかっこよく表現することに何の問題もないのだろうか？　暴力団を扱った映画『友へ　チング』がヒットして以降、青少年の将来の希望に「暴力団」が入ったという事実に注目しなければならない。

青少年に無防備にさらされた映画の暴力美化は、子どもたちの正しい価値観形成に深刻な害を及ぼす。他の人の苦痛に鈍感になり、模倣する危険性が高まるが、実際にガソリンスタンドを襲撃してお金を奪う映画を模倣した犯罪が映画の封切り後、青少年を中心に広がった例がある。

青少年期は人格形成の過度期にあるため、この時期に適切な教育と感性の養成が必要だ。また、この時期の経験は人格と自我のアイデンティティーに重要な変数として作用する。彼らの不安な心理的・社会的なアイデンティティーは、刺激的なものに弱いことがある。そのため、感受性が鋭い彼らが内面の美しさと望ましい人間関係を学べるように配慮しなければならない。映画的な面白さを追求するのもいいが、子どもたちに対する責任感をより重く持つ大人、そしてこれに対するたゆまぬ監視の目が要求される。

模擬試験2

※実際の試験の番号に合わせて、問題番号を51～54としました。これら4問を50分以内に解いてください。

[51-52] **다음을 읽고 ㉠과 ㉡에 들어갈 말을 각각 한 문장으로 쓰십시오. (각 10점)**

51

단수 안내

아파트 관리실에서 안내 말씀 드립니다. 내일 오전 9~12시 사이에 (　　　　　㉠　　　　　).
식수, 또는 화장실 물은 미리 받아 놓으시는 것이 좋겠습니다.
이번 단수는 물탱크 청소 때문이오니, (　　　　　㉡　　　　　).
감사합니다.

52

인간의 다양한 커뮤니케이션 중에서 아무래도 간과하기 쉬운 것이 가족 간 커뮤니케이션이다. 심지어는 (　㉠　　　　　). 가족의 중심에는 아내와 남편이 있다. 그런데 이들의 의사소통에 문제가 생기면 반드시 (　　㉡　　　　). 따라서 가족이라도 구성원 간의 끊임없는 노력이 필요하다.

[53] 다음 자료를 보고 전자책의 장단점에 대해 쓰고 전자책의 매출이 증가하는 이유를 설명하는 문장을 200~300자로 쓰십시오. (30점)

전자책의 장단점

장점	단점
・부피가 없다. ・종이책보다 값이 싸다. ・검색과 확대 또는 축소가 가능하다.	・태블릿 같은 전용 단말기가 필요하다. ・전기 또는 건전지 없이는 볼 수 없다.

[54] 다음을 주제로 하여 자신의 생각을 600~700자로 글을 쓰십시오. (50점)

지금 한국에는 인문학을 경시하는 풍조가 있습니다. 이 같은 인문학 경시가 사회를 어떻게 변화시킬지 개선 방안은 없는지 아래 내용을 중심으로 주장하는 글을 쓰십시오.

- 한국에서 인문학이 외면받는 이유는 무엇입니까?
- 인문학을 외면할 때 생기는 문제점과 인문학이 인간에게 필요한 이유가 무엇입니까?
- 인문학을 살리기 위해 해야 할 일은 무엇입니까?

模擬試験2 **解答用紙** 受験日 / /

※マス目が小さくて書き込みづらい場合は、140%（片面の場合はA5→A4／見開きの場合はA4→A3）拡大コピーしてお使いください。実際の試験とほぼ同じ大きさの解答用紙になります。

한국어능력시험
TOPIK II (쓰기)

51	㉠	
	㉡	
52	㉠	
	㉡	
53	아래 빈칸에 200자에서 300자 이내로 작문하십시오(띄어쓰기 포함).	

53

54	주관식 답란
	아래 빈칸에 600자에서 700자 이내로 작문하십시오(띄어쓰기 포함).

模擬試験２ 解説・解答例

［**51**］

冒頭に**단수 안내**とあり、その後に**물**、**물 탱크**とあることから、断水の案内であることが分かりますね。いつ、何時に「断水があります」というのが㉠の答えとなります。**단수가 있습니다**（断水があります）でも間違いではありませんが、**단수가 예정되어 있습니다**（断水が予定されています）とすると管理側からの案内文らしくなります。

㉡の前には断水の理由が述べられており、その後には理解と協力を求める定番の表現が入ります。

불편하시더라도 협조 바랍니다（ご不便でもご協力願います）
이해해 주시고 협조해 주시면 감사하겠습니다（ご理解、ご協力くだされば幸いです）

などの表現を覚えておきましょう。

【解答例】

단수 안내

아파트 관리실에서 안내 말씀 드립니다. 내일 오전 9~12시 사이에 ㉠ 단수가 예정되어 있습니다.
식수, 또는 화장실 물은 미리 받아 놓으시는 것이 좋겠습니다.
이번 단수는 물탱크 청소 때문이오니, ㉡ 불편하시더라도 협조 바랍니다.
감사합니다.

【訳】

［51-52］ 次を読んで㉠と㉡に入る言葉を1文で書きなさい。

断水の案内

アパート管理室よりご案内致します。明日午前9～12時の間に（断水が予定されています）。
飲み水、またはトイレの水は、あらかじめためておかれるとよいでしょう。
今回の断水はタンクの清掃のためなので、（ご不便でもご協力願います）。
ありがとうございます。

[52]

家族間のコミュニケーションは간과하기 쉽다（見過ごしやすい）という内容の後、심지어（甚だしくは、まして）という言葉で㉠につながっているので、㉠には「家族間のコミュニケーションはなくてもよいと考える人さえいる」というような極端な例を挙げればいいでしょう。

続いて、家族の中心は妻と夫であり、この二人のコミュニケーションに問題が起きればどうなるのか、という流れです。㉡に入る内容のヒントは、その次の文にある구성원 간（構成員間）という言葉です。家族の構成員と言えば、妻と夫、それから子どもが思い浮かぶでしょう。つまり、妻と夫に問題が生じれば子どもにも影響が及ぶ、だから家族間で絶え間なく努力しなければならない、とすればばっちりですね。

解答例では「子ども」を자녀（子女）としましたが、아이でもOKです。日本語では子どもに「しわ寄せがいく」のような言葉も浮かびますが、解答例のように자녀에게도 상당한 영향을 끼치게 된다（子どもにも相当な影響を及ぼすことになる）とすればいいでしょう。あるいは漢字語を生かして、큰 악영향을 주게 된다（大きな悪影響を与えることになる）としてもいいです。

第4章 実践編

【解答例】

인간의 다양한 커뮤니케이션 중에서 아무래도 간과하기 쉬운 것이 가족 간 커뮤니케이션이다. 심지어는 ㉠ 가족 간에는 별도의 커뮤니케이션이 없어도 된다고 생각하는 사람도 있다. 가족의 중심에는 아내와 남편이 있다. 그런데 이들의 의사소통에 문제가 생기면 반드시 ㉡ 자녀에게도 상당한 영향을 끼치게 된다. 따라서 가족이라도 구성원 간의 끊임없는 노력이 필요하다.

【訳】

人間のさまざまなコミュニケーションの中でどうしても見過ごしやすいのが、家族間のコミュニケーションだ。まして、（家族間のコミュニケーションは特になくてもよいと考える人さえいる）。家族の中心には妻と夫がいる。しかし、彼らの意思疎通に問題が生じると、必ず（子どもにも相当な影響を及ぼすことになる）。よって、家族であっても、構成員間のたゆまぬ努力が必要だ。

[53]

テーマである電子書籍の長所と短所は、みなさんにも分かりやすいところではないでしょうか。電子書籍の長所は、「かさばらない」「紙の本より安い」「(文字の)検索や、拡大・縮小ができる」という点。それに対し短所は、「専用端末が必要」「電気または電池なしには見られない」という点が挙げられています。これらをそのままつなげれば大丈夫です。

この問題では、電子書籍の売り上げ増加の理由も問われています。長所と短所として挙げられた点を踏まえつつ書いてもよいですし、独自の意見があればそれを盛り込んでも構いません。解答例では、提示された長所や短所とは別の視点から、紙の本と電子書籍の同時発刊を理由に挙げています。この他にも、短所である「専用の端末機が必要」ということについて、「日常的に使うスマートフォンなどの機器で代用可能」なので電子書籍の売上が増加した、というように結論することも可能です。

この問題に出てくる부피가 없다は「かさばらない、かさがない」という意味ですが、부피가 크다/작다(物や荷物などのかさ・体積が大きい/小さい)や、부피를 줄이다(かさを減らす)の形でもよく用いられます。늘어나다(増える)、줄어들다(減る)とセットにして覚えておきましょう。また、携帯やモバイル機器などがテーマの作文では、검색(検索)、축소(縮小)、확대(拡大)、단말기(端末機)、콘텐츠(コンテンツ)などはよく出てくるので、ぜひ覚えておきたい言葉です。

【解答例】

전자책의 매출이 해마다 늘고 있다. 종이책의 베스트셀러가 전자책에서도 높은 순위를 기록하는 추세다.

전자책은 부피가 없고 종이책보다 값이 싸며, 검색이 가능하고, 확대하거나 축소할 수 있다는 점이 장점이다. 그러나 태블릿 같은 전용 단말기가 필요하고, 전기나 건전지 없이는 볼 수 없는 것이 단점이다.

모바일 이용자의 증가와 함께 전자책 콘텐츠가 늘어났고, 종이책과 전자책을 동시에 발간하는 출판사가 증가한 것이 매출 증가의 원인이다. 앞으로도 이러한 경향은 이어질 것으로 보인다.

【訳】

（問題）

次の資料を見て、電子書籍の長所、短所について書き、電子書籍の売り上げが増加している理由を説明する文章を200〜300字で書きなさい。

長所	短所
・かさばらない。 ・紙の本より値段が安い。 ・検索や拡大または縮小ができる。	・タブレットのような専用の端末機が必要だ。 ・電気または電池なしには見られない。

（解答例）

電子書籍の売り上げが年々増えている。紙の本のベストセラーが電子書籍でも高い順位を記録する勢いだ。

電子書籍はかさばらず、紙の本より安く、検索が可能で、拡大や縮小ができるという点が長所だ。しかし、タブレットのような専用の端末機が必要で、電気や電池なしには見ることができないのが短所だ。

モバイル利用者の増加とともに電子書籍のコンテンツが増え、紙の本と電子書籍を同時に発刊する出版社が増えたことが売り上げ増加の要因だ。今後もこのような傾向が続くと見られる。

[54]

「人文学」というと、どのようなものを想像しますか？　人文学に含まれる学問分野には、哲学や論理学、歴史学、考古学、民俗学、文化人類学、文学、言語学などがあります。これらを見ていくと、いずれも人間の営みを対象にする学問であることが分かります。これに対して、自然を対象にする化学や物理学、生物学などは自然科学と呼ばれ、人文学と対比されます。ざっくり言うと、いわゆる文系の学問が人文学、理系の学問が自然科学、ということになります。

作文をどのように書き始めたらいいか分からないときは、ブレーンストーミング（思い付くまま書き出すこと）をしてみましょう。以下に、箇条書きしてみます。

・人文学は、人の営みに関する研究である

・自然科学は、自然に関する研究である

・技術開発などの分野では理系の専門家が求められる
・大学は専門学校とは違い、幅広い教養を身に付ける場である
・大学は就職を重視する
・就職するには理系が有利で、文系は不利だ
・大学でも文系は人気がなくなってきた
・人文学は全ての学問の基礎である

このような内容を整理して、結論を「人間の営みに関する学問を軽視してはならない」「就職を最優先する大学の姿勢を是正しなければならない」「国家的なバックアップが必要だ」などの方向に持っていくと、うまく書けるのではないでしょうか。

【解答例】

여러 학문 분야 중에서도 인문학은 현재 큰 위기를 맞았다. 대학들은 구조조정을 통해 인문학과를 축소하거나 폐지하고 있으며, 이대로 가면 인문학이 사라질지도 모른다는 위기의 목소리가 높아지고 있는 실정이다.

한국에서 인문학이 외면받는 이유는 취업 때문이다. 이공계 학생들에 비해 인문계 학생들은 졸업 후에도 취직을 하지 못해 생계의 위협을 받는다. 물론 인문학에는 수치적 성과를 당장 내지 못하는 한계도 존재한다.

그러나 인문학을 외면하고 오직 기술만을 중시한다는 것은 내용 없이 형식만 두겠다는 것과 다르지 않다. 인문학은 모든 학문의 기초이며 인간에 대한 연구이다. 인문학은 사고력을 기르고 세상에 대한 안목을 키워 준다. 대학이 취업 때문에만 인문학을 경시한다면 사회는 인간다운 자질이 부족한 기술형 인간만을 양산하게 될지도 모른다.

인문학을 살리려면 취업 성과 위주의 대학 평가를 재검토하고, 인문학을 중시하지 않는 나라에 미래가 없다는 점을 진정으로 깨달아야 한다. 또한 사회와 소통하는 인문학, 나라의 발전에 기여하는 인문학을 국가적으로 육성하고, 기업과 국민의 관심을 유도할 필요가 있다. 개개인의 삶일 수도 있는 인문학을 멀리하는 일이 바로 나를 멀리하는 일임을 일깨우는 것도 중요하다.

【訳】

（問題）

次を主題にして自分の考えを600～700字で文章にしなさい。

今、韓国には人文学を軽視する風潮があります。このような人文学軽視が社会をどのように変化させるか、改善案はないのか、下の内容を中心に主張する文章を書きなさい。

・韓国で人文学が軽視される理由は何ですか？
・人文学を軽視するときに生じる問題点と人間に必要な理由は何ですか？
・人文学を救うためにしなければならないことは何ですか？

（解答例）

いろいろな学問分野の中でも、人文学は現在大きな危機に瀕している。大学は組織改革によって人文学科を縮小したり廃止したりしており、このままいくと人文学が消えるかもしれないという危機の声が高まっているのが実情だ。

韓国で人文学が軽視される理由は、就職のためである。理工系の学生に比べ、人文系の学生は卒業後も就職できず、生計を脅かされる。もちろん、人文学には数値的成果をすぐには出せない限界も存在する。

しかし、人文学を軽視して、ただ技術のみを重視するというのは、内容なく形だけ設けるというのと変わらない。人文学は全ての学問の基礎であり、人間についての研究だ。人文学は思考力を育て、世界に対する眼目を育ててくれる。大学が、ただ就職のためだけに人文学を軽視するのなら、社会は人間らしい資質が不足した技術型の人間のみを量産することになるかもしれない。

人文学を救うには、就職の成果重視の大学評価を再検討し、人文学を重視しない国に未来はないという点を本当に悟らなければならない。また、社会と疎通する人文学、国の発展に寄与する人文学を国家的に育成し、企業と国民の関心を引き出す必要がある。個々人の生活でもあり得る人文学を遠ざけることは、すなわち自分を遠ざけることであることを悟らせることも重要だ。

第4章 実践編

付 録　解答用紙　受験日　/　/

※マス目が小さくて書き込みづらい場合は、140％（片面の場合はA5→A4／見開きの場合はA4→A3）拡大コピーしてお使いください。実際の試験とほぼ同じ大きさの解答用紙になります。

한국어능력시험
TOPIK II (쓰기)

51	㉠	
	㉡	
52	㉠	
	㉡	
53	아래 빈칸에 200자에서 300자 이내로 작문하십시오(띄어쓰기 포함).	

53

50
100
150
200
250
300

54	주관식 답란
	아래 빈칸에 600자에서 700자 이내로 작문하십시오(띄어쓰기 포함).

50
100
150
200
250
300
350
400
450
500
550
600
650
700

54

TOPIK作文を超えて ～あとがきにかえて

上級レベルになればなるほど、外国語学習の上達は母語の国語力と密接なかかわりを持つようになります。その外国語を使って何を咀嚼《そしゃく》し、何を表現するのか。それこそが大事になってくるのです。

私のTOPIK作文対策講座に参加した人から、合格の報告よりもっとうれしいメッセージをいただいたことがあります。それは、「授業で訓練を受けた経験が、職場でも役に立っています」というものです。その人は「電話の受け答えも、上司への業務報告も、きちんと筋道を立ててできるようになった」のだそうです。結論をはっきりと伝え、その理由を整然と述べる――これは社会生活で必要な能力です。

みなさんは本書を通じて、TOPIK作文を書く訓練をしながら「根拠をはっきりさせて意見を述べる」トレーニングをしたことになります。日常生活では、なかなか意識して鍛える機会がない領域です。

試験問題の中でも特にタイプ3で出題されているテーマを見て、「日本語でも歯が立たない」と思った人もいるのではないでしょうか？　しかし、どうぞ諦めずに、じっくり時間をかけて取り組んでください。普段考えもしなかったテーマに対して、自分なりの意見を書こうとする過程で、社会に対する見方が深まり、現象の背景について思い至るようになり、それまで見えなかったさまざまな事柄が見えてくるようになります。TOPIK作文の練習は、韓国の（または日本の）現代社会を見る目を深めてくれます。

本書での学習が、みなさんにとってより深い韓国語学習に進むための一助となれば幸いです。

前田真彦

■著者プロフィール

前田真彦（まえだ ただひこ）

ミレ韓国語学院院長。関西大学博士後期課程単位取得。10年間中級をさまよった自身の韓国語学習経験を生かして「前田式」の韓国語教授法を開発。日本語母語話者の強みと弱みを知り尽くした指導に定評がある。

ミレ韓国語学院
前田真彦をはじめとする講師陣による韓国語教室。「前田式」の指導を大阪と東京の教室と通信添削で実施している。講座の種類は、初級〜上級、通訳翻訳、通訳ガイド、TOPIK対策、作文、発音クリニックがあり、電話によるカウンセリングも実施している。

ミレ韓国語学院ホームページ　http://mire-k.jp/
ミレのオンラインショップ　http://www.emire.jp/

韓国語能力試験TOPIK II 作文完全対策

2015 年 9 月 1 日　初版発行

著　者　前田真彦

解答例執筆　李善美
編　集　用松美穂
編集協力　鷲澤仁志
デザイン・DTP　コウ・タダシ（mojigumi）
印刷・製本　シナノ書籍印刷株式会社

発行人　裵正烈
発　行　株式会社 HANA
〒102-0071 東京都千代田区富士見 1-11-23
TEL：03-6909-9380　FAX：03-6909-9388
E-mail：info@hanapress.com
発　売　株式会社インプレス
〒101-0051 東京都千代田区神田神保町一丁目 105 番地
TEL：03-6837-4635（出版営業統括部）

ISBN978-4-8443-7698-9 C0087　

● 本の内容に関するお問い合わせ先
HANA 書籍編集部
TEL: 03-6909-9380　FAX: 03-6909-9388

● 乱丁本・落丁本の取り替えに関するお問い合わせ先
インプレス カスタマーセンター
TEL: 03-6837-5016 FAX: 03-6837-5023　E-mail: info@impress.co.jp

乱丁本･落丁本はお手数ですが、インプレスカスタマーセンターまでお送りください。送料弊社負担にてお取り換えさせていただきます。ただし、古書店で購入されたものについては、お取り換えできません。

● 書店・販売点のご注文受け付け
インプレス 受注センター
TEL: 048-449-8040　FAX 048-449-8041

Mori Tatsuya

池上彰・森達也の

Ikegami Akira

これだけは知っておきたい

マスコミの大問題

池上彰
森達也【著】

現代書館

まえがき

森　達也

初めて池上彰に会ったとき、僕はヨルダンにあるパレスチナ難民キャンプ内に設置されている集会所にいた。もう十年近く前だ。ちなみにＩＳ（イスラム国）による湯川遥菜さんと後藤健二さんの拉致殺害事件で大きくクローズアップされたヨルダンは、人口の七割以上がパレスチナからの難民で、現在はさらに一割がシリアからの避難民で構成されている。つまり全国民のうち八割が他国の戦争や紛争で避難してきた人たちだ。

難民たち（その多くは二世か三世だ）の話を聞いてから集会所の外に出れば、集会所の違う出口から出てきた池上が立っていた。ＮＨＫを辞めて間もないころだった。もちろん「週刊こどもニュース」のお父さんとして、僕も何度かテレビで観たことがある。

初対面の挨拶をどのように交わしたかは覚えていない。記憶はそのあとから始まっている。イスラエル・パレスチナ問題について短い意見交換をした後に、池上がふと顔を上げた。その視線は西の空に向けられている。キャンプの外は一面の砂漠地帯だ。地平線に大きな太陽が沈みかけていて、西の空は赤く染まっている。

「……森さん、綺麗だねえ」

そうつぶやくように池上は言った。自分が何と答えたかは覚えていない。「そうですね、池上さん」だけだったかもしれないし、「国や地域が違っても夕陽の美しさは同じですね」などと言ったかもしれないし、あるいはこの気の利いた台詞は僕ではなくて池上が言ったのかもしれない。

とにかくこれが初めて池上と会ったときのエピソードだ。その数日後にカイロの庶民的なレストランというか大衆食堂で、何人かと一緒にディナーを食べた記憶もある。このときの僕は咽喉がカラカラに渇ききっていて、ビール抜きのディナーなど絶対にあり得ない状態だった。でも観光客向けの高級レストランになど行きたくない。現地の人が普通に利用する大衆的な食堂でビールを飲みたい。

夜の帳が降りはじめたカイロ市内を、一行は店を探して歩き回った。イスラム圏でアルコールOKの大衆食堂などめったにない。それはわかっていたけれど妥協できない。絶対にビールを飲みたい。そう言い続ける僕に、酒をたしなまないのに池上は愚痴ひとつ言わないで付いてきてくれた。さすがに途中で気が引けて「申し訳ないですねえ」などと心のこもっていない言葉をかけたら、にこにこと微笑みながら「僕は飲まないけれど、ビール好きな人なら飲みたくなるよね」と返された。

その後の池上の活躍については、ここに書くまでもない。あっというまに時代の寵児になった。出す本はほぼすべてベストセラー。週に一度はテレビの特番で顔を見ているような気がする。今や彼を知らない人などいない。

でも池上の雰囲気は十年前と変わらない。この対談は飯田橋の現代書館の会議室で二日間にわたって行われたけれど、二日とも池上はふらりと一人でやってきた。一日目の対談が終わりかけたとき、池上が窓の外にちらりと視線を送った。西陽がビルのあいだに沈みかけている。「……森さん、綺麗だねえ」。もしもこのとき池上が十年ぶりにそう言ったとしても、まったく違和感はなかっただろう。

ただし池上は頑固だ。特にジャーナリズムやメディアのあり方については、原理主義かと思いたくなるほどに筋や主張を曲げない。その理由は何となくわかる。僕も池上と同じくテレビ出身だ。ほんの少し筋や主張を曲げたり譲ったりしたことの帰結として、取り返しがつかないほどに方向が大きく変わってしまった事例をたくさん知っている。

なぜなら今のテレビ局は大企業だ。そして働く人の多くは組織人。制作現場で「私」や「僕」などの一人称単数を主語にすることはめったにない。主語は常に複数代名詞だ。だから述語が暴走しやすい。あるいは硬直しやすい。ジャーナリズムの論理がメディアの論理に回収されやすい。

そうした事例を何度も目にしているからこそ、池上は組織から離れて自分を主語にした。その述語が帰属するのは「私自身」であって「我々」ではない。個であって組織でもない。だから安易に曲げない。そして居丈高にもならない。テレビの場合は娯楽性も重要だ。なぜなら新聞のように顧客が固定していない。常に顧客から現在進行形で（チャンネルを）選択される媒体なのだ。その意味で池上は市場原理を全否定はしない。楽しませる。でも絶対に筋は曲げない。

そうした姿勢が最も強く表れたのは、池上が二〇一〇年からキャスターを務めているテレビ東京の選挙特番だろう。つまり「池上無双」。とにかく容赦ない。

例えば民主党が政権から脱落した二〇一二年十二月の総選挙。スタジオとの中継で持論を（例の調子で一方的に）述べる石原慎太郎日本維新の会代表（当時）に、「そんなことを言うから暴走老人と言われるんですよ」と池上が言い放ったとき、僕もテレビの前にいた。当然ながら石原は「失敬だ」と激怒する。でも少し間を置いてから再び繋いだ中継で、「さっきは映像と音がずれていたので、あなたとは知らずに怒鳴って失礼した」と開口一番に謝罪する石原を軽くいなしてから、中継終了後に「相手によって態度を変えるんですね」とぽろりと言う。あるいは大勝が確定した安倍晋三首相に対して、「憲法改正に向けて、これから一歩一歩進んでいくということですね」と中継終了間際に素早く質問する。もう残り時間はない。安倍は思わず「そういうことですね」とうなずき、してやったりとばかりに池上が「わかりました。ありがとうございました」と宣言した瞬間に中継は終わる。

この中継終了間際のテクニックを、池上は縦横無尽に使う。組織に束縛されないジャーナリズムの本質とテレビならではのエンターテイメントを見事に融合する。その結果として、政治家たちの隠しておきたい本音がぼろぼろと露呈する。

でも池上の本質は、こうした派手な立ち回りだけではない。選挙特番放送後に寄せられた多くの称賛に対して、『ニューズウィーク』日本版で池上は以下のように解説している。

党首や候補者への私のインタビューは、ジャーナリストとして当然のことをしたまでで、これに関する評価は面映ゆいものがあります。（中略）私の質問に対する政治家各氏の反応はさまざまでした。怒り出す人、論点をずらして反論を試みる人、他党の例を出して誤魔化そうとする人、絶句する人……。期せずして政治家の性格やレベルが浮き彫りになりました。こうしたインタビューが評価されるということは、逆に言えば、これまでの政治番組や選挙特番が、政治家に対して、厳しい質問をしてこなかっただけなのではないでしょうか。

「当選おめでとうございます。いまのお気持ちは？」レベルの質問をしていては、政治家の答えも容易に予想できます。聞かずもがなの質問。それでは「いい質問」ではないのです。

相変わらず語調は優しい。にこにこと微笑む表情が見えるようだ。でも書いていることはこれ以上ないほどに辛辣だ。そして本質を突いている。ただしその切っ先の方向は、常に為政者とメディアだ。つまり強者。

現在のこの国の状況を右傾化とか保守化とか形容する識者やメディアは多いけれど、僕は集団（組織）化だと思っている。同調圧力が強くなり、全員が同じ動きをしたくなる。だから右傾的で保守的に見える。組織の論理が強くなる。ならば火中の栗を拾うことはばかげているし、危ない橋を渡るなどあり得ない。

しかし、ジャーナリズムであるならば、歯を食いしばって個の論理を貫く。時には危ない橋を渡る。池上は身をもって、そのテーゼを体現している。呈示している。あとはメディアとこの社会が、そのサインをどのように受け止めるかだ。

池上彰・森達也のこれだけは知っておきたいマスコミの大問題＊目次

2 メディアの「力」 101

プロローグ

——森さんはこの三月にイギリスに行かれたそうですが、まずはその話から始めてもらっていいですか？

森　三月に、オウム事件*二十周年のシンポジウムでイギリスに行きました。オックスフォード、エジンバラ、シェフィールドにマンチェスターなど複数の大学が連携した催しで、「Ａ」*や「Ａ２」の上映もプログラムされました。

池上　すごいですね。それぞれの大学で、別々にやったんですか？

森　別々です。ほとんどイギリスを縦断しました。二週間以上ですね。最初にオファーが来たのは二〇一四年の七月だけど、このときは少しだけ悩みました。地下鉄サリン事件から二十年が過ぎる節目の時期に、自分は日本にいなくていいのだろうかと考えたからです。でもメール添付で送られてきたマンチェスター大学のポスターのコピー「20 YEARS AFTER THE TOKYO SUBWAY ATTACK THE IMPACT OF AUM'S VIOLENCE IN JAPAN AND BEYOND」を見て、やはり行くべきだと思いました。

池上　地下鉄サリン事件から二十年経ち、あの事件が日本社会にどのような影響を与えたのかを改めて考察しようということですね。

オウム事件
広義には、一九八九年からの男性信徒殺害事件、坂本堤弁護士一家殺害事件、九四年松本サリン事件、九五年目黒公証人拉致監禁致死事件等を含むが、狭義には一九九五年の地下鉄サリン事件のみを指す場合もある。松本サリン事件・地下鉄サリン事件では猛毒の神経ガスが使われ、多くの死傷者を出している。オウム真理教事件とも。

「Ａ」
森達也監督の一九九八年公開のドキュメンタリー映画。オウム真理教の荒木浩広報副部長やオウム信者等を撮影。日本のみならず世界の映画祭などでも上映された。二〇〇二年には続編の「Ａ２」が公開になる。

森　はい。イギリスの研究者たちの視点は社会の側にあります。仮に日本において二十年目を迎えても、メディアの多くはサリン事件をもう一度なぞるか、後継団体である「アレフ」や「ひかりの輪」の危険性がいかに増しているかとか、そのレベルになることは予想できました。オウム事件の本質はすでにオウムの側ではなく、この社会の側にあると思っています。重要なことはオウム以降にこの社会がどのように変質したかを考えることです。でもその視点は日本にはほとんどない。ずっと苛立ちがありました。ならばイギリスでオウム二十年の節目を迎えるべきだと考えました。

池上　イギリスでは、どんな反応でしたか？

森　今のイギリスではＩＳ（イスラム国）*の問題がありますから、宗教と暴力への考察がとても重要視されていることは当然です。その文脈で、オウムがなぜこれほどの暴力を行使したのか、その背景や動機、宗教的な因子の働き、さらには事件が社会に与えた影響について検証することの意義は大きいと、多くの人に言われました。視点はあくまでも宗教と暴力です。でも日本において、オウムを宗教的な存在として事件を語る人はとても少ない。狂信的なカルトなどの一言で済ませ

＊ＩＳ（イスラム国）
イラク・シリア両国に広がる制圧地域を「イスラム国」として独立宣言をしているイスラム教の武装組織。それまでしばしば名称変更を繰り返してきたが、Islamic State と自称するようになったのは二〇一四年六月より。欧州列強が勝手に設定した現在の国境をなくし、カリフ制国家の再興を目指す。コーランの教えを厳格に守り、反欧米を標榜する。激しい戦闘を繰り返し、外国人ジャーナリストを含む人質殺害事件なども起こしている。

てしまう。それでは本質がわからない。アカデミズムがもっとオウムに対して機能すべきです。

日本の場合はメディアだけでなく、アカデミズムもオウムについては萎縮しています。触れたがらない。地下鉄サリン事件が起こった三月二十日前後に、例えば東大と京大と早稲田と慶應が共同で「A」や「A2」の上映会をおこなって、さらに宗教と暴力をテーマにディスカッションやティーチインするなど、ちょっと考えづらい。

池上　あり得ないですね。

森　事件当時、宗教学者や知識人がバッシングされたことがトラウマになっている可能性はありますね。オウムを絶対的な悪として叩かない人は、すべてオウム側と位置づけられて攻撃された。これは今のISについての議論と重複します。ISを検証しようとか違う視点から考察しようとの発想は、すべてIS寄りだと叩かれる。人質問題について安倍*政権の責任を追及すべきと発言した政治家や識者を、産経新聞はIS寄りの人たちとして実名を晒しました。驚きます。でもこうした発想の原型は、地下鉄サリン事件のときにできていた。その後遺症として、オウムには触れないほうがいい、触れるときは絶対的な悪と

安倍晋三（あべしんぞう）自民党衆議院議員。内閣総理大臣（二〇〇六～七年、二〇一二年～）。「戦後レジームからの脱却」「美しい国」「日本を取り戻す」等のフレーズのもと、特定秘密保護法・集団的自衛権・消費税増税・TPP・改憲等を推進。

して糾弾しないことには自分の身が危うい的な雰囲気が、一部の学者や研究者を除いて、アカデミズムにおいても色濃く残ってしまったと思います。

池上　なるほど。

森　イギリスでは多くの日本研究者や宗教学者たちとディスカッションしました。彼らの最大のテーマは「社会とオウム」です。オウムによってこの二十年、日本社会はどのように変質したのか、それがメインのテーマです。そしてそれはまさしく、僕自身もこの二十年考えてきたことなので、そういう意味ではとても有意義でした。

マンチェスター大でおこなわれた「A」の上映後のシンポジウムで客席の一人の学生が手を挙げて、「このようなカルトと社会はどうやって折り合いをつけたらいいのか」と質問しました。同時に隣に座っていた宗教学者のイアン・リーダー（ランカスター大学）がマイクを手にして、「カルトという言葉を安易に使うべきではない。その言葉を使った瞬間に二分化することになる」と怒りました。他の研究者や教授たちも大きくうなずいていました。ＩＳに対してもスタンスは同じです。カルトという言葉は彼らは使いません。ところが日本では……。

池上　みんな「カルト」という言葉を使いますね。

森　イギリスの政治アカデミズムは、言葉に対してものすごくデリケートです。考えたら当り前です。言葉が事実を規定します。時には歪めます。例えばこのシンポジウムのタイトルも、20 YEARS AFTER 'THE TOKYO SUBWAY ATTACK'ですよね。テロという言葉はどこにもない。テロという言葉を使った瞬間にステレオタイプに嵌ってしまうからだと説明されました。

池上　日本とは、すごい意識の違いですね。

森　帰国してからこの話を宗教学者にしたら、「大きな声では言えないけれど、カルトという言葉を今の日本が安易に使いすぎていることは確かです」と言っていました。大きな声で言うべきことです。イギリスの学生たちもオウムについてよく知っていましたね。日本の大学生より、よっぽど詳しい。

池上　日本の大学生はオウムのことは全然知らないですね。

森　オウムという名称くらいは知っていても、詳しくは何もわかっていません。そもそも日本では宗教の教育がほとんどない。

池上　そうですね。

森　オウムをきっかけに、宗教へのタブー視が教育現場で、これまで以上に広がった。この問題も深刻です。

各大学を訪ねて旅をしながら、日本からの留学生や研究者にたくさん会いました。シンポジウムやセミナーなどの後は地元のパブに行きます。そこで驚いたのだけど、誇張ではなく一人残らず、「今の日本には帰りたくない」的なことを言うのです。

池上　外から見たら、日本という国に希望が見出せないということですか？

森　要約すればそういうことですね。例えば後藤健二*さんと湯川遥菜*さんがＩＳに殺害されたことに関して、「多くの日本人は自己責任だと本気で言っているんですか？」と訊かれます。そういう人は少なくないと答えざるを得ない。あるいは僕がイギリスに滞在していたとき、鳩山由紀夫元首相がクリミアを訪問したことで、ネットは非国民や売国奴など凄まじいバッシングでほぼ一色になっていました。イギリスにいる彼らは今の日本の情報についてネットをメインの媒体にしていますから、なぜこれほどに一方的なのだろうと驚くわけです。もちろん議論はあってもいい。でも議論以前に罵倒することが前景化してい

後藤健二（ごとうけんじ　一九六七〜二〇一五）
ジャーナリスト。国内外で取材活動をおこなうが、二〇一四年にシリアに向かい十月末から行方不明となり、二〇一五年一月に「イスラム国」によって湯川遥菜氏とともに拉致・拘束されていることが判明。湯川氏殺害に続き、後藤氏の殺害が発表される。

湯川遥菜（ゆかわはるな　一九七二〜二〇一五）
民間軍事会社を経営していたと言われる湯川氏がシリアの「イスラム国」によって二〇一四年、拘束されていたことが明らかになる。後藤氏は湯川氏の救出のためにシリアに入国したとも言われているが、詳細は不明。二〇一五年一月、ＩＳによって身代金要求後、殺害が発表される。

る。従軍慰安婦や憲法をめぐる議論も含め、今の日本はどうなってしまったのだろうという感じを持っている。まさしくオウム以降の二十年の変化です。日本にいたらよくわからないけれど、海外から見たら実感できるようですね。

池上　後藤さん、湯川さんに関する自己責任論はひどいですね。

森　僕がイギリスにいた三月、池上さんはアメリカで取材されていたと聞きました。

池上　二〇一五年は被爆七十年*ということで、広島テレビの企画でアメリカのニューメキシコ州に行きました。世界で最初の核実験はニューメキシコでおこなわれたからです。当時その核実験は、秘密だから周辺の住民にはもちろん知らされなかった。周りに人が住んでいないという理由で、ホワイトサンズという砂漠の真ん中でやったんです。これが世界最初の核実験です。

広島に落とされた原爆はウラン型です。ウラン型は臨界量に達するウランを爆弾内で二つに分けて、少し離しておけば普通に保管できるという構造です。それを合体させた瞬間に臨界状態になり、核爆発が起こることがわかっていたから、広島型の原爆は実験しなくても、い

被爆七十年目
一九四五年（昭和二十年）八月六日、広島にウラン型原爆（砲弾型）、八月九日長崎にプルトニウム型原爆（爆縮型）が投下される。史上唯一の実戦での原爆投下から二〇一五年で七十年目になる。

きなり落としても爆発するとわかっていました。
長崎に落とされた原爆はプルトニウムで臨界状態を起こす構造でした。プルトニウムの場合はウランのように一定量を集めておくと、それだけで中性子がどんどん出て、徐々に臨界になっていくので、投下時に巨大な爆発が起きないんです。それを防ぐためにはどうするか。プルトニウムを大変細かく小分けにして、それを百万分の一秒程度の誤差内で、一瞬で一カ所に集めて巨大な爆発が起きるように設計されました。それには極めて高度な技術が必要なので、本当に爆発するのかどうか試さなければいけないというので、ニューメキシコで実験をやったんです。実験による核爆発があった翌日に周辺に「雪」が降っているんです。死の灰ですね。

森　黒ではなくて白い灰なんですか？

池上　実験地がホワイトサンズですから、舞い上がった白い砂が降ってきました。広島でも長崎でも、地上に一番被害を与えるためには、地上で爆発させるのではなく空中で爆発させるほうがいい。そうすることによって被害を大きくする、最初からそういう投下計画でした。だからニューメキシコの核実験では、高さ三十メートルの鉄塔をつくって、その先端に爆弾を設置して爆発実験をしているんです。そのときにホワイトサンズの砂が巻き上がって、翌日になって落ちてきた。
七月十六日に核実験をやった。翌十七日、実験場の近くでキャンプしていた女の子のグループがいたんです。女子高の生徒十四人がキャンプしていたら、雪が降ってきた。まったく秘密裏にやったので、女の子たちはみんな「雪」におおはしゃぎで、白いものを手に取って、顔になすりつけたりした。十四人のうち十一人ががんで死に、残りのうち二人ががんで苦しみ、がんにかかっていないのは一人だけだということです。かなり離れた町でも、ある通りの両側の人はみんながんで死んだという、「がん通り」みたいなものがあります。
「自分たちが世界最初の被爆者であることをアメリカ政府は認めろ」という運動が、今、ようやく始まったところです。そうしたことを取材してきました。

森　その核実験がおこなわれたのは一九四〇年代ですよね？

池上　一九四五年七月十六日に実験がおこなわれました。八月六日に広島に落とすために、七月末にテニアンに原爆は運ばれています。

森　マンハッタン計画*においては最終的な実験だった。池上さんは映画

マンハッタン計画
第二次世界大戦下、アメリカにおける原爆研究・開発・製造、そして実用化までの秘密プロジェクトのコードネーム。アメリカのみならず連合国側、さらにヨーロッパからの亡命科学者も加えた巨大な国際チームであった。原爆は当初、対ドイツ戦を想定して開発が進んだが、ドイツ降伏後もプロジェクトが進行、対日戦に原爆が使用された。

「アトミックカフェ*」をご覧になりましたか？

池上　いえ、まだ見ていないです。

森　軍内部の教育用フィルムや政府広報などの資料映像、当時のラジオやテレビ番組などだけを使ったアーカイブ・ドキュメンタリーです。核実験の記録映像もたくさん入っています。周りに米兵を配置して……。

池上　ああ、それは知っています。核実験直後に爆心地に向かって兵士を突撃させるんですね。

森　キノコ雲に向かって米兵たちが突進していく。その前に上官が兵士たちを集めて注意事項を述べる様子が撮られています。「サングラスをしろ」とか「傷があったら絆創膏を貼っておけ」などのレベルです。被曝したら髪は一時抜けるけれど、すぐにまた生えてくると断定する政府広報フィルムもありました。とにかく必要以上におびえるなとの論旨です。当然ながらキノコ雲に突撃した米兵たちの多くは被曝して、後に深刻な社会問題になっています。

でも絆創膏を貼っておけと指示した上官も、もちろん軍の上層部も、あるいは髪はすぐに生えてくると断言した政府広報番組を作ったスタ

「アトミックカフェ」
一九八二年公開。アメリカ政府広報やニュース映画などを駆使し、冷戦初期のアメリカ国内の核兵器についてのイメージの変遷・実相を詳らかにするドキュメンタリー映画。

ッフも、本気でそう思っていた。映画を見ながら思ったけれど、核兵器や放射能の怖さを、当時のアメリカでは誰もわかっていなかった。

池上　そうです。当時はアメリカでも一部の専門家以外は、わかっていなかったですね。

森　軍人だけでなくて、政治家もわかっていない。放射能の威力を正確に知っていたのは、それこそマンハッタン計画に参加した科学者くらいでしょう。一般的なアメリカ人の感覚では、核兵器は破格に大きい爆弾くらいの感じです。

池上　そうですね。原爆をつくった当事国でもそんなものでした。

森　国民向けの政府広報や子供向けのテレビアニメでは、ソ連が核ミサイルを撃ち込んできたときのために物陰に隠れる練習をしておきましょうなどと大真面目に言っています。当時のアメリカ人なら誰もが知っていたと言われるカメのバート君が、「Duck and Cover（さっと隠れて頭を覆え）」と唄います。これで放射能を防げると本気で思っていた。

広島、長崎の原爆投下について、戦争を終わらせるために当然のことだったと言うアメリカ人がいまだに多い。彼らの多くは世代的に五十代以上、つまり冷戦期に教育を受けている人たちです。彼らにしてみれば、核兵器は単に巨大な爆弾でしかない。一般市民だけではなく、軍人や政治家の多くも同様です。だからこそアメリカは市街地に核爆弾を落とすことができた。

池上　そうですよね。二〇〇五年にネバダのラスベガスに核実験博物館ができましたが、ニューメキシコでの取材の後に、そこに行ったんです。そこで見た写真がびっくりでした。大気圏内核実験は最初はニューメキシコでおこないましたが、その後、ネバダ砂漠に移りました。最初にネバダ砂漠でやったとき、ラスベガスの近くだったため、ラスベガスのホテルやカジノの人びとが怒ったんです。「こんな近くで核実験なんかやられたら、お客が来なくなる」と激怒したのですね。ところが間もなく、「ラスベガスでカジノを楽しみながら、核実験のキノコ雲が見られます」という観光名所になって、手前にカジノの看板を掲げた建物があって、その向こう側にキノコ雲が天高くあがっているのを観光客が見ているという観光客用の絵葉書があるんです。いやあ、びっくりしましたね。

森　映画「アトミックカフェ」のタイトルは、冷戦のさなか水爆実験がおこなわれていた頃、「ボムカクテル」を提供する「アトミックカフェ」という名前のお店が評判になったとのエピソードからイメージされています。当時は、「水爆で悪いソ連をやっつけろ」みたいなヒットソングもありました。日本が降伏したときは、「原爆は神さまがアメリカに与えた贈りもの」というような歌詞のウェスタンが大ヒットしています。

観ながら本当に不愉快を通り越して悲しくなる。だからこそ僕たちは知らねばならない。知識や情報を伝えるメディアのメカニズムと属性を。でもだからこそ実感します。無知は最大の暴力であり罪悪なのだと。

1

メディアを知る

事実と真実

——メディアとのつき合い方ということで、池上さんはかねてから複数のメディアを読み比べることを勧めておられます。

池上　常にオルタナティブな視点を持つということです。新聞だけではない、さまざまなメディアで報道されている「事実」とは別の視点があり得るんだということを、複数のメディアを読み比べて理解しておくことは大切です。

森　二〇一五年一月にパリで週刊紙『シャルリ・エブド』*の編集部が襲撃されたとき、テロに屈しないとの意思を表明するために、各国の首脳がパリに集まってデモ行進に加わった。これは大きく報道されました。確かに感動的な映像でした。その写真や動画を見て世界中の誰もが、各国首脳はデモの先頭を歩いているのだとばかり思いました。でも実はそうではない。

池上　違うんですね。厳重な警備体制が敷かれ、その中を歩いていたんですね。

森　あの映像は封鎖した通りの一角で撮影されました。首脳たちの後

*『シャルリ・エブド』
フランスの風刺週刊紙。かねてよりイスラム教についての風刺画を掲載していた中、二〇一五年一月七日イスラム教徒の襲撃を受け一二名が殺害される事件が発生。テロ事件として抗議する人びとが「私はシャルリ」の標語を掲げ言論の自由を守ろうとする運動が広がる一方で、宗教の尊厳を守るべきという議論もまき起こった。

ろにいる人たちは市民ではなくてSP（要人警護員）やスタッフです。市民のデモとは別です。

でも、メディアは少なくとも嘘をついてはいない。「要人たちはデモの先頭を歩きました」とは一言も言っていない。ところがニュース映像などでは、パリの三〇〇万人が参加したデモのカットのあとに、首脳たちが並んでいる場面を繋げます。その結果として僕たちは、彼らはデモの先頭を歩いたと思ってしまう。映像のモンタージュですね。

池上　勝手に思ってしまうのであって、メディアは嘘はついていない。森さんの書かれた朝日新聞のコラムを読むまで、私もこのことには気がつきませんでした。

森　僕が朝日のコラムで書く前に、イギリスのインディペンデント紙*のネット版が、首脳たちのパフォーマンスをビルの上から撮った写真を掲載しています（下段、画像参照）。それを見れば、通りの一角で一般市民を排除して撮られたことは明白です。考えたら当たり前ですね。各国首脳がデモの先頭を横並びで歩いてもし万が一の事態が起きれば、世界は大変な混乱状態になります。市街地を群衆と共に歩かせるわけがない。でも僕たちは気づかなかった。一方向からしか見ないからで

シャルリ・エブドの撮影用デモ
http://www.independent.co.uk/incoming/article9972887.ece/alternates/w620/paris-march-wide-shot.jpg

インディペンデント
伝統的な大手マスコミから集結したジャーナリストたちが設立。中東問題などに独自な視点で切り込む記事でも注目されている。

す。角度を変えれば、違う世界が現れることに気づく。でもこれを言い換えれば、角度を変えなければ違う視点に気づかないということになります。

　メディアの嘘とかヤラセとか、多くの人は血相を変えて糾弾するけれど、そもそも情報はこうした一面的な思い込みで成り立っています。明確な嘘やヤラセは決して多くないし、あったとしても発覚しやすい。むしろ、こういったサダマイズ*的な思い込みなどが要因となって、無意識の領域が特定の方向に誘導される場合のほうが深刻です。各国首脳のデモの映像について言えば、おそらく日本のメディアの誰もが、このトリックには気づいていなかった。だから大きく報道した。そこに悪意はない。だから怖い。制御が働かないからです。湾岸戦争*の際の水鳥の写真*とか、当初は明らかにイラクを悪者にしようとの作為はあったけれど、情報が広がる過程で作用するのは、むしろ多くの人の善意や正義です。

　メディアが無意識の領域に働きかける一つの例として、なぜ日本の若者は笑うときに手を叩くのか、と問う文章を以前に書きました。

池上　確かに、笑うときに手を叩くという仕草は外国ではまず見ないで

サダマイズ
かつてのイラクの指導者サダム・フセインの名前から派生した新しい造語。敵側のリーダー・指導的立場にいる人物を、極悪人としてだけ印象づけて攻撃するイメージ喧伝工作。これらの工作を称して「サダム・フセイン化」と呼び表す。

湾岸戦争
クウェートに侵攻したイラクに対し、アメリカを中心とした多国籍軍が軍事介入した戦争（一九九一年）。イラクのフセイン政権の侵攻行為に国連安保理から撤退要求が出されるも、要求が聞き入れられないことを見た多国籍軍がクウェート解放という目的で戦闘に突入。しかし、イラク敗戦後もフセイン政権は存続し、後のイラク戦争の遠因にもなった。

すね。

森　日本でも昔の若者、つまり僕や池上さんは、かつてやらなかったと思います。

池上　うーん、そうですね。確かにやっていませんでした。テレビのバラエティでやるようになってからでしょう。

森　バラエティ番組に出演するタレントの多くは、笑うときに手を叩きます。おそらく大仰なアクションにするためでしょう。これを毎日のように見ている日本の視聴者は、無意識のうちに影響を受けている。ここ十年、二十年の現象です。

池上　なるほど、若い頃、私もそんなことはしていなかった。「あはは」と声に出して笑うだけでした。そういえば今の人は、笑いながら手を叩きますね。

森　特に若い世代はお笑い系のタレントの影響を受けやすいのかな。こんなところにまで知らず知らずのうちにテレビの影響が入っている。こうした無意識下の影響が一番大きいし、怖いです。意識的な情報というのは対処しやすい部分があるけど、無意識の領域に入ってくる情報はつかまえにくいから。

水鳥の写真
一九九一年一月、湾岸戦争時にペルシャ湾に大量の重油が流出し、アメリカ政府はこれをイラクのフセイン政権による環境テロと断定、国内外に向けこれを喧伝しイラク政府の暴挙を非難した。その際、重油まみれになった波打ち際の水鳥の映像も報道され、フセイン政権の環境テロによる海洋汚染・海洋生物へのダメージの象徴として世界的に注目された。当初、日本でもアメリカの発表に基き油にまみれた真黒な水鳥の映像が紹介されたが、戦後になって実は重油流出はイラクがしたことではなく、アメリカの爆撃が原因であったことが明るみになった。

池上さんはニュースをわかりやすく解説する仕事をしている。当然、おわかりになっていると思うけど、〈わかりやすく伝える・解説する〉ことは、一面でとても危険なことです。

池上　そうです。実は、ものすごく危険なことなんです。

森　その点について、ご自分ではどう煩悶し、どのように整理されていますか？

池上　複雑なことを、ただ「単純化する」というのは、絶対にだめです。わかりやすくしようとして、うっかりどこかで単純化したりすると本来のニュアンスと違ってしまうということを、私は常に恐れています。NHKの記者として現場で取材していた頃も、例えば誰かがわかりやすく書き直したりしたことで、本来のニュアンスと違ってしまうということを、常に意識して注意していました。

「週刊こどもニュース」*は十一年間やりましたが、そのときは、まず番組スタッフだけでNHKのニュースを子どもでもわかりやすいように書き直していました。次に、わかりやすくするため書き直したことによって、本来のニュアンスと違ってしまっているのではないかと改めてチェックをします。ニュース原稿を出した部のデスクのところ

「週刊こどもニュース」
一九九四年四月より二〇一〇年十二月までNHK総合テレビジョンにて放映。池上氏は番組企画者であると同時に、初代「お父さん」役として番組スタート時から二〇〇四年三月まで出演。社会問題等をわかりやすく解説し、子どものみならず多くの大人も視聴する人気番組となった。

に行き、「こういうふうに直したけど、ニュアンスは間違ってはいないだろうか？　本質の部分が変わっていないだろうか？」と必ずチェックしてもらっていました。ときどき「ここは微妙に違います」と言われることがありましたね。番組を見ている人は微妙な違いについては、どっちの原稿を出してもわからないかもしれないけれど、それでもやはり手直しはいつもやっていました。

その意識は今も変わりません。今も「わかりやすくすることによって誤解を招いたり、ニュアンスが伝わらなくなったりしてしまうのではないか？」という危険性を常に意識しています。

——ご著書の『武器なき〝環境〟戦争』*で、「すべてをわかりやすく解説しきってしまう人がいたとしたら、疑ったほうがいい」と書かれています。

池上　そうですね。何らかの出来事をわかりやすくするということは、危うさがありますから。どんな問題でもそうですが、例えば全体像がわからない中で、何かをわかりやすく説明するとします。仮に全体像が「10」として、そのうち「6」を知っていて、その「6」の部分を

*『武器なき〝環境〟戦争』池上彰・手嶋龍一 著、角川SSC新書、二〇一〇年刊。

わかりやすく「1」にまとめたとします。でも実はその「6」に入っていない、あと残りの「4」の部分はわからないわけです。この「4」の中には、知り得た「6」に対する否定的な、あるいは相反する情報があるかもしれない。こういう中で「わかりやすくする」ということは、とても危険です。私自身、わかりやすく事件やニュースを解説しようとするたびに、このような危険性があることを自分の中に恐れとして持っています。全体像がわかったと思って書いているときは特に、「実は私が知っているのは『6』だけでないか？　知り得ない『4』の部分で、知っている『6』とはまったく違うことがあるのではないか？」と注意しています。なぜならどんな事件でも「この事件はこういう内容だ」と言い切れない部分がありますから。

森　今、池上さんがおっしゃったことは、ジャーナリズムやメディアにおいて、とても重要な基本原理の一つです。新聞だったら文字数の制限があり、テレビだったら尺（時間）の制限があります。全部を伝えることは無理です。だから四捨五入しなければいけない。例えば、茶碗について描写するとします。その茶碗の形や色、描かれている図柄を伝えるとして、横から見るのと、上から見るのでは、まったく違う表現になります。すべての角度は伝えられない。ならば茶碗をどの角度から伝えるのか。それが「メディアの個性」です。朝日新聞は例えば左45度から見ているのなら、産経新聞は右45度から見ています。読売も毎日も、TBSも日本テレビもNHKも、共同通信や地方紙のすべても、それぞれの角度から見て伝えている。

本来であればジャーナリズムは、一方向からだけでなくすべての視点を伝えるべきだけど、これは物理的に不可能だし、その情報やニュースはどうしても曖昧でインパクトが薄くなってしまう。だからこそ記者やディレクターは葛藤します。自分は一部分しか伝えていないと悩みます。でも最近は、まったく悩まない人も増えてきた。つまり自分は正義であると勘違いしている人です。

池上　今の話で言うと、私は「真実」という言葉を使わないようにしています。ときどき、私が出るテレビ番組で、タイトルに「これが真実だ」みたいな言い方を使われることはあるけど、「真実」なんか神ならぬ人間が、わかるわけがないのです。

森　まったく同意です。僕も最近刊行したティーンエイジャー向けのメディア・リテラシーの本のタイトルを、『たったひとつの「真実」なんてない』（ちくまプリマー新書）とつけました。

オウム真理教のドキュメンタリー映画「A」を公開したとき、上映後の劇場で観客から「やっと真実を知りました」「マスメディアは嘘ばっかり言っていたんですね」などとよく言われました。嬉しいけれど聞き流すわけにはゆかないので、「この映画はあくまでも僕の真実です。別の人がカメラを持ってオウムの中に入っていたら、まったく違う真実が提示されるはずです」などと答えていました。人が百人いれば真実は百通りあります。だって視点であり主観ですから。そしてメディアが、これは僕も含めてですが、伝えられるのは、この主観的な視点しかないのです。

池上　もしかしたら真実はあるのかもしれないけれど、それは神の視点です。人間に「たった一つの真実」が、わかるわけがない。私たちができるのは、断片的な事実を伝えることです。断片的な事実を取材して、それをどう組み立てるかということですね。

森　「断片的な事実」を言い換えれば、自分が現場で感知した「主観的な真実」です。当然ながら人によって違います。僕は事実は一つだと思っています。でも事実を客観的に把握することなど人には不可能です。そもそも僕たちは、目や耳などの感覚器を使って得た情報を、頭の中で再構成しています。それが客観的なはずがない。

池上　組み立て方によって異なる内容を「これが真実だ」と言う人がたくさんいれば、たくさんの真実が出るということですね。だから、私は「事実」という言葉は使うけれど、「真実」という言葉は使わないようにしています。

加害性と匿名性

池上　ＮＨＫに入ったとき、新人研修で私が一番印象的だったのは、「なんで記者は非常線の向こうまで行けるのか」という授業でした。

森　ああ。それはよい視点ですね。

池上　事件が起きたりすると、一般の人が立ち入れないように警察が張る非常線があります。新聞社やテレビ局の記者やカメラマンだけが、一般の人よりはもう少し中まで入れる、メディア用の規制線みたいなものがある場合がある。つまり、一般の人が入れない非常線の向こうにマスコミ取材者は少しだけ越えることが許されている。そのことについて研修を受けました。「では、なぜおまえたち記者は一般の人より事件現場の中に踏み込むことが許されるのか？　それは、おまえたちが国民の知る権利*に奉仕するという責任を負っているからだ。本当はみんなが見たいけど、みんなに見せたら大混乱になるから、限られた代表だけ現場に入ってもいいですよ、という許可を与えている。それはジャーナリストに国民の知る権利に奉仕する責務があるからなんだ。だから、おまえたち記者はその責任を自覚して、決してヘンな原稿を書くな」と教えられました。

「何が起こっているのかをきちんと正確に、みんなに伝える——そういう力をつけなければいけない」ということを入局して最初に教えられました。つまり、取材者だからといって特権意識を持つんじゃないぞということを教わったのです。現場に行って報道の腕章があると、普通の人より先まで入れる。だからマスコミの中には特権意識を持ってしまう者もいるけど、「それは違うぞ」と最初にキッパリ教えられました。これはものすごく印象的でした。

森　記者にとっては、とても大事な教育ですね。でも、そういう研修を受けた新人記者たちが現場に行くと、まずやらされるのが被害者の写真を入手する「ガンクビ（顔首）取り*」です。

国民の知る権利
憲法条文としては「知る権利」という言葉はないが、日本国憲法21条第1項「集会、結社及び言論、出版その他一切の表現の自由は、これを保障する」という条文の中に、国民の知る権利が含まれるという解釈が有力。他の解釈も存在するが、国民の知る権利は主権在民の根幹を守る権利であり、知る権利の存在そのものを否定する法的見解はない。

顔首取り（ガンクビトリ）
ジャーナリスト用語として使われる言葉。「顔首」とは首から上、すなわち顔を指すが、そこから転じて顔写真のこと。事件の被害者など一般人の顔写真・画像を集めることを「顔首取り」（ガンクビトリ）という。「雁首」とも書く。

池上　ええ、そうですね。私もやりました。

森　殺人事件や交通事故があったとき、現場に行って遺族を訪ね、または近所や同級生などを回って、「被害者の方の写真ありませんか？」と尋ねて歩く。

池上　そうです。新人記者がやる仕事ですね。例えば交通事故で小学校入学前の女の子が亡くなりましたというニュースがあったら、その子の写真を手に入れるために、家に行くのです。

森　罵声を浴びせられることも多い。当たり前です。記者の誰もが嫌な思い出のはずです。ちょっと例えは極端だけど、かつて帝国陸軍の初年兵が大陸に行って、中国人の捕虜や民間人を銃剣で突き刺して殺す訓練をさせられたことに意味は近い。実際にやった人の話は何度も聞いていますが、数をこなすうちに抵抗が小さくなって麻痺するそうです。その意味でガンクビ取りはイニシエーションに近いのかな。

池上　確かに新人記者が受ける試練ではあります。ご遺族には大変申し訳ないことで、追い返されても仕方のない状況ですが、その一方で、思いもかけなかった対応をされたこともありました。子どもを亡くした母親のところに行って、「大変申し訳ありませんが、お子さんのお写真を貸していただけませんでしょうか?」とお願いしたら、「ちょっと待ってください」と言われました。そのお母さんは、自分の子どもの一番写りのいい写真を選んでくれているんです。NHKに映るのなら、一番いい写真を使ってほしいという親心から、母親自身が選んで貸してくれるわけです。そんなときは、つらいなんてものではなく、もう、たまらないですよ。取材現場ではこんなことも起きています。

森　なるほど。稀有な例であるとは思うけれど、そういうこともあるわけですね。

池上　マスコミ同士は当然、取材競争をしていますが、悪しき競争意識が現れることもあります。これも私の体験ですが、事故で亡くなった方の写真を借りるため、ご遺族の方に写真アルバムを借りることがありますが、某新聞社は最初に行って、そのアルバムを全部持っていってしまうんです。ほかのマスコミが後から来ても、写真が手に入らないようにするために。私は借りた写真を、接写できるように集まってきた各社みんなに提供しましたけど。

森　現場に行くと、「マスコミに貸した写真が返ってこない」と怒っている人が多い。もちろん全員ではないですけど。

あわてて被害者の「ガンクビ」を取る前に、まず実名報道か匿名報道かという議論も本当はあるべきです。実のところ被害者の顔写真まで当たり前のように出す国は多くない。容疑者についても同様です。だって無罪推定*ですから。ところが日本では、容疑者はもちろん、被害者のプライバシーまで報道してしまう。そこにどんな正当性があるのかとの議論はほとんどないですね。

池上　先ほどの被害者の写真を報道することの意味について言えば、小学生の女の子が亡くなったというだけならば単なる「記号」だけれど、そこにかわいらしい女の子の写真があると急に親身な気持ちになり、「ああ、かわいそうに」となるのも事実ですね。共感や関心を引き起こすという、ある種の役割があることも確かだと思います。

森　もちろん。でも報道の役割として、共感や関心を引き起こすことの位置づけは微妙です。例えばアフリカの飢饉を報道するならば、多くの人に関心を持ってもらうように報道すべきです。それによって寄付やドネーションが集まり、多くの人の生命を救うことに繋がるかもしれない。でも通常の殺人や傷害事件で、多くの人の共感や関心を引き起こすことを高い優先順位に置いてよいのだろうか。引き起こされる

無罪推定
近代法における裁判原則の一つ。すべての被疑者・被告人は、検察官が犯罪を証明し裁判で有罪が確定されるまでは「犯罪を犯していない人物」として扱われなければならない。日本国憲法で保障されているだけでなく、国際的にも世界人権宣言および国際人権規約でも定められている原則。

感情は共感だけではない。被害者感情や懲罰意識を刺激する可能性はとても高い。今年二月に起きた川崎の中一殺害事件*は、最初はあれほど大きなニュースではありませんでした。ところが急激に大きくなった。本来は一面トップになるような事件ではないのに、一時はテレビの報道もトップニュースでした。その理由は明らかです。報道された被害少年の写真が、とても邪気のない笑顔で幼気《いたいけ》で、多くの人が激しく共感したからです。

池上　島根県の隠岐から出てきたという物語もありますしね。

森　プロフィールも一因ですね。それに加えて、公開された少年の顔写真は、本当に愛らしい笑顔でした。だから多くの人がテレビを観ながら感情移入した。他人事とは思えなくなった。その帰結として、加害少年への処罰感情が激しく刺激された。例によって週刊新潮は、こんな残虐な事件を許してよいのかとの論調で、加害少年の顔写真を掲載しました。少年法を変えるべきとの声がまた高まった。

　この事件の騒動後すぐに、千葉でも同じように十代少女が複数の仲間に殺害されました*。彼女の場合はリンチ後に生き埋めです。残虐さでいえば中一少年殺害と同じか、もっとひどいレベルです。でも報道

川崎の中一殺害事件
二〇一五年二月、神奈川県川崎市多摩川河川敷で中学一年生の少年が殺害された事件。犯人は被害者少年と交流があった三人の少年たち。主犯格の少年は事件当時一八歳であったが、重大な動機もなくナイフを使用した凄惨な殺害方法なども注目され、未成年犯罪の厳罰化を求める少年法改定議論も一部で起きる。

十代少女が複数の仲間に殺害され
二〇一五年四月、千葉県で起きた強盗殺人事件。十代の少女を拉致し、生きたまま埋めて殺害し現金等を盗んだ。犯人は男女四人のグループで、十代の男女二人も加わっていた。犯行グループの十代少女以外の三人は被害者とは面識はなかった。

量は圧倒的に小さい。中一少年が殺害された河川敷には全国から多くの人が花を持って訪れて、今では慰霊塔のようになっているけれど、千葉の場合は誰も現場に足を運ぶことすらしない。この差は何かと考えるべきです。報道は共感だけではなく、怒りや憎悪も喚起します。

ＩＳ（イスラム国）による人質事件の際、拘束された後藤健二さんと湯川遥菜さんの動画がネットで公開されたことで、僕たちは事件を知ることができた。拘束された二人の映像を観ることで、関心が急激に高まったことは事実です。もしも動画が存在していなければ、受け止めかたはずいぶん変わっていたと思います。

テロの定義は、暴力を行使するか見せつけることによって標的に不安や恐怖を与え、自分たちの政治目的を達成しようとする行為です。映像は感情を刺激する。不安や恐怖を拡散する。だからこそＩＳやアルカイーダなどテロを標榜する組織は、ネットの動画を最大限に利用します。ヨルダンのカサースベ中尉殺害*の映像は世界が目撃しました。生きたまま彼は焼き殺された、あまりにも悲惨です。だからこそヨルダンの報復の空爆は許容される。でもこれまで有志連合が空爆していた地域には、シリアやイラクの一般市民も多く住んでいます。ならば

カサースベ中尉殺害事件
二〇一四年から「イスラム国」によって拘束されていたヨルダン軍戦闘機パイロット、ムアーズ・カサースベ中尉の殺害が二〇一五年二月に「イスラム国」によって発表された。アメリカ主導の対イスラム国作戦にヨルダン軍も参加し、捕虜となったカサースベ中尉の安否が気遣われていた最中だった。「イスラム国」は、拘束していた後藤氏解放の条件としてヨルダン国内で拘束されているサジダ・リシャウィ容疑者と後藤氏の交換を申し出ており、拒否された場合、カサースベ中尉殺害を予告していた。

カサースベ中尉と同じように、焼け死んだり瓦礫に埋もれて圧死したりした人はたくさんいるはずです。でもそちらには想像力が働かない。共感が生じない。なぜなら映像がないからです。

映像はこれほどに人の感情を刺激します。そこには功と罪の双方があります。使うべきではないとは言わない。何よりもそれはもう不可能です。でも少なくともネット社会になったからこそ、映像が観る側の意識に与える影響の凄まじさを、報道する側も受ける側も、もっとしっかりと認識するべきだと思います。

被害者が実名で報道される一方で、報じる側はほとんどが匿名です。これは日本のメディアの特質ですね。新聞は少し前から、毎日新聞を筆頭に署名記事が増えてきたけれど、テレビに至っては全然だめですね。報道番組のほとんどは最後にクレジットが出るけど、ディレクターやプロデューサーの固有名詞はまず出さない。数が多すぎるからだと以前に反論されたけれど、バラエティ番組はAD（アシスタント・ディレクター）も含めてすべてロールテロップで出していますよ。読み取れないくらいに速いけれど、でも固有名詞を提示するかしないかの違いは大きい。日本の組織ジャーナリズムの場合、個人名を出すべきではないとの暗黙の了解が働いているように思います。それじゃだめなんです。フリーランスだろうが組織だろうが、記事を書いたり映像を撮ったり編集したりするのは、最終的には特定の誰かの視点なのだから。

固有の主語を現さないから述語が不明瞭になります。だから仮想でしかない客観性や中立性に依拠したくなる。もっと「こう思った」とか「こう感じた」との述語を使う記事が増えてもいいと思います。

池上 そうした書き方ができるのは毎日新聞の「記者の目」*くらいで、普通の記事ではまず個人的見解は出さないですね。

森 さすがに記事中で「思う」という述語は使えなくても、名前という主語を明記すれば、それに近いことを書けるようになります。名前を出すべきである理由はもう一つあります。情報には加害性があります。特にマスメディアはその営みによって、誰かを絶対に加害します。であればと言うか、だからこそ、その情報の主体である自分の名前を出すべきです。特に最も影響力の大きいテレビは。

――「加害性は、メディアの一種の特質として不可避の傾向であるか

*「記者の目」 毎日新聞の解説欄。紙面を大きく使い、記者が取材した事件・社会問題などを記者の顔写真とともに解説する署名記事。

らこそ、十分に自覚しておくべきだ」ということでしょうか？

森　名前を隠すことでその意識が薄くなります。言い換えれば、人を傷つけることに麻痺してしまう。傷つけるなと主張するつもりはありません。それは回避できない。だからこそ、自覚することは重要です。メディアはもっと負い目を持つべきなんです。こんな仕事、エリートでも何でもない。人の不幸を飯の種にしていると、ときおり思いだすべきです。誰かがきっと傷ついているとたまには思うべきです。見方によってはとても卑しい仕事なのだと胸に刻むべきです。

　しかも凄まじい加害を及ぼす場合もある。アメリカではイラク戦争*の際に、ブッシュ政権の大量破壊兵器をめぐるデマゴーグに結果的にはメディアが加担して、その帰結として何万人もの人が死んでいます。日本だって過去には、メディアが権力を監視しないことで戦争が始まり、多くの人が死んでいます。そういった実例は、いくらでもあります。

　でもこれを言い換えれば、何万人もの人の命を救うこともメディアにはできるわけです。そういう仕事です。だから……二転三転するようだけど、胸を張ってほしいとも思います。負い目を持ちながら胸を

イラク戦争
二〇〇三年からおこなわれた有志連合によるイラク国内での戦闘。イラク武装解除違反・大量破壊兵器の保持、アルカイーダへの協力等が疑われ、サダム・フセイン政権の排除を目的とした。アメリカのブッシュ政権の開戦に小泉純一郎首相は支持を表明。日本も自衛隊を派遣し、人道復興支援・安全支援活動をおこなった。戦闘終結後の調査ではイラクには生物化学兵器・大量破壊兵器は見つからなかった。ブッシュ政権の勝利宣言後もイラク国内の混乱と戦闘は続き、正式な終結宣言は二〇一一年のバラク・オバマ大統領によっておこなわれた。

張るべき仕事です。

「空気を読む」メディア

森　「イスラム国」による人質事件で多くの人が日本人二人の安否を心配しているときにも、「イスラム国」の中では千何百人が虐殺されているし、アフリカでは何千人が餓死している。日本の国内でもこの間に自殺している人はたくさんいるし、交通事故で無念の死を遂げた人もいっぱいいる。でも多くの人の関心は、今は人質になった二人にしか向かない。川崎中一少年殺害事件も同様です。

世界には救いを求める声を上げている人はたくさんいる。でもそこには目が向かない。メディアの目が向かないからです。そしてメディアが目を向けない理由は、遠い場所にはみんなが関心を持たないし、自殺や普通の交通事故では話題性がないからです。つくづく身勝手だと思うけれど、でも人が身勝手であるということ自体は当たり前なことだとも思います。ただしこのときに負い目を持つかどうかが重要です。つまりメディアも社会も、自分たちの身勝手さに無感覚すぎる。もっと自覚すべきです。負い目や後ろめたさをひきずるべきです。

組織メディアの萎縮も最近の問題です。ＩＳによる人質事件の直前に、爆笑問題の太田光さんがＮＨＫの番組で政治ネタを却下されたとか、サザンオールスターズの桑田佳祐さんのライブでのパフォーマンス*が政権批判だったなどとして、桑田さんと所属事務所が謝罪文を出しました。その余波に人質事件が重なって、テレビのドラマや歌番組でストーリーや歌詞の一部を、……ナイフで切るとかそのレベルらしいのだけど、削除や変更するといったことが起こりました。いわゆる自主規制ですね。でも主体なき自主規制です。だから暴走する。七月には現代美術家である会田誠の作品が、東京都現代美術館から撤去要請を受けた。クレームは市民一人だけ。作品は会田らしく、文科省や安倍首相に対してのアイロニカルな違和感の表明です。それが規制の対象になる。でも最も深刻だと思うのは、こうした要請をおこなうことで逆に物議を醸してしまう事態への想像力の欠落です。ほとんど脊髄反射になっている。なぜなら美術館も組織だからです。述語の主体が自分ではないからです。ＩＳの誘拐事件の際にも同じような萎縮が国全体で起きました。

池上　いわゆる「空気」というのがありますね。とりわけ日本社会とい

ライブでのパフォーマンス
二〇一四年のライブで新曲を歌う際に、桑田佳祐氏が鼻髭を付けていたことが現政権のあり方をヒトラーになぞらえたと批判される。また桑田氏が受章した紫綬褒章をオークションにはかるかのようなパフォーマンスで披露したことも批判された。

うのは、みんな「空気を読む」みたいなところがあって、今の大手のメディアも含め、政治家もそうですけれど、とりあえず「イスラム国はけしからんですよ」と言っておかないと、特にネットで叩かれますから、それをものすごく意識・心配をしている。どんな意見を言うにしても、とりあえず、「私もテロ行為に反対の立場です」と立場を明らかにしてから言わないと、えらい目に遭うのではないかという「空気感」が、すごくありますね。

森　国会でＩＳについての発言をする際に、議員たちは必ず最初に「卑劣な犯罪は絶対に許せません」とか、「許しがたい行為で、断固として立ち向かう」などの常套句を言います。そんなこと言われるまでもない。でも口にしないことには不安なんです。安倍首相も含めて官邸の面々も例外なくそうですね。ぶら下がり*の記者会見の際にも、「絶対に許せません」などとまずは言わないと本題に入れない。

とても奇妙な光景です。だって拉致や殺人を「許してやろうよ」なんて誰も言っていない。そんなことを思う人もいない。それは大前提です。でも「許せない」とか「卑劣な行為だ」などとまずは宣誓しなければ、安心して発言できない。

ぶら下がり
報道・マスコミ用語で、取材対象者を囲んで記者たちが質問・撮影などをおこなう。会見場などを設定する記者会見方式と異なり手軽にでき、小泉純一郎元首相などのように定期的にこれを受ける政治家もいる。

この光景には既視感があります。かつてオウムについて語るときも、「卑劣な犯罪集団だ」とか「絶対に許せません」などと宣言することを社会が暗示的に強要していました。

池上　それこそ戦前の日本社会も、誰が命令したのでもないのに、みんなが「空気を読んで」いるうちに、社会が変な方向に動いていった。最近の日本でもまた、それが起きているのかなという感じがします。そこはものすごくいやぁな感じです。

森　「報道ステーション」での古賀茂明*さんの発言について、池上さんはどのように思われますか？

池上　あのとき、私はアメリカのニューメキシコ州にいて取材中でした。yahooトピックスに上がっていて、知りました。その後、ニューメキシコのイタリアン・レストランで、広島テレビのスタッフのノートパソコンで見ました。生放送をしているテレビ局の側から見れば、とてもショックな事態ですから、テレビ局側にとっては悪夢のような出来事だろうなと思いながら見ました。

メディアの問題としてどう考えたらいいのか、ものすごく難しいですね。ただ、コメンテーターとしては、うまく言えないのですが、

古賀茂明（こがしげあき）元通産省（経済産業省）官僚。コメンテーターとしてテレビ朝日「報道ステーション」出演時に、自身の番組降板についてテレビ局、および官邸からの圧力があったと発言、「イスラム国」による日本人人質事件について政府の対応を批判。降板圧力について放送中にメインキャスターと意見が対立。著書に『日本中核の崩壊』（講談社）等多数。

「この抗議のやり方は上手じゃないな」と思いました。

森　なるほど。上手じゃない、は確かに僕も感じます。まず大前提として、ルール違反はルール違反ですね。

池上　ルール違反ですね。

森　楽屋の話をしちゃうんですから。それは報道だけじゃなくて、バラエティ番組にしても一般の社会にしても、「楽屋ではこう言ったじゃないか」と明かしてしまうのはルール違反です。それは大前提だけど、同時に、テレビってやっぱり生ものじゃないですか。それこそテレビマンユニオンを創設した村木良彦*さんや今野勉*さんたちが発表した本のタイトル『お前はただの現在にすぎない』というまさしくあのフレーズです。あんなおもしろい「現在」はなかった。

池上　それはそうですね。こんなにおもしろいものはない。

森　僕もリアルタイムで見ていないけど、リアルタイムで見た人は、たぶん誰もチャンネル替えていないと思います。

池上　のけぞりながら見たでしょうね。

森　テレビの醍醐味を提示してくれたわけですから。楽屋話をすることはルール違反とさっきは言ったけれど、でも報道の現場ですから、通

村木良彦（むらきよしひこ　一九三五～二〇〇八）
テレビプロデューサー、テレビマンユニオン設立、社長等を務める。著書に『お前はただの現在にすぎない』（朝日文庫）他。

今野勉（こんのつとむ）
テレビ演出家・脚本家、テレビマンユニオン取締役・最高顧問。著書に『テレビの嘘を見破る』（新潮選書、二〇〇四年）他。

常のルールが嵌らなくなることもあっていいと思います。いろんな考え方があっていい。同時に、「圧力とは何か」という問題提起は重要です。

池上　難しいのは、圧力があったと言っても、テレビ朝日は圧力はないと言っているでしょ。それは安倍首相本人や、菅官房長官から、「古賀氏を降ろせ」と直接電話するようなことはしないですよね。そういう意味では、圧力があったという証拠はないわけです。

森　圧力についての議論では常にそうですね。直接的な証拠はまずありませんね。

池上　そのところで水掛け論になったりするのが普通でしょう。そういう意味では、「圧力をかけられました」と言うのは、理論武装として弱いですよね。

森　僕もそう思います。圧力があったとしても、それに対抗する戦略として楽屋話をばらすという方法はちょっとずさんです。そもそも圧力はあって当たり前なんです。問題はメディア側の対処です。

それで思い起こしたのは、二〇〇一年にＮＨＫが従軍慰安婦についての民衆法廷を扱ったＥＴＶ特集番組*です。この時期は官房副長官だ

* 従軍慰安婦についての民衆法廷を扱ったＥＴＶ特集番組
二〇〇一年一月三十日、ＮＨＫ、ＥＴＶシリーズ２００１「戦争をどう裁くか」第二夜「問われる戦時性暴力」が、放送前に与党政治家の発言によって内容が変更されたという事件。この事件についてＮＨＫの主張と朝日新聞報道が対立し注目された。

った安倍晋三議員と中川昭一議員が、放送前にNHKに圧力をかけたと朝日新聞が報じました。それに対して安倍官房副長官は、「公正中立にやってくださいと言っただけ」と答えています。語尾のニュアンスはともかくとして、発言としてはたぶん、そのとおりなんです。この場合に考えるべきことは、このフレーズを口にした議員が政府の要職にいたということです。そんな立場にいる人がNHKの職員に対して「公正中立にやれ」と口にするということは、「われわれはこの番組を公正中立じゃないと見なしている」とのバイアスをかけることと同義です。その意味では立派な圧力です。でももっと大きな問題は、結果的に政治的介入を求めたNHKの側にあります。

池上　あの従軍慰安婦に関する民衆法廷の番組で問題だったのは、NHK側が自らわざわざ安倍さんに説明に行ったことです。説明に行くから、聞いた側としては「中立公正にやってくださいね」としか言いようがないですよ。番組の内容を政府側にわざわざ自ら持って行って、おうかがいを立てることから間違っていたと思います。

森　古賀さんの件で菅官房長官が会見で「放送法*」という言葉を持ち出しました。これに対して、圧力だと怒っている人がいるけれど、放送

放送法
日本の放送事業に関する法律。公共福祉に則した放送や政治的公正性、事実に基づく報道等が定められ、法律に定める権限に基づく場合でなければ、放送については何人からも干渉または規律されることがないとしている。

法には実は逆の役割がある。三条や四条です。「何人からも干渉され、又は規律されることがない」と明記されています。もちろんだからと言って好き勝手にできるということではない。でも少なくとも権力からの圧力に対しては、充分に盾になるはずです。

池上　まったくそのとおりです。

森　ところが放送法をちらつかせられて萎縮している。要するに大前提として、メディアがあまりにも情けないんです。

池上　そのことについては安倍首相自身が言っていますね。私が何か言ったということで、それで萎縮するということがあるとすれば、それはマスコミの側が情けないと。国会でそう言われた。安倍さんの言うとおりです。これはメディアのほうこそ本当に情けなかった。この程度のことで萎縮するのは、メディアとしてやっぱり情けないことですよね。それを政府側の安倍さんに言われるとは、二重に情けなかったですよね。

森　ここまで言われたなら反駁すればいいのに、そういう気配は全然ないですね。

池上　これまでのテレビの歴史で言えば、政治家は圧力をかけるものなのです。政府がマスコミに圧力をかけるのは、どこの国でもいつの時代でも当たり前です。政府は報道内容などについて少しでも自分に都合のいいようにしようとするわけで、実にいろんなことを言ってきます。よく、どこそこの政治家から圧力がかかったなどと大騒ぎしていますけど、そもそも政治家は圧力をかけるのです。どこの党派だろうが、自分に都合のいいことを主張してきますが、マスコミはそれをはねのけなければいけない。あるいは、もっと上手に対応しないといけません。圧力を受けた人が「そうですか」とか、「以後、気をつけます」とかまで言うかどうかはともかく、「言いたいことはわかりました」と言って、そこで止めておけばいいんです。それを部下に、「政府がこんなことを言ってきたぞ！」と伝えるから、圧力がかけられたとか、自主規制しようとかいう話になるんです。対応した責任者がそこで止めておけばいいんです。

繰り返しになりますが、政治家が圧力をかけるのは政治とマスコミの関わり合いの中では、いつでもどの国でも当たり前のことなのですから。

――池上さんご自身は、今まで圧力をかけられた経験はありますか？

池上　テレビでちょっとどこかの省庁の批判を言うと、すぐにその省庁から「ご説明に上がりたい」と連絡が来ますよ。あるいは逆に、省庁が私に「ご意見をおうかがいしたい」と言ってくるパターンもあります。「ぜひ、ご意見をおうかがいしたい」と熱心に言われても、いったい私に何を聞きたいのか判然としませんが、会ってみると何のことはない、向こうが一方的に説明しておしまいみたいなことが多いですね。

森　池上さん、ものすごく忙しいと思うけれど応じるのですか？

池上　忙しいから、だいたい「会えません」「時間がないんです」と断るのですが、「そこをなんとか、三〇分でも」と言いますから、それじゃあ大学の研究室で会いましょうと答えますと、省庁の担当の人が来ます。それが〝圧力〟かどうかはわかりませんが、こうやって世論操作というか、いろんな影響力を及ぼすのだろうなということがありますね。

森　そこで「はいはい、そうですか、拝聴いたしました」って池上さんはできるけど、組織の中にいる人たちは、特に上層部になればなるほど、「ご説明に上がりたい」と言われた段階で、これはまずい、どうしようかとあわてるのでしょうね。

池上　〝説明〟に来てくれる省庁の方々は、私が取り上げたテーマについての資料をくれるので、私としてはしめたと思うわけです。フリージャーナリストでそういう情報を得るのはなかなか大変ですから。組織ジャーナリズムなら記者クラブでいくらでも資料を受け取れるけれど、フリーの人間が資料を手に入れるのは大変なんです。それを、ごっそり持ってきてくれるんだから、むしろラッキーって思う部分もありますね。

同じ轍《てつ》を踏むのか

森　このまま忘れ去ってはいけないと思うので、ＩＳの人質事件についてもう少し話します。後藤さんがＩＳに拘束されていることを知りながら、政府は何も手を打たなかったことが明らかになっています。これを追及されると、「交渉することはテロに屈することになるからだ」と言い始めている。でも、特に初期の段階において人質を取って身代金を要求する行為は、明らかに営利目的です。政治的な要求は何もなかった。そもそも最初の段階で、ＩＳは自分たちの素性を明らかにしていません。これはドイツやフランスなどに対しても同じですが、名前を明かしてしまうとテロに屈するとして身代金を支払いづらくなるからとの配慮です。ところが安倍政権は、最初の段階で交渉しなかった理由はＩＳと断定できなかったからと言っている。同時に交渉することはテロに屈することになるからしなかったとも言う。二枚舌どころではない。明らかな破綻であり矛盾です。でもメディアは追及しない。

いずれにせよ初期の段階で、テロと呼ぶことには無理があります。当初の要求額は一〇億円でした。でも安倍首相がカイロでＩＳと戦う国に二〇億ドルを提供すると言った直後、ＩＳは要求額を二〇億ドルに引き上げ、さらにヨルダンで拘束されていた女性死刑囚の解放を条件にしてきた。つまり何も手を打たなかった結果として、営利目的の犯罪が、政治目的であるテロにスライドしてしまった。

もちろん、仮に一〇億円支払ったとして、そのお金が武器の購入などに使われるとか、第二、第三の人質事件が発生するとか、いろいろなリスクは考えなければいけないけれど、少なくとも「交渉する」

ことは「テロに屈する」ことと同義ではないはずです。「テロに屈する」とか「テロと闘う」という言葉が、あまりにも独り歩きして硬直してしまっている。これは世界的な現象でもあるのですが。

でもこうした発言をすると、「IS側だ」とか「テロを擁護するのか」などと叩かれる。説明するまでもなく擁護などしていません。でも少しでも政府や多数派と温度差がある発言をすると、いきりたってつぶそうとする。その傾向が日々強くなっているような気がします。

池上　テレビ朝日の「報道ステーション」が、「イスラム国」はそもそもどんなところかを報じたことに対する攻撃を思い起こします。イタリアの女性ジャーナリスト、ロレッタ・ナポリオーニの『イスラム国　テロリストが国家をつくる時』*（文藝春秋）という本が出て、私はその解説を書いています。テレ朝は、この本に依拠して番組をつくって彼女のインタビューもしていました。この本で著者は、「イスラム国」は単なる従来のテロリストではないことを明らかにしています。自爆テロについても決算報告書がある。一つひとつの自爆テロについて損益計算をきちんとしている。とてつもない、「しっかりとした」という言い方は語弊があるかもしれないけれど、そういう組織だとい

ロレッタ・ナポリオーニの『イスラム国　テロリストが国家をつくる時』　PLOやIRA等を研究したイタリアの対テロコンサルタントによるイスラム国のレポート。村井章子訳、池上彰解説、文藝春秋、二〇一五年刊。

うことを分析したものです。それを「報道ステーション」で扱ったら、「「イスラム国」を礼賛するのか！」という批判が出ました。

しかしこれは、敵を知らなければいけないという意図で報道された話です。敵がどういうものなのか？　彼らがなぜこんな残虐なことをするのか？　という内在的な論理を知ってこそ、さまざまな対応が取れるのに、「こんなすごい組織だ」と分析するだけで、「テロリストの味方をしているのか!?」と叩く。

ふと気づいたのは、太平洋戦争が始まったときのことです。日本は「敵は鬼畜米英だ」「敵性語を学ぶとはけしからん」という風潮になりました。英語を勉強しようとすると、敵の言葉を勉強するのはけしからんと言って叩かれましたね。あのときに、ドイツ語の本を持って歩いていた人が、英語の本だと勘違いした警官に怒られた、という話があります。その人は、「これは同盟国ドイツの言葉だ」と反論したそうです。

対するアメリカは対日戦争開戦を受け、直ちに日本はどういうところかを徹底的に分析しました。そこからルース・ベネディクト*の『菊と刀』という文化人類学の本も生まれた。あるいは大量の日本語要員

ルース・ベネディクト（一八八七年〜一九四八）
アメリカの文化人類学者。第二次世界大戦時、戦争に伴う研究に招聘される。実際に日本を訪問することなく文献研究によって日本の倫理や美意識などの研究をおこない著書『菊と刀』にまとめる。

を養成しました。ドナルド・キーン*さんは軍の日本語要員として養成され、日本が大好きになって、ついには日本人になってしまった。

アメリカはまず敵を知るというところから始めた。一方、日本はとにかく「敵のことを勉強するとはけしからん」という態度にこり固まってしまった。これでは日本が負けるに決まっています。

その当時と、精神構造はまったく同じだなと思いました。「報道ステーション」が「イスラム国」は単なるテロリストではない、こんなすごいところだと解説しただけで、「「イスラム国」を礼賛しているのか」と叩く。日本ってまったく変わっていない。この精神構造は何なのかと思います。

森　その「変わらなさ」は国会も同じですね。人質事件について細野豪志*議員が質問したとき安倍首相は「テロリストの心情を過剰に忖度《そんたく》してはいけない」と言いながら一切の交渉に応じないことを正当化した。あきれました。誰も「忖度せよ」などと言っていない。しかし「何をどう考えているのか?」「その条件の本音は何なのか?」くらいは探らないといけない。人命がかかっている事態です。結果として今の政権は、二人を見殺しにしたと僕は思います。

ドナルド・キーン　アメリカ出身の文学者。古典から現代文学まで幅広い研究・翻訳で有名。東日本大震災後、日本国籍を取得。

細野豪志（ほそのごうし）　民主党衆議院議員。環境大臣、内閣府特命担当大臣（原子力行政・原子力防災担当）、首相補佐官などを歴任。

戦前の日本は、勝ち目がないとわかっていながら、なんとなく戦争に向かって進んでしまった。その意味では敵の内在的な論理だけではなく、自分たちの内在的な論理矛盾からも目をそむけてしまった。ひたすら視野に置いたのは、皇国日本やアジアの盟主などのフレーズにシンボライズされる皇国史観です。つまりロジックではなくファンタジー。だからこそ記憶もできない。

池上　そういう歴史をきちっと学習していないというか、検証するということがまったくないわけです。現に今も国会議員に「あれは自衛戦争で、侵略戦争じゃなかった」と言う人がいるのだから。

森　特に二十世紀以降、純粋な意味での侵略戦争など存在しません。すべての戦争は防衛戦争です。自衛の意識が導火線になって、結果的には抑止力だったはずの軍事力を使いながら他国を侵略します。防衛か侵略かなどの議論をいまだに続けていることこそが、救いようがないほどに浅い歴史観の現れです。本人は防衛のつもりでも、違う視点から見れば侵略になるのです。

池上　そんな流れの中で、そもそもあの戦争がどういう戦争だったかということを、きちんと論理的に検証しないまま、なんとなく日本も悪いことをしたかもしれないけど、いいこともやったんだ、日本軍はこんなに感謝されているみたいな、そんな話になってしまったら、まったくダメでしょう。

森　後藤さんと湯川さんの拘束が明らかになったとき、例の自己責任論も、また一部で取りざたされました。二〇〇四年にイラクで拘束された高遠菜穂子さんたちの事件*で表面化した論ですね。あのとき、自己責任論を最初に出したのは『週刊新潮』です。その後に『週刊新潮』の記者に「あれはひどいね」と話したら、「内実はちょっと違うんだ」と言う。編集部としては「世論の逆を張れ」が雑誌ジャーナリズムのテーゼと考えていたので、三人が拘束されたとの第一報を聞いたとき、当然ながら世間は「救え」という風潮になると考えて、逆に張ったつもりが全部こっちにきてしまったと説明されました。

同じ『週刊新潮』の記者でも、そんな単純ではないと言う人もいたから、多少は割り引いて聞いたほうがいいかもしれないけれど、社会の座標軸がいつのまにか変わっていたということは間違いないと思います。そのスパンはこの二十年、つまりオウム以降です。

外務省の退避勧告を無視してあんな危険なところに行ったのだから

高遠菜穂子さんたちの事件
二〇〇四年、イラク戦争下に起きた日本人人質事件。イラクの武装勢力が高遠さんたちを誘拐監禁したうえで、サマーワ駐留の自衛隊の撤退を要求。日本政府はこれを拒否するも解放に全力を挙げると表明。地元有力者たちの協力等を得て解放される。日本国内における報道や評価をめぐり議論となる。

自己責任だという人たちがいるけれど、「あんな危険なところ」という前提は誰が決めたのか？　組織メディアも含めた誰か、後藤さんのようなジャーナリストが行かないと、危険であるかどうかはわからない。あまりにも倒錯しています。

現場の自由、表現の自由

池上　その事件に関連して、私はものすごく衝撃的だったことがあります。人質事件が発覚した後、クルド人の民兵組織ペシュメルガ*が「イスラム国」を撃退して、交通の要衝であるトルコ国境の街、コバニを取り戻した。その状況を世界にアピールするためにクルド人がメディアツアーを実施した。これに朝日新聞のイスタンブール支局の記者が現地に入り、コバニが瓦礫になっていると報告した（二〇一五年二月一日）。同時に、朝日新聞の別の記者がシリア政府の許可をとってアレッポに入って、これを報道しました。

朝日の記者がコバニに入ったことを、読売新聞（二〇一五年一月三十一日）が叩いたんです。その後、産経新聞（二〇一五年二月一日）が追っかけて叩いた。

*ペシュメルガ
クルド人戦闘部隊。フセイン政権時代は山岳ゲリラ程度の規模であったが中東情勢動乱の中、戦歴を重ね存在感を増し、対「イスラム国」戦では主要な戦闘を担うに至る。

森　文面そのものは叩いたとまでは言えないけれど、記事になる理由は明らかで、政府の勧告を朝日の記者が無視したとのニュアンスが書かれていました。

池上　朝日をあからさまに批判しているわけではないけれど、批判的な報道というか、外務省の勧告に従わずに行ったという記事です。

後藤さんたちの人質事件の後、朝日の記者がシリアに入った。朝日の記事を読むと、いかに安全に気をつかっているかが伝わってくる、ものすごく配慮した記事になっています。現場のことを知っている者ならば、常識的にコバニは大丈夫だろうと判断できます。確かにコバニはトルコとの国境線のぎりぎりのところだけど、一応シリア領内です。それだけで杓子定規に外務省が行くなと言っている。それなのに、外務省の指示に従わなかったという理由で、暗に批判している。その論理で言うと、外務省という国の役所が、こういうことをしちゃいけませんよと言うのに逆らったからけしからん、という話ですよね。

では外務省の退避勧告が出ていたら、読売新聞はもう絶対にどこも取材しに行かないのか、ということになってしまいます。

森　要するに御用ジャーナリズムですね。

池上　政府の言うがままになって、本当にそれでいいのか？　では今、メディアの現場での自由、表現の自由をどう考えているのか？　ということです。外務省の渡航情報は四段階に色分けして表示されますが、一番危険な「退避勧告」の赤から、四番目「十分注意」の黄色までの、どこで線引きをするのか？　赤いところは行かないと決めたとしても、では、ヨルダンは黄色だからいいのか？

読売新聞も産経新聞も、日常的に外務省や防衛省などの役所に取材をしています。その情報を国民に知らせようとするときに、省庁の側は、「私たちには守秘義務がありますから、そんなことは言えません」という対応が日常的にあります。もし政府の言うがままならば、そこで取材をやめなければいけない、ということです。読売も産経も、そういうことに論理的に繋がっていくと、気づいていないのではないでしょうか？

森　本当に気づいていないのかな。だって権力監視はジャーナリズムにおける最大の基本要素です。菓子メーカーの人がお菓子は何のためにあるのか知らないに等しいですよ。

池上　ある読売の記者に、「この記事は恥ずかしいと思わないの？」と訊いたら、「思います」と言っていました。「その姿勢はジャーナリズムとして恥ずかしいと思います」と言う記者はいます。

森　一人ひとりに聞けば、そんな答えが返ってくるはずです。ところが結果的に「恥ずかしい」紙面になってしまう。個の感覚ではなく組織の論理を優先させるからでしょう。この場合の組織は営利企業としての組織です。つい先日の産経紙面で、国会で民主党の議員が安倍首相に質問したときの描写で、「まくし立てた」と書いていました。主観を出すべきと僕は言ったけれど、この出し方はダメです。記事としては使うべきではない述語です。これを使うのなら「一方的にまくし立てたと私は感じた」とすべきです。

一昔前は逮捕されたばかりの容疑者を形容するフレーズとして、「朝食をぺろりとたいらげ」が当たり前のように記事に使われていました。実際に食べたかどうかわかるはずがない。慣用句です。さすがにもうそんな記述はほとんどなくなったと思っていたけれど、「まくし立てた」は意味合いとして「ぺろりとたいらげ」と同じです。多くの自社内記者が目にしているはずなのに、なぜ違和感を持たないのか。おそらく一人ひとりは持っているはずです。でも自民党を応援しろとの組織の方向が、個の思いや違和感を踏みにじってしまう。
特に朝日バッシング以降、組織メディアのあり方とジャーナリズムの葛藤のあいだの乖離が、さらに広がってしまったという感覚があります。産経と読売の論調にも、より一層の拍車がかかっているという気がします。もちろん根底にあるのは市場論理です。決してイズムやイデオロギーではない。産経や読売が政権与党を支持するかのような記事を書く理由は、政権与党を支持する読者が多いからです。これは逆の意味で朝日や毎日、東京*にも言えます。日本の新聞は世界でも珍しい宅配制度ですから、どうしても読者の望む方向に造形されやすい。ある意味で仕方ないけれど、市場原理に埋没して以前より購読者が増えているとは思えません。

池上　新聞の購読者は決して増えていないですよ。

森　ついこのあいだ会った産経社会部の記者に「朝日を叩いて購読者は増えましたか?」と訊いたら、苦笑いしながら「むしろ減りました」と答えていました。

池上　読売新聞も大きく部数を減らしましたね。

森　朝日の購読をやめて産経に移るという人は、まずいないです。

東京新聞
中日新聞の東京本社が発行する日刊紙。一九五六年、東京中日新聞として刊行始まる。

池上　関西に、朝日と産経を扱っている新聞販売店があって、「朝日で誤報があったから産経にしましょう」と、熱心に勧誘して変更させたら、産経に切り替えられた購読者があっという間にやめちゃったという話を聞きました。

森　一度は産経を読んだけど、これはちょっと違うぞ、ということなのかな。

池上　朝日を読んでいて、いきなり産経を読んだら、それは衝撃でしょう。結局、その販売店は購読者をごっそり減らしたということです。

――池上さんは、ジャーナリストとして紛争地域など危険地帯での取材の自由をどう考えられますか？

池上　私は、イラク国内の治安維持権限をアメリカがイラクに移譲*した直後、ようやく少し落ち着いてきた頃にイラクに行きました。当時、イラクはまだかなり危険だと認識されていたので、大手メディアの社員は行けなかったのです。ちょうどＪＩＣＡがバグダッド事務所を開設したばかりだったので、ＪＩＣＡにお願いして、ＪＩＣＡの契約カメラマンと一緒に私がイラクに入って取材することにしました。

治安維持権限をアメリカがイラクに移譲
二〇〇四年六月にはイラク暫定政権は行政についての権限を回復していたが、二〇〇六年九月になってイラク戦争後の混乱収拾にめどがついたとしたアメリカ軍から、治安維持活動についての権限も戻され始めた。

そのときの私の判断は、私たちよりはるかに多くの情報を持っているＪＩＣＡが事務所をつくったということは、十分な警戒をすれば、そんなにリスクのないやり方で取材も可能だということです。ならば現場に行きます。

イギリスの民間軍事会社に警備してもらって防弾チョッキを着て、防弾車に乗り、さらに助手席に銃を持った軍事会社の要員がいるという状況でした。そのとき警備の軍事会社が毎日、朝晩必ず安全ブリーフィングをして、「こういう情報があるから、今日はこれはやめましょう」など、細部に至るまで慎重に判断します。これは徹底していました。

このとき、凄く不謹慎ですけど、実は内心、嬉しかったんです。もし私がどこかのメディアの社員だったら、会社から退避の業務命令があって絶対に行けなかった。私はフリーランスになったので、自分の責任で行くことができたからです。

もちろん組織メディアの記者たちにも、現場で取材したいという思いがあるけど、今は前よりはるかにコンプライアンスというのに神経質になりましたから、なかなか危険な場所に行かせてもらえません。

森　バクダッドに米軍が侵攻してきたときも、日本の組織ジャーナリズムは基本的にはすべてバクダッドから消えました。本社から退避せよと業務命令がくるからです。残ったのはフリーが数人です。欧米のメディアはすべて残っているのに。

池上　その点については、すごい葛藤がありますね。危険な現場にはフリーランスの取材者がいるからいい。そうするとテレビ局に抗議が来たりします。「おまえら社員たちは危険なところに入らないで、フリーランスに危険なところに行かせて取材させているんだろう」と言われちゃうと、「おっしゃるとおりです」ということになります。しかし、誰であれ紛争地域など危険な現場には取材に行かせないとすると、フリーランスの映像も使わないという方針になってしまう。NHKで一時期、その方針が採られたことがありました。後藤さんの映像を使うと、NHKは自分では危険なところに行かずに、フリーランスの後藤さんを危険なところに行かせていると批判を受けるから、使うなとなってしまう。そうなると、後藤さんの仕事がなくなることになってしまいます。

森　うーん。

池上　実は以前、こんなことがありました。私が某テレビ局に、「イラクやアフガニスタンに行って取材をしたい、それを番組にしてもらえるか？」と訊いたら、「リスクを事前に知っていてフリーランスに頼んだということになると、コンプライアンス上、問題になりますから、それはできません」と言うのです。「一切、私どもに言わないで、カメラを持って入って、『実はこんなものが撮れた』と、帰ってきてからお持ちいただければ、『それじゃ、やりましょう』という形でなら可能です」と言われました。

森　ディレクター時代、小人プロレスラーのテレビ・ドキュメンタリーをつくりました。彼らの試合はテレビでは放送されません。もちろん自主規制だけど、放送すると実際に抗議も来るらしい。ただしその抗議は、「あんなかわいそうな人たちをなぜ画面に晒すのか」的な抗議です。つまり抗議する側としては善意のつもりです。その結果として小人レスラーたちはどんどん活動の場を失って、隅に追いやられていきました。その構造に似ていますね。結果としてフリーランスはつらい立場に追い込まれる。危険な目に遭わせるなとの善意の声で。

池上　フランスの通信社ＡＦＰが、フリーのジャーナリストが危険な場所で取材した映像などを使わないという方針を出しました。しかし、それでは、フリーランスの仕事がなくなります。

——新潟市のフリージャーナリストが、シリアに渡航しようとしているということで旅券を返納させられるという事件*がありました。これに対するジャーナリズムの対応も鈍かったと思います。

池上　パスポートを取り上げるなんて、アメリカのジャーナリズムでは考えられないですよね。

森　初めて聞きました。

池上　いわゆる先進国では、まずあり得ないことです。

森　まるで国全体が小学校のようです。

池上　新潟市のジャーナリストの件については、どこかになんとなく差別意識がありますよね。「あの人は、昔からのバリバリの戦争ジャーナリストじゃない。いろいろ撮影しているうちに、最近、関心を持った人ではないのか」というちょっと距離を置いた見方ですね。これが筋金入りの戦争ジャーナリストとして昔から闘ってきた人なら、そういう人からパスポート取り上げるってけしからんという話に、多くの

*旅券を返納させられるという事件　二〇一五年二月、シリア渡航を希望していたフリーカメラマン杉本祐一氏に外務省職員がパスポート返納を要求、警察官を伴い自宅を訪問し、応じなければ逮捕もあり得ると返納させた。

ジャーナリストたちがなったと思いますが、「えっ？　今になってシリアに取材に行くのか？」みたいな意識が、マスコミ全体にちょっとあったような気がします。「イスラム国」人質殺害事件での、後藤さんと湯川さんを報道が分けたのと似ているような感じがあるように思いますね。

——『シャルリ・エブド』襲撃事件では、表現の自由について問われました。

森　デモの後にフランスにいた人から、決してみんなが「私はシャルリ」と言っているのではない、フランスの世論は一枚岩ではないと聞きました。そもそも『シャルリ・エブド』をほとんどの人は読んでいません、とも。

池上　それはそうですよ。事件直後に七百万部刷りましたけど、事件前の部数は三万部ですから。

森　三万部って『週刊金曜日』*くらいかな。

池上　『シャルリ・エブド』は下品なイラストが多いというので、読む人は限られていました。私はよく『東スポ』みたいなものだと言って

*『週刊金曜日』
株式会社金曜日発行の週刊誌。一九九三年創刊。創刊時の編集委員には石牟礼道子、井上ひさし、久野収、本多勝一、筑紫哲也、椎名誠等がいた。

います。

森　まず大原則を述べます。表現の自由というテーゼは、それを抑圧する政治システムや国家権力に対して行使するべき概念です。もしもそれによって傷つく可能性のある一部の弱者がいるのならば、安易に行使すべきではない。

池上　同感です。

森　『シャルリ・エブド』はイスラムだけでなく、キリスト教や自国の現政権に対しても同じように辛辣な批判をしていると言う人がいるけど、『シャルリ・エブド』にもタブーがある。ユダヤ批判です。特にヨーロッパでは絶対的なタブーです。でもユダヤ民族は存在しません。ユダヤとは宗教的なアイデンティティだから、正確にはユダヤ教徒です。ならばユダヤ教に対しては配慮して、イスラムに対しては配慮しないというダブル・スタンダードになる。決して全方位ではない。

　ISやアルカイダを徹底して批判して風刺するならば、それはまったくOKだと思います。でもムハンマドへの侮辱は位相が違う。一般的なムスリムにとって、ムハンマドは言ってみれば、父親的存在でありアイデンティティの一部でもある。男性とディープキスしているとかお尻の穴を晒しているとか、そんなイラストを掲載されたら怒って当然です。それは風刺ではない。ヘイト表現です。

　襲撃事件後に全世界的に湧きあがった表現の自由礼賛に対して、アメリカは不思議なくらいに冷淡でした。パリでおこなわれた例の首脳たちのデモにも、オバマは参加していません。

池上　オバマのデモ不参加は失敗だったという声もアメリカで上がっていましたが。

森　でも翌週の『ニューズ・ウィーク』を見ても、記事の半分以上が『シャルリ・エブド』への批判です。推測だけど、アメリカ人には9・11のあとにテロと戦えと高揚して失敗したという教訓があるのではないでしょうか。結果的にはイラク侵攻が起因となってISが誕生しているわけですから。力任せでいろいろどうしようもない国だけど、そのくらいの学習能力はあるということかな。

　北朝鮮のサイバーテロを恐れて、「ザ・インタビュー」*という映画をSPE（ソニー・ピクチャーズエンターテインメント）が上映しないと発表したとき、オバマ大統領は「どんな内容であろうが表現の自由は守られるべきで絶対に上映すべきだ」と公式にスピーチしました。そ

「ザ・インタビュー」
二〇一四年制作のアメリカのコメディ映画。北朝鮮の指導者を暗殺するストーリーが北朝鮮から抗議を受け、さらにソニー・ピクチャーズエンタテインメントがサイバー攻撃を受けたとして一時は公開見送りを決定するも、オバマ大統領等米国内から表現の自由を守るべく公開するべきだという声明や要請が相次ぎ公開になる。

「靖国 YASUKUNI」
李纓監督の日中合作のドキュメンタリー映画。二〇〇八年公開。靖国神社を中心に撮影された作品で、内容が「反日的である」という抗議が国会議員や右翼団体から相次ぎ、上映を中止する映画館も出た。

の結果としてSPEは上映に踏み切った。一国の大統領がB級映画の上映についてムキになって発言する。さすがアメリカだと思ったけれど、でも考えたら、日本だって過去に「靖国」*とか「ザ・コーブ」*などの上映中止騒動が起きたとき、稲田朋美とか有村治子など自民党の国会議員が公式に発言していました。ただし彼女たちは、「この映画は上映すべきではない」と方向は逆の主張でしたが。

アンジェリーナ・ジョリー*が太平洋戦争の日本の捕虜収容所を描いた「アンブロークン」*も日本では上映できない。安倍首相がそれに対して「表現の自由は守らねばならない」と発言するわけがない。彼を支持する保守やネトウヨ的な層から反発されますから。でもオバマはムキになって怒った。アメリカ大統領が暗殺される映画であっても、表現の自由は守らねばならないと発言するはずです。実際に過去にそんな映画はたくさんありますから。やはり表現の自由についてのアメリカの意識は本物だと認めざるを得ない。

ジャーナリストとは

池上　ジャーナリストというのは、現場に行って、現場のことを伝える

「ザ・コーブ」
二〇〇九年公開のアメリカのドキュメンタリー映画。和歌山県太地町でのイルカ漁を主題とする作品。イルカ漁を批判する内容で、盗撮や虚偽等も問題となり上映反対運動が起き、上映を見送った映画館も出た。アカデミー賞長編ドキュメンタリー映画賞受賞。

アンジェリーナ・ジョリー
アメリカの女優・映画プロデューサー。慈善活動も活発におこない国連難民高等弁務官事務所親善大使も務める。

「アンブロークン」
アンジェリーナ・ジョリー監督・製作のアメリカ映画。二〇一四年公開。第二次大戦中、日本軍の捕虜になった米兵の体験を描く。日本兵の残虐行為の場面が描かれている等で話題になる。

という役割があります。誰にも伝えられない現場で起きていることは忘れられた、存在しないものになってしまうのです。

よく例に出すのは、スーダン内戦*です。中断をはさんで足掛け三八年間、内戦がずっと続いていた。今のような通信手段もない状態で、「アフリカの奥地でなんか戦争をやっているらしいよ」という希薄な情報がかすかに伝わるけれど、まとまったニュースとしてはほとんど報道されない。誰も報道しないと、社会的にはその事実そのものがなかったことになってしまう。ずっと内戦で悲惨な状況が続いて、結局、およそ二〇〇万人が死んでいます。農業もやっていられない状態で内戦が続くので、飢餓が始まる。

飢餓が広がっていったときに、南アフリカのカメラマン、ケビン・カーター*が現地に行って、後にピュリッツァー賞をとる写真を撮りました。「ハゲワシと少女*」という作品は、飢えている少女が砂漠でへたりこんでいて、その後ろにハゲワシが降りてきて、その子が死ぬのを待っているという写真です。一九九三年に『ニューヨーク・タイムズ』に掲載され、翌年にピュリッツァー賞を受賞します。しかしカーターは、写真を撮る余裕があったならなぜその子を助けなかったのか

スーダン内戦
二十世紀中頃から主に南北間での内戦状態が続き「アフリカ最長の内戦」といわれた。またアラブ系とアフリカ系住民間に「ダルフール紛争」も起き国連の仲裁がおこなわれるも「世界最大の人道危機」といわれる混乱が続いた。二〇一一年には南スーダン共和国が独立するも、クーデターなどもあり戦乱収拾のめどはまだ立っていない。

ケビン・カーター（一九六〇〜九四）
報道カメラマン。南アフリカ共和国出身。スーダンの内戦と飢餓問題を取材し、「ハゲワシと少女」を撮影。写真公開後、少女を助けずに撮影を優先した非人道的行為として非難された。ピュリッツァー賞受賞、自殺。

「ハゲワシと少女」
一九九三年、スーダン南部の村で撮影された。食糧配給所のある村で餓えに苦しみ両手で顔を覆いながら地面に伏せる少女の背後に、死を待ち構えるようにハゲワシが着地して近寄る場面。

とバッシングを受け、授賞式の一カ月後に自殺してしまいました。

森　批判に耐えかねたとの見方もあるけれど、カーターは遺書を残していないので真相はわかりません。

池上　母親と一緒にいた少女が動けなくなって、母親は支援の食糧を取りに行った。そのときにハゲワシが地上へと降りてきた。そこでカーターはレンズを向けた。

森　放っておいても、ハゲワシに襲われることはなかった……。

池上　そう、実はなかった。撮影後、その少女はよろよろと立ち上がって母親のほうに行ったとカーターは言っています。しかし、写真は独り歩きするわけです。あの写真だけ見たら、「撮影なんかしている場合じゃないだろう!」となります。

森　もしも自殺の理由がこの写真であるならば、カーターは本当にナイーブすぎる感性だったのだろうと思います。

池上　皮肉なことにこの写真をきっかけに悲惨なスーダン内戦のことが世界に伝わり、なんとかしなければいけないという国際世論の中、国連が動き、周辺の国々が仲介に入り、内戦が収まったのです。そして、スーダン南部は南スーダンとして二〇一一年に独立を果たした。

あの写真がなければ、スーダン内戦はいつ終わったかわからない。誰かが行って、伝えないと忘れられた戦争になってしまう。たぶん後藤さんは、いつもそういうことを考えて、現場に行ったのだろうと思います。

二〇一四年に「イスラム国」になぜ行ったのかは、詳しい事情はまだわかりませんが、彼は基本的にそうした思いでずっと戦地に足を運んでいたということです。私は後藤さんを信頼してきたし、尊敬するジャーナリストだと思っています。

森　確かに、あの時点でシリアに行ったことは不思議です。ランボーじゃないのだから、単独で湯川さんを救出などできるはずがない。例えばISの幹部クラスから接触があったとか、後藤さんなりに成算があったはずだと思いたい。

本当はこうした経緯も含めて検証もきちんとやるべきだし、それは決して後藤さんの意に反してはいないと思います。でも今はISについては下手な取材はできないみたいな、妙な自粛的な雰囲気が強くなっていて、それもとても気がかりですね。

――ジャーナリストとして後藤さんが命をかけて何を伝えようとしたのか、その真意を検証しようというメディアの姿勢が薄いと感じます。

池上　後藤さんを殺害したとする映像が出た後、ＮＨＫ「あさイチ」*でキャスターを務める解説委員の柳澤秀夫*さんは、ニュースでいろいろ言われているけど「一番、僕らが考えなきゃいけないことは、後藤さんが何を伝えたかったか、ということ」だと言いました。まったくそのとおりです。

私が後藤さんに初めて会ったのは二〇〇二年、「週刊こどもニュース」に彼が出てくれたときです。アフガニスタンではタリバン政権*の下で女子は学校に行かせてもらえなかったのですが、タリバン政権が崩壊して、ようやく女の子も学校に行けるようになった。後藤さんはその取材の中でマリアムちゃんという女の子を取り上げて、学校に行けるようになったけれど、学用品を買うお金がない。ノートも鉛筆も持っていない。そのときにユニセフにそうした子どもたちを援助する仕組みがあることを知って、学校を訪ねたときのことを話してくれました。そうしたら、学校に行けない子どもたちが教室の外に大勢群がって、授業を受けている子どもたちをうらやましそうにのぞいている

「あさイチ」
ＮＨＫテレビ総合で放映されている朝の情報番組。生活情報のみならず社会的時事問題の解説などもおこなう。

柳澤秀夫（やなぎさわひでお）
ＮＨＫ解説委員。湾岸戦争時にはイラクにて特派員を務める。「あさイチ」ではニュースなどへのコメントや解説を担当。二〇一五年、後藤健二氏殺害が明らかになったことを受け、「あさイチ」にて、後藤氏が何を伝えようとしたのか考えるべきだと訴えかけた。

タリバン政権
イスラーム主義運動を展開してきたタリバンが、実質的にアフガニスタンの実権を握ったのは一九九六年から翌年九七年にかけてだが、国際的な承認はほとんど得られず、国内の反政府勢力「北部同盟」との対立関係が続いた。国名は「アフガニスタン・イスラーム首長国」を自称。

映像を撮って、リポートしてくれました。それが私と後藤さんの付き合いの始まりでした。

彼は子どもが大好きで、子どもたちの様子を伝えたい。とりわけ、日本の子どもたちは自分たちが恵まれていることに、全然自覚がなく、学校に行くのがいやだと言っている子どももいます。後藤さんは、世界には、学校に行きたくて必死になっている子どもたちが大勢いることを伝えようとした。彼は何よりも、紛争地帯での子どものこと、そして戦争になると真っ先に被害が出るのは女性や子どもたちなんだということを伝えようとしていました。それが彼なんです。

その一方でフリーランスですから、いくらリポートしても、どこかのテレビ局がそのリポートを買ってくれないと仕事にならないというときには、近くで爆弾が爆発し、ロケット弾が飛んでくる危険な戦場の迫力ある映像、そういう映像ならば売れるみたいなところもあるわけです。

だから、彼はそういう両方の仕事をしていたのだと思います。フリーランスは仕事を買ってもらわなければならないので、いろいろな企画提案書を、それぞれのテレビ局のプロデューサーに送っています。

フリーランスは、取材したニュースが売れないと、次の仕事に繋がりませんから。

森　まだ殺害される前ですが、後藤さんがお金目当てでジャーナリストをやってきたとのニュアンスが読み取れる記事が、『週刊文春』などに掲載されました。

池上　そうでしたね。そんな報道のされ方もありました。

森　でも、仮にお金目当てであったとしても、それはフリーランスジャーナリストとして当たり前です。それで生活しているんですから。お金がないと取材も継続できません。毎月決まった額が銀行の口座に振り込まれる立場じゃないんです。後藤さんに対しての悪意がまずは前提にある記事でした。

池上　ええ、組織である新聞社やテレビ局のジャーナリストは会社が全部、費用を出してくれます。でもフリーランスはそうじゃない。渡航費から何から、自分で出さなければならないのです。それも含めて回収しなければいけないから、当たり前のことです。その観点で言うと、フリーランスのジャーナリストの仕事はものすごく効率が悪いです。

森　効率悪いし、危険は伴うし。

池上　戦地に行く人のための専用の保険というものがあります。これは日本の保険会社は扱っていませんが、海外の保険会社には扱っている会社があって、そこで契約するとすごく保険金は高い。一カ月、現場に行ったきりになると、その間の収入はありません。帰国して大手マスコミに売り込んで、例えば一〇〇万円なり二〇〇万円なりでようやく売れたとしても、それでやっと元を取れるくらいです。

森　保険だけでも、下手すれば一日一〇万円とかかかりますね。

池上　後藤さんが優れていたのは、リスクをきちんと見分けていたことです。私が後藤さんと一緒に行った頃のリビアは、カダフィ政権*が崩壊した直後で、地方の治安状況はひどかったけど、トリポリ市内は比較的安全でした。危険なところといってもリスクはいろいろです。みんな危険だと言っていたけど、そこそこ冒してもかまわない程度のリスクがあるから取材に行ったのです。本当に危険で、行ったら自殺行為であるというところもある一方で、この程度ならばリスクを冒してもそれなりのネタが撮れる、冒していいリスクもある。絶対無理なリスクと、そうでないリスクについて、後藤さんは判断力がありました。絶対安全はあり得ないわけで、日本にいるよりはずっと危険だし、そ

カダフィ政権
軍人を中心とした一九六九年のリビア革命で王政が打倒されリビア・アラブ共和国樹立後から、カダフィが政権を掌握。二〇一一年、欧米の軍事支援を受けた反政府勢力によってカダフィ殺害が発表されるまで四十年以上にわたる長期政権であった。

れなりのリスクはあるけれど、気をつけて行けば大丈夫じゃないかというところは行ったんです。トリポリ市内でも、後藤さんが「ここはやっぱりやめましょう」と言うところは行きませんでした。

後藤さんは私よりはるかに若いですけれど、戦場取材においては彼のほうがずっと先輩、ベテランですから、彼の指示に従いました。今はトリポリ市内はひどいことになっている、あまりに危険で行ける状況ではなくなっていますね。

森　だからこそ不思議です。後藤さんがなぜ無防備にＩＳに入ってしまったのか。本来ならそんなタイプじゃないんです。ならばどのような取引きがあったのか。本来ならしっかりと検証されなくてはならないのに、テロを擁護するとか敵を利するとかわけのわからない理屈で議論すら封殺されてしまう。……これは今日絶対に訊こうと思っていた質問の一つだけど、池上さんはいまだに現場に行きますね。

池上　行きます。二〇一五年一月末（一月二十七日）にリビアのトリポリでホテルが襲撃されましたが、あのホテルは後藤さんと泊まったホテルです。「イスラム国」はイスラム教スンニ派の過激派ですが、イスラム教シーア派の過激派でレバノンのヒズボラ*という、よくイスラ

ヒズボラ
レバノンのイスラム教シーア派の政治結社・武装組織。イスラエルのレバノン侵攻・占領に抗し結成される。レバノン国内で合法的政党としても活動している。

エルに攻撃を加えるグループがあります。シーア派の伝統行事アシュラ*というのを、後藤さんと一緒に取材に行きました。

森 僕と池上さんが初めて会ったのも、ヨルダンのパレスチナ難民キャンプでした。

池上 あのときは、ばったり会って、私も驚きました。

森 池上さんの経歴や実績とかなら、もうとっくに現場から足を洗って、ゆったりと書斎で仕事をすることもできるのに。現場に足を運び続ける理由は何ですか？

池上 やっぱり自分はジャーナリストだと思っていますから。生涯一ジャーナリストでありたいと思っています。

森 よく勘違いされるのだけど、僕は自分で自分をジャーナリストと呼称したことは一度もありません。メインは映像表現ですから、それはジャーナリズムとは微妙に方向が違うと思っています。正義や客観性を背負いません。主観や感覚を優先します。これでジャーナリストなど名乗ったら、必死に歯を食いしばってジャーナリズムをやっている人たちに対して失礼です。でも油断しているとすぐに、ジャーナリストという肩書きをつけられてしまう。作家とジャーナリストのあいだ

アシュラ
イスラム教シーア派の宗教行事。ムハンマドのいとこのアリーの息子フサインの死を悼み、痛みを追体験する行事。

にはとても大きな差異があるのだけど、一般的には同じに見えてしまうらしい。

池上　私も「評論家」と紹介されて頭に来たことがあります。誰しも自分の仕事についてそれぞれの思い入れというのはあると思います。私はテレビにも出ていますが、どこかで実は活字媒体の人間だと思っています。

ジャーナリストというのは、もともとジャーナル、つまり日記という言葉から派生しています。「日々出来事を記録していく人」というのがジャーナリストのそもそもの意味です。日々の記録が、やがて歴史にもなっていく。そういう役割をしている人がジャーナリストだと考えれば、戦場に行くだけがジャーナリストではない。国内の市井の人びとの暮らしを記録する人も、やはりジャーナリストだし、そうした記録が歴史になるわけです。いろんなジャーナリストがいる。教育問題をずっと取材している人は教育ジャーナリストと呼ばれる。そういうものとして、ジャーナリストの仕事って、多様性があっていいんだろうと私は思っています。

その中で、私はやっぱり現場を見て、現場のことを伝えるジャーナリストであり続けたいと思っています。テレビやラジオで解説するとき、現場を見ないで、現場の空気を知らないで解説すると、不安ですし、違っているかもしれないと思います。私の場合は、ものごとのややこしい、複雑なことを皆さんにわかりやすく解説するのがメインの仕事になっていますけれど、それを裏付けるものとして、日々の勉強があり、現場の取材があります。

そういうジャーナリストが一人くらいいてもいいのかな、と考えています。基本的に、私の仕事はニッチ産業だと思っていますから。それまで存在していなかったでしょ。テレビでコメントする人や、現場からリポートをする人がいますが、ややこしいことをわかりやすく解説するというのは、テレビの世界にはいなかった。一人くらい、そういうニッチなところで食っていけるだろうと思って、仕事をしてきました。

そうしたら今や、午後のワイドショーはみんなニュースの解説をすることになっていますけどね。

ジャーナリズムと組織メディア

森　フリーランス――個人メディアと言うこともできますが――フリーのジャーナリストと組織メディアとの違いを僕が一番感じたのは二〇〇三年、アメリカのイラク侵攻*のときです。アメリカが侵攻する直前までは、バグダッドには日本中のメディア、新聞やテレビの記者や撮影クルーが大勢いました。でも米軍が侵攻する直前、ほぼすべてがいなくなった。

残ったのはフリーランスの映像ジャーナリストの綿井健陽*さんと、いったんは社命に従いバグダッドを出てから、すぐに戻ってきた共同通信の記者たちです。

池上　共同の記者は、社の命令に違反して入ったようです。

森　出ろと言われたから一応出たけど、戻るなとは言われていないから戻ったと弁明したとの噂も耳にしました。どちらにせよ痛快ですね。でも他の組織メディアの記者やカメラマンたちも、バグダッドから退避したいとは思っていなかったはずです。誰もが残りたかった。現実に欧米の組織メディアは、みなバグダッドに留まり続けて米軍侵攻を取材しています。

日本のメディアが弱腰なのだとか記者たちが臆病なのだなどのレベ

アメリカのイラク侵攻
二〇〇三年、イラクは大量破壊兵器を持つと見なすアメリカが、国連決議に基づかないまま対イラク戦争を決定し、自国軍を中心とした有志連合を結成。空爆とともに地上軍を派遣してイラク侵攻をおこなう。この結果、イラクのフセイン政権が崩壊。アメリカの単独行動主義（ユニラテラリズム）が注目される一方で、小泉政権はイラク侵攻支持を表明し、イラク特措法によって非戦闘地域に自衛隊が派遣・駐留された。

綿井健陽（わたいたけはる）
フリージャーナリスト・ドキュメンタリー映画監督。二〇〇三年、イラク侵攻の際は現地に残り取材活動を続けた。ボーン・上田記念国際記者賞特別賞、ロカルノ国際映画祭人権部門・最優秀賞等受賞。著書多数。

ルではなく、退避せよとの社命が来れば、彼らは従わざるを得ない。そして会社が退避を命令する理由は、社員の生命や安全を守らなければならないからです。もちろん組合だって組合員の生命や健康を守らねばならない。企業や組織の論理としては当たり前です。ただし、ジャーナリズムの現場では通用しない論理です。通用しないのに日本の組織メディアは無理矢理に当て嵌めてしまう。組織の論理が個の論理に優先してしまう。

池上　危険なところに行くなとか、危険になったから引き上げろと言われたら、現場の記者たちはものすごく抵抗します。バグダッドから引き上げろと言われたとき、みんな本社と大ゲンカしていますよ。

森　ＮＨＫの記者は、なんとか退去命令をやり過ごそうとホテルに隠れていたと聞いたけど。

池上　たぶん、そうでしょう。

森　たまたまＮＨＫの番組の収録の際に、この事実を言いたくてプロデューサーに確認したら、「ちょっと待ってください」と言ってから、一〇分後に戻ってきて、「うちのクルーは確かにバグダッドから退避したふりをしてホテルに残っていたらしいけど、それは言っちゃダメなんです」と言われました。僕は「それ、胸張って言えばいいじゃないですか」と言ったんだけど。

池上　さすがに胸張って言ってしまうとまずいでしょうけど、でも、どんな現場にも骨のあるジャーナリストはいるわけです。あの後、バグダッドがかなりひどい状況になっても、ＮＨＫだけはバグダッド支局を維持し続けました。

森　確かに規律違反ですからね。僕が言ってしまったら懲罰を受けることになる。難しいな。

池上　カイロ支局の連中が交代で行っていました。当時、私がたまたまカイロに行ったら、バグダッドから戻ってきたばかりの記者がいて、バグダッドでは一戸建ての家を借りて、警備の人間を雇い、買い物にも出られないからみんなで自炊していたと聞きました。

森　現場を自分の目で見たい。当たり前です。でも会社や組織は退避を命じる。これも当たり前。でも結局は社命に従うとしても、組織メディアにいる人は、せめてそのジレンマをしっかりと記憶してほしい。軋みや摩擦を常に保持し続けてほしい。

池上　いろいろなジレンマは確かにありますね。帰還せよという社命に逆らったら、短期的には取材できるでしょうけれど、逆らったということは、次の異動で必ず東京に呼び戻される。ひょっとしたら、報道の現場からはずされるかもしれない。海外の記者生活はできなくなると考えたら、逆らえないですよ。これからも、そういう仕事を続けたいと思っているのだから。

――お二人はご自身では危険な現場にも行かれますが、もし管理職の立場だったとしたら、部下にそうした現場に行けと言えますか?

池上　自分は行くけど、部下には言えないですね。もし行きたいと言われたら、「バカヤロー」と言うでしょうね。

森　僕は危険な場所に行きません。

池上　サリン事件直後にオウムの本部とか行っていますよね。

森　危険とは思っていなかったです。確かにあの時期は誰もがオウムを怖がっていたけれど……。要するに僕は鈍いんです。あるいは自分自身の危機管理意識が薄い。絶対に戦場に行ってはいけないタイプです。今のところ結果的には、その鈍さがいいほうに作用したということですね。

リスクヘッジやコンプライアンスを優先するならば、火中の栗を拾うなど論外です。一般の企業では当たり前のルールだけど、ジャーナリズムを看板にする企業であれば、時には火中の栗を拾わなくてはならない。実際に欧米の組織メディアはそうですね。〈個〉の論理を優先する。なぜなら〈個〉はジャーナリズムの骨格だから。普通の株式会社とは違います。ところが日本の場合は、リスクヘッジが優先される。その違いは大きいです。

池上　そうですね。

森　その違いは何に由来するのでしょう？

池上　欧米はジャーナリズム精神が徹底しています。

森　だからこそ欧米の場合は摩擦係数が高い。個と組織の間でジレンマがあって、葛藤も常にある。それを明示的に現場も組織も認識しているという印象を受けます。その一方で日本の場合は、そうした摩擦がないままに、個がすっかり組織に呑み込まれてしまっている。組織の論理に回収され過ぎてしまっている。

もちろん現場では多くの人が悩んでいる。でも最終的には組織の論理が優先してしまう。なぜならば日本人は組織と相性が良すぎるんです。

池上　組織の側でも悩ましい問題でしょう。危険に際してメディア各社は組織として業務命令を出しますが、その業務命令に逆らった記者をその後で栄転させたら、組織は成り立たないじゃないですか。誰も言うことを聞かなくなる。

森さんの話で言うと、日本の場合は会社に入ると全部丸抱えでしょ。一方でアメリカのジャーナリスト、例えば『ニューヨーク・タイムズ』の記者だったり、CBS*の記者だったりした場合は、会社と契約をして入ります。社員は社員だけど、業務内容については契約で決めています。「あなたはこの会社に入ったら、こういう仕事をすることになります。ついては報酬はこれだけです」と一人ひとりの役割と権限について全部決めている。そのため組織に属しているジャーナリストでも、行動判断においてはかなり〈個〉の部分が大きいですね。「自分の仕事をやってナンボでしょう」という姿勢を保持している。

森　例えばピーター……。

池上　CNN*（ケーブル・ニュース・ネットワーク）のピーター・アーネット*ですね。

CBS
アメリカ最大規模のテレビ・ラジオネットワークを持つ大手放送局。いわゆる米五大ネットワークの一つ。

CNN
アメリカのニュース専門テレビ局。一九八〇年、事業家テッド・ターナーによって設立される。報道に加え、ドキュメンタリーなども放映。

ピーター・アーネット
ジャーナリスト。ニュージーランド出身。AP通信に入社、一九六六年、ベトナム戦争での長期取材・報道でピュリッツァー賞受賞。CNN移籍後の一九九一年、湾岸戦争時にはイラク国内に残り開戦の瞬間を報道、さらにフセイン大統領単独インタビュー等、初の戦争の「実況生中継」で国際的に有名になる。後、NBCに移籍。二〇〇三年のイラク戦争時には、イラク国営テレビの取材を受け米英を批判し解雇される。

森　そうそう。戦場を専門のフィールドにしているジャーナリストで、イラク戦争の際にはＮＢＣと契約しながらイラク国営テレビに出演して、アメリカを批判して大問題になりました。日本ではあり得ない。そういう人がたくさんいる。

池上　戦場ジャーナリストは、戦場での取材を続けたいからといって、会社を結構頻繁に移ります。「前はＡＰ*で仕事していたけど、今はＣＮＮに移って、ずっと戦場取材をやっています」みたいなジャーナリストがいます。アメリカのメディアのあり方では、それが可能になる。

シリアの反政府勢力ができて、自由シリア軍と政府軍の戦闘*が始まったときに、自由シリア軍のほうに一緒にいて、政府軍の爆撃を受ける横で、爆撃に首をすくめながらリポートしていたＢＢＣ*の記者は、すごい白髪のおじいちゃんでした。あれを見たとき、いやあ、かっこええなあと思いました。

森　確かに。今の日本ならば政府の避難勧告に逆らって危険なところに行くというだけで、国賊や売国奴だって言われるのに。

池上　言われるでしょうね。私は彼がリポートする姿を見て、欧米のメディアではそんなベテランの年齢になっても現場にずっといられるの

ＡＰ
アメリカ最古で最大級の通信会社。アメリカのみならず世界各国の報道機関と契約関係があり、世界中にニュースを配信している。創業は十九世紀前半。

自由シリア軍と政府軍の戦闘
二〇一一年以降のシリア内戦における反政府軍が「自由シリア軍」を自称。アサド政権側の政府軍と交戦を続けている。

ＢＢＣ
英国放送協会。一九二二年設立のイギリスの公共放送局。不偏不党を掲げ、国営放送局ではないことを重視し自主独立の運営方針を持つ。報道をめぐり、ときにイギリス政府と対立する場合もある。

だと、つくづく思いました。

森　戦場ではないけど、ホワイトハウス担当の女性名物記者がいましたね。けっこうなおばあちゃんになるまでずっとホワイトハウスを担当した人、ヘレン・トーマス*でしたっけ？　彼女はプレス会議の際にブッシュ大統領に対して、「あなたが決断したイラク侵攻は数千人に及ぶアメリカ人とイラク人に死を招き、アメリカ人とイラク人に一生涯にわたる傷を負わせました。（侵攻に当たり）提示されたすべての理由が真実ではなかったことはすでに判明しています」と述べてから、「私の質問は、あなたはいったいなぜ戦争をしたかったのか、ということです」と迫っています。……震えるほど格好いいです。

池上　中東などの紛争地域で取材を続けて実績のある、アマンプール*という女性記者もいます。ＣＮＮにいながら、ＣＢＳの番組も持っている。

森　組織が後ろにあることはあるけれど、現場で物事を決めるのは組織ではなく個人です。日本では例えば終身雇用など組織の強さがさまざまなかたちで影響力を持つけれど、もちろんそのメリットもあって、高度経済成長などはその一つです。つまり企業戦士が育成された。戦

ヘレン・トーマス（一九二〇〜二〇一三）
アメリカのジャーナリスト。米大手通信会社ＵＰＩに半世紀以上の長きにわたり勤務し、ケネディ以降の米歴代大統領に取材。ホワイトハウスでの記者会見では敬意を払われ、必ず最前列に座り最初の質問を大統領にする習慣が定着していた。

クリスティアン・アマンプール
アメリカ人テレビ・ジャーナリスト。一九八三年ＣＮＮ入社。エミー賞等を受賞したベテランジャーナリスト。

争中は皇国兵士と言われました。共通する要素は滅私奉公です。日本の一般企業にとっては当たり前のことだけど、ジャーナリズムには適用できない。

なぜならジャーナリズムは〈組織〉の論理じゃない。企業戦士じゃダメなんです。現場で個が感じた怒りや悲しみを起点にしなければならない。

池上　そうですね。ジャーナリズムは、結局は〈個の業《わざ》〉だということです。海外の場合は、本人が希望すれば、記者はずっと現場にいられます。ホワイトハウスの記者会見場に行って後ろから見ると、みんな白髪かはげです。

森　素敵な光景です（笑）。

池上　それだけベテランが現場に留まっていられるということです。一方、日本では総理官邸の官房長官記者会見は、みんな髪の毛黒々としていますよ。若い記者ばかりということですね。

日本のメディア企業では、だいたい三八歳から四〇歳くらいでデスクになって、そこから現場をはずれます。今度は若い記者に指示したり、若い記者が書いた原稿を直したりするデスクワークになる。これが「デスク」と呼ばれる仕事です。まさにデスクワークになるわけです。

森　日本の場合は、デスクになるなどの昇進で給与がアップするけれど、海外の場合は、ずっと現場にいてもギャラがアップしていくシステムになっています。

池上　確かになっていますね。

森　それも大きな要素です。

池上　そういうことです。日本でも一部の新聞社では編集委員制度をつくって、編集委員は自由に取材していいとか、デスクの仕事をしなくてもいい、だけど給料はあげますよ、という体制をつくっている会社もあります。

ＮＨＫ時代、私が「週刊こどもニュース」やっていたときは、社会部の所属から報道局記者主幹という、どこの部にも所属しない身分になっていました。報道局長の下というか、報道局のナンバー2くらいの立場で、自由にやってくださいという身分になっていた。

だから政治部、経済部、社会部の記事で事実関係もチェックできれば、政治部長も経済部長も社会部長も全部、役職としては私より下ですから、ニュース内容に疑問を感じた場合など「この原稿どうなの？」と、部長よりさらに下のデスクに持っていくと、向こうは、二つ返事ですぐチェックするという構造になっていました。

森　池上さんは組織内で結構わがまましてきたということですね。

池上　ＮＨＫを辞めた後、同期の者に「フリーになって、どんな感じだ？」と訊かれて、「外に行くとストレスがなくていいよ」と答えたら、「バカ言え。おまえはＮＨＫ時代からまったくストレスも感じないで、勝手なことをやっていたじゃないか」と言われました。（笑）

森　今、ＴＢＳの金平茂紀*さんがそういうポジションですね。いまだに真っ先に現場に行く。

池上　報道局長までやって、報道局長の仕事より現場主義を貫いているんだから、すごいね、彼。

――「個として動く」「現場にこだわる」という話がでましたが、ではお二人が組織から出られたのは、組織では思うような仕事ができないと考えられたからですか？

森　僕は組織を出たのではなくて出されたんです。「Ａ」を撮る過程で

＊金平茂紀（かねひらしげのり）ジャーナリスト。一九七七年、ＴＢＳ入社。モスクワ支局長・ワシントン支局長・「ニュース23」編集長、報道局長、アメリカ総局長を経て、執行役員報道局付。ボーン・上田記念国際記者賞受賞。

気がついたらクビになっていたので、結果的にフリーランスにならざるを得なかった。使命感とかモチベーションとかのレベルではない。自分の意志で辞めた池上さんとは違います。

池上　私は活字の世界の仕事のほうがずっと魅力的だと思ったからです。ＮＨＫの「週刊こどもニュース」の最後の頃は、もう本を書き始めていました。私はもともと記者ですから、文章を書いているほうがずっと楽しいんです。本を書く仕事が楽しくて、本を書くのとテレビの仕事と二足のワラジをはいているとなかなか両立できない。あるときふと、「ＮＨＫを辞めれば、翌日の仕事のことを考えないで思う存分、原稿に専念できるな」と思ったから、辞めました。

知り合いの編集者に、「ＮＨＫを辞めるのはやめなさい」と言われましたけどね。「ノンフィクションの活字では食っていけないから」と忠告されました。

森　それが、今やこんなことになってしまった（笑）。

池上　そう。ＮＨＫを辞めるときは、もちろん民放に出演するつもりなんか、まったくなかった。辞めた段階で、二冊の本の執筆依頼を受けていたから、とりあえずこれで年内は食いつなげるだろうと思っていただけで、そこから先のことなんか何も考えていませんでした。書く時間が欲しい、それだけです。テレビに出ているより、本を書いているほうがおもしろい、楽しい。あるいは取材したことが本という形で残っていくことが楽しい。それだけですよ。

でも辞めてみたら、実は「週刊こどもニュース」を大勢の民放の人たちが見ていて、「あんなわかりやすい番組をウチでもやってくれませんか？」と申し込まれて、びっくりしました。ＮＨＫを辞めてすぐに民放に出てはいけないのではないかと思って、しばらくは断っていました。それでも出演依頼が続いたので、知人に民放の番組に出てくれと言われているけど、どうしたものかと相談したくらい逡巡していたんです。だから、すぐには出ませんでした。

2

メディアの「力」

メディアと戦争、マスコミと「国益」という言葉

——一九四五年の敗戦に至るまで、日本の国民は軍部や政治家、そしてマスコミにも煽られ、騙されていたと言われてきました。

森　半分は正しいけれど、マスコミが煽った理由は、国民が喜ぶからです。マーケット（国民）の支持がなければ、メディアは煽りません。結果としては国民が煽られることを望んだのです。煽り煽られという相互関係が前提です。

池上　メディアが視聴者や読者を増やすのは戦争報道です。日本《にっぽん》放送協会というラジオ専門の放送局が戦前にありました。昔はラジオの受信機を持っている人は限られていて、受信機を持っている人が聴取料というのを払って、日本放送協会はその聴取料で成り立っていたのです。

日中戦争を報道すると、出征しているうちのお父さん、うちの夫、うちの息子たちは中国戦線でどうなっているのかと案じている人たちが聴きたがる。日中戦争の戦況を刻々と伝えるから、みんなラジオを持って、聴取料を払い、ラジオが普及していったのです。

それからいろいろな新聞が突然、イケイケドンドンになり、日本は

中国大陸で勝っている、勝っていると囃《はや》し立てることによって部数が爆発的に増えていきました。戦争報道によって、メディアは部数を伸ばしてきたのです。

これは今も変わっていません。アメリカで一九八〇年にＣＮＮという二四時間のニュース・チャンネルができたときは、「誰が見るんだ、こんなものは？」と言われました。実際、最初は苦戦していました。それが一九九一年に湾岸戦争が始まって、アメリカ兵が派遣される、あるいはピーター・アーネットが現地から伝えるということになって、ＣＮＮの視聴者が爆発的に増えていく。そこでＣＮＮはようやく経営的に安定したのです。

森　日本だけじゃない。メディアと戦争はずっと蜜月です。

池上　どこも同じです。その後、一九九六年にＦＯＸニュース*という二四時間のニュース専門局ができました。ＣＮＮよりずっと右寄り・保守的・共和党寄りのメディアで、最初は相手にされていなかった。しかし、イラク戦争でアメリカがイラクを攻撃するときに、ＦＯＸニュースはアメリカ軍のことを「我が軍」と呼んだ。Our army と言ったのです。ＣＮＮはU.S.army、U.S.air force。ＦＯＸはOur army、

*ＦＯＸニュース
アメリカのニュース専門テレビ局。一九九六年開局。ＣＮＮがリベラル寄りと言われる一方で、ＦＯＸニュースは保守（共和党）寄りと言われ、ときに報道姿勢が物議を醸す。

Our air forceだった。そこで一挙に視聴者数は逆転したのです。

それぞれの戦争報道でメディアは視聴者や読者を増やしてきた。今、日本にこれだけ新聞があるのも、過去にそういうことがあったからだということです。

森　あの時期、FOXはブッシュ政権の旗を強く振った。なぜならアメリカ国民の多くがこれを支持するからです。

池上　そうなんです。好対照だったのはCNNの姿勢です。CNNの報道の仕方で画期的だったのは、国際・外交問題をそれまではアメリカ国内のメディアではforeign affairsと言っていたのを、CNNは世界で展開するときに、「foreign（外国・他国の）という言葉を我々は使いません。international（国際的）と言います」と、変えたことです。foreignという言葉は、例えばアメリカのCBSやNBC*などの国内向けニュースでは普通に使われるけれど、CNNでは言いません。internationalを使います。これは、自国中心の視点を少しでも改めようという努力の一つです。

あるいは逆に、戦争を人気取りのために利用しなかったマスコミもあります。一九八二年にフォークランド紛争*があったときのBBCで

NBC
米三大ネットワークの一つ。テレビ放送創業期からの伝統を持つ。

フォークランド紛争
一九八二年、イギリスとアルゼンチンの間で起きた軍事衝突。フォークランド（マルビナス）諸島領有争いから戦闘に発展。約三カ月の戦闘の結果、イギリス側の勝利で戦闘終結。

す。アルゼンチンがフォークランド諸島を占領したといって、イギリス軍がフォークランドのアルゼンチン軍を攻撃した。これをＢＢＣは「イギリス軍対アルゼンチン軍」と報道していた。そうしたら議会にＢＢＣの会長が呼び出されて、保守系の議員から、「なんで〈我が軍〉と言わないのか？　なんで〈イギリス軍〉なんて他人行儀な言い方をするのか？〈我が軍〉と言うべきだ」と追及されました。それに対してＢＢＣの会長はなんと言ったか？　彼はきっぱりと、「愛国心について、あなたからお説教される筋合いはない」と答弁しました。かっこええと思いました。マスコミとして毅然としていますね。

森　イラク戦争のときにもＢＢＣは、ブレア政権*が大量破壊兵器の存在について誇張したと批判した。それをめぐって政権と大喧嘩になって会長が辞めたけど、結果的にはＢＢＣは正しかった。今の日本の公共放送と比べるとため息しか出ない。

池上　私がＮＨＫに入った頃、政府が何かをやるときにＮＨＫでは「我が国は」という言葉をニュースで普通に使っていました。ところがあるとき、突然「我が国は」という言い方をやめ、「日本は」「政府は」という言い方に切り替えますと、言い方を改めました。

ブレア政権
イギリス労働党のトニー・ブレア首相による政権は一九九七年〜二〇〇七年の間継続。「第三の道」や、北アイルランド紛争解決に向けてのベルファスト合意などでリーダーシップを取る。アメリカのイラク戦争を支持、イギリス軍を参戦させ、結果的にイギリス国内のテロ事件の原因に繋がる。後にイラクに大量破壊兵器が存在しなかったことについて誤りを認める。

森　池上さんが入った頃のことですか？

池上　そうです。私が入った当時、ＮＨＫはニュースで日本のことを、「我が国は」と言っていました。

森　そんな時代もあったのですか。

池上　ええ、昔はＮＨＫニュースでは「我が国は」と言っていたのです。何年だったかな、入って地方で勤務した後に東京に戻ってきてからだから、入って十数年後、八〇年代だったと思います。その頃、突然、「これからは〈我が国〉という言い方はやめます、客観的に報道します」と方針が変わったんです。

森　言葉一つの問題ではなく、大きな転換ですね。

池上　ええ、大転換です。だから現在、ＮＨＫは絶対「我が国」とニュースでは言いません。もちろん、例えば自民党とかの発言を引くといった場合は言いますけど、ＮＨＫの地の文として「我が国」という表現は使わない。「日本は」とか「日本の政府は」と言う。ちょっとよくなったかなと思いましたね。

森　そういえば昔のＮＨＫは、原発問題なども含めて、かなり政権と闘っていましたね。元ＮＨＫの小出五郎*さんと対談したときに聞いたけ

小出五郎（こいでごろう　一九四一～二〇一四年）
ＮＨＫテレビディレクター、解説委員を歴任。ディレクターとして係わった一九八四年放映、ＮＨＫ特集「核戦争後の地球」では「核の冬」を知らしめ、国会等でも話題になる。ＮＨＫ退職後は科学ジャーナリストとしても活躍。

れど、核兵器をめぐる番組で国会に会長が呼び出されたとき、会長は決して屈さずに現場を守り続けたそうです。政府が右と言ったものを左と言うわけにはゆかないと言った今の会長とは雲泥の差です。
　スポンサーの意向云々という問題もあるけれど、市場原理がメディアには絶対働く。世界中そうです。だから公共放送は重要なんです。もっとＮＨＫを支えるべきだといつも思っています。

池上　でも今の会長では……。

森　そうなんです。

——池上さんのご著書*でアメリカのジャーナリスト、ウォルター・クロンカイト*の言葉「愛国的であることはジャーナリストの任務ではない」を知りました。しかし、今の日本では、果たしてテレビでこういうことをジャーナリストが言えるのでしょうか？

森　「ジャーナリストの任務」で思いだした。テレビ東京の選挙特番です。候補者や政治家たちに池上さんが際どくて鋭い質問を繰り返したことで高く評価された。池上無双ですね。ところが池上さん自身はインタビューで、「自分がやったことはジャーナリズムでは当たり前の

著書
『聞かないマスコミ　応えない政治家』池上彰著、集英社、二〇一三年刊。

ウォルター・クロンカイト（一九一六〜二〇〇九）
アメリカのジャーナリスト。長いキャリアの中で、ノルマンディー上陸作戦、ケネディ暗殺、アポロ11号月着陸、ベトナム戦争、ウォーターゲート事件など数々の事件を取材・報道した。長年「ＣＢＳイブニングニュース」のキャスターとしても人気を博した。

ことで、もし評価されるのならば、ほかのジャーナリズムがダメなんじゃないの」といったことをさらりと言った。この「さらりと」が池上さんの身上です。このときは思わず拍手しました。

池上　今、メディアではさかんに「国益、国益」と言うでしょ。朝日の従軍慰安婦に関する報道について、「国益に反する」という言葉をほかのメディアが使うのは、天に唾する行為だと思います。国益を意識して、大切にしろとメディアが言い出したら、どうなるでしょうか？　そもそも、その「国益」というのはいったい何でしょう？　ということこそ、まず考える必要がある。

このことを考えるために重要な歴史的事件があります。かつて、ケネディ政権*ができたばかりの頃に、ＣＩＡがキューバの亡命者を使ってキューバに攻め込ませる、ピッグス湾事件*というのが一九六一年に起きました。あのとき、『ニューヨーク・タイムズ』は一週間くらい前に、その作戦の存在を嗅ぎ付けて書こうとしたら、政府から「国益に反するからやめてくれ」と圧力を受けて、結局、書かなかったのです。その結果、ピッグス湾事件が起きて、ＣＩＡが支援していたキューバの亡命者部隊があっという間に負けて、作戦は大失敗、政権への

ケネディ政権
米民主党のジョン・F・ケネディ大統領による政権は一九六一年〜六三年の間継続。冷戦の只中で西側諸国のリーダーとしてベルリン危機やキューバ危機などの外交問題や、公民権運動などの内政問題に係わる。ベトナムへの軍事介入を拡大したことが、後のベトナム戦争に繋がることになった。一九六三年のケネディ暗殺に伴い、副大統領のジョンソンが大統領に就任。

ピッグス湾事件
一九六一年、武力にてカストロ政権を打倒するためアメリカが亡命キューバ人部隊をキューバに上陸・武力攻撃させた事件。キューバの反撃を受け失敗に終わる。

評価もボロボロになりました。そのときにケネディは、この侵攻作戦について「私は知らなかった」と言った。実際に、ケネディが大統領になる前から進んでいたプロジェクトでした。そして、「もし『ニューヨーク・タイムズ』が報道してくれていれば、こんなことにはならなかったのに」と、ケネディは言ったのです。

それ以来、『ニューヨーク・タイムズ』は「国益」という言葉に大変神経質になりました。政府にとって何か不都合なことを報道しようとすると、必ず政府は「そんな報道は国益に反する」と言ってくる。しかし、だからこそ、その報道が本当に国益に反するかどうかは、我々が考えなければいけない、と考えるようになったのです。ピッグス湾事件の経験があったから、ベトナム戦争の発端となったトンキン湾事件*に関する極秘報告書、ペンタゴン・ペーパーズ*を入手したときも、国益に反するから掲載をやめろと言われたけれど、それをはねつけて報道しています。

メディアは国益を意識し始めたらおしまいなのです。事実を伝えることがメディアの役割です。「国益に反する」というのは、そのときの政府が何かやろうとしていることが、うまくいかなくなることです。

トンキン湾事件
ベトナム戦争の直接の契機となったアメリカ・北ベトナム間で、一九六四年に起きたとされる武力衝突事件。アメリカ海軍の船に北ベトナムがトンキン湾で攻撃したとされていたが、後にアメリカ海軍の船の勘違いであることが判明する。

ペンタゴン・ペーパーズ
一九七一年、ベトナム戦争開戦のきっかけになったトンキン湾事件についてのアメリカ政府の秘密報告書。これを入手した『ニューヨーク・タイムズ』が内容を報道したことも大きな注目を浴び、アメリカ政府は掲載差し止め請求を起こしたが、連邦最高裁はこれを却下。ほとんどのアメリカのマスコミは『ニューヨーク・タイムズ』を支持した。

政府は自分がやることに支障が出れば、「国益に反する」と言うに決まっている。客観的に見て、本当に国益に反することもあったりしますが、そうではない場合がほとんどです。それは、後にならないとわからなかったりする。メディアは「国益に反するから、その報道はやめろ」と言われたときに、「そうだよね。それでは口をつぐみましょう」と従うのではなく、事実を伝えるということは、長い目で見れば、結果的に国益に資するということを肝に銘じなければいけません。嘘を言ったり、知り得たことを隠したりしてはいけないということです。それがジャーナリズムのあり方です。「国益に反する」という言葉を安易に使うことは危険なことだと、私は思います。

日本のメディアの転換点

森　日本のメディアの歴史において大きなメルクマールの一つは、一九七一年の沖縄密約問題*です。同じ年にアメリカではウォーターゲート事件*があり、前年にはペンタゴン・ペーパーズのスクープがありました。いわばメディアが政権の不正行為を暴いて勝利した。

ところが日本では、沖縄密約文書を入手した西山太吉*さんは被告人

沖縄密約問題
一九七二年、戦後長らくアメリカの統治が続いていた沖縄が日本に復帰になったが、実は沖縄返還にはニクソン政権と佐藤栄作内閣の間に密約が交わされていた。アメリカが支払うべき沖縄現状復帰費用四百万ドルを日本が負担、さらに有事に際しアメリカ軍が沖縄の基地に核兵器を配備すること等が含まれていた。「沖縄返還密約」とも。

ウォーターゲート事件
一九七二年、アメリカのワシントンにあるウォーターゲートビル内の民主党全国委員会本部に盗聴器が仕掛けられようとした事件。実行犯の背後には共和党政府高官、そしてニクソン大統領の関与まで疑われる大事件に発展。ニクソンの圧力に司法・マスコミが抗し、ついに現職大統領の辞任に繋がる。この事件を追及した『ワシントン・ポスト』の取り組みは国際的に有名になり「大統領の陰謀」として映画化もされた。

になって有罪判決を受け、記事を掲載した毎日新聞は国民に謝罪した。有罪判決の理由は情報を漏洩したということですが、自民党のスタンスは「密約などありません」なのだから、存在しないはずの密約の情報を漏洩した容疑で有罪になっている。子どもが考えてもおかしな判決です。そしてつい最近まで歴代の自民党政権は、密約はなかったと言い続けていました。民主党政権になってやっと密約があったことが認定された。アメリカの公文書館では、日本政府から口止めされたという資料まで展示されているのに、自民党政権は密約はないと言い続けた。国民を騙し続けたわけです。

アメリカでは、ペンタゴン・ペーパーズやウォーターゲート事件を報道したニール・シーハンやボブ・ウッドワードは国民的英雄です。一方で西山さんは有罪判決で記者を辞めています。まったく同じ時期に起きたことですが、その結果には明らかに大きな違いがある。

池上　当時、毎日新聞の記者だった西山さんが、入手した情報を社会党議員（当時）の横路孝弘*さんに渡して、国会で追及させたことは残念でした。でなかったら、違った展開になったかもしれない。彼は毎日新聞に小さく書いているけど、本来は毎日新聞の一面トップで展開す

西山太吉（にしやまたきち）
元毎日新聞政治部記者。一九七一年沖縄返還協定をめぐり日米政府間の機密情報を漏洩したとして国家公務員法違反に問われ有罪になった「西山事件」が有名。その後も、報道の自由をめぐり発言を続けている。

横路孝弘（よこみちたかひろ）
弁護士を経て、一九六九年、社会党衆議院議員に当選。その後、北海道知事、民主党衆議院議員を歴任。

るべき話です。

森　その問題は確かにあります。さらに、ニュースソースである女性事務官を守らなかったことも間違いです。そうした要素は確かにあったけれど、自民党政府が国民に対する不信行為をおこなったことは事実なのに、なぜメディアは追及しきれなかったのか。日米の差異の最大の要因は、国民の意識の違いです。アメリカでは、国民が『ニューヨーク・タイムズ』や『ワシントン・ポスト』を応援した。政府の不正を暴くべきと世論が高まった。ところが日本では、「情報漏洩」に関わったとされた西山さんと外務省女性事務官の不倫問題にみんなが関心を向けた。

池上　ペンタゴン・ペーパーズの場合は、まず『ニューヨーク・タイムズ』が書いて、裁判所に差し止めされたら、すぐ『ワシントン・ポスト』が追っかけて報道する。今度は『ワシントン・ポスト』も差し止めをする。マスコミが次々に声を上げた。あれは凄かったですね。

森　アメリカのメディアは、思想信条が違っても、公権力に対して闘うときには連帯する。だってメディアの最大の任務は権力監視ですから。でも日本では、昨年の朝日バッシングが典型だけど、連帯どころか足を引っ張り合う。

池上　アメリカでは新聞社どうしライバルだけど、ちゃんと互いをジャーナリズムとして認めている。今、日本で見られるような他紙に対する批判のように、『ワシントン・ポスト』が『ニューヨーク・タイムズ』を批判するようなことはしません。

森　これもまた、日本ではジャーナリズムよりも企業の論理が前面に出てきている証左の一つだと思います。要するにジャーナリズムの原理よりも競争原理なのです。

民主主義のインフラ

池上　メディアの役割を考えると、今、アメリカで地方紙が潰れていることによる影響は深刻です。日本でいうと地域紙みたいな小規模の新聞、カリフォルニア州の『サンノゼ・マーキュリー』とか、コロラド州デンバーの『ザ・ロッキー・マウンテン・ニューズ』とか、部数が一〇万部くらいの新聞が、どんどん潰れていています。「この車売ります」「家買います」みたいな地域情報の広告収入が全部インターネットに取られてしまったために、潰れていく。

アメリカでそうした地方紙がなくなった結果、何が起きているかと言うと、悪質な汚職事件や、あるいはお手盛りで市長や市議会議員の給料がアメリカ大統領並みになっていたりみたいなことが、あちこちで起きています。小さな新聞社が潰れて、地域に記者がいない。市議会に誰も傍聴に来ない。その一方で、テレビの場合は、例えばカリフォルニア州全体を見る本局がロサンゼルスにあって、州全体のニュースはやるけど、小さな市の情報は伝えないわけです。ロサンゼルス・タイムズだって、カリフォルニア州全体に隈なく支局やネットワークを持てない。結果的に、各地で選挙の投票率がどんどん下がっているのです。

というふうに考えると、なくなって初めて、新聞というのは「民主主義のインフラ」だったのだということがわかってきました。

森　「新聞をなくして政府を残すべきか、政府をなくして新聞を残すべきか、そのどちらかを選ばなければならないとしたら、私はためらうことなく後者を選ぶだろう」と言ったのは第三代大統領のトマス・ジェファーソン*です。いろいろ問題ばかりの国だけど、表現の自由と民主主義については、確かにアメリカは付け焼刃ではないと感じます。

トマス・ジェファーソン（一七四三〜一八二六）
第三代アメリカ大統領。彼の『雑録集』に「新聞なき政府か、あるいは政府なき新聞か、そのいずれかを持つべきかの決断を迫られたならば、私は一瞬のためらいもなく後者を選ぶであろう」という言葉がある。

もちろんメディアだけではなく、国民の意識も同じです。

池上　地方の小さな市の市議会議員選挙を何日にやりますとか、市の予算はこうなっていますとかいうような報道は、なかなか出てこないですね。市長の給料が引き上げられましたとか、一見地味な議題だと誰も傍聴に行かない。特にアメリカの場合は市議会議員が少ない、日本みたいに何十人もいなくて、五、六人だったりします。しかもその議員も他に本職を持つ兼業議員だったりします。そこで何をやっても、誰もそれを問題にしない。しかし、たとえ小さな新聞であっても、記者が傍聴に来ていれば、やはり議員たちはマスコミの存在を意識するでしょう。このように、今アメリカでは傍聴席に誰もいないから、地方議会などが何をやろうとほとんど意識しなくなるということが、あちこちで起きているのです。

日本は戦争中の言論統制によって一県一紙体制ができた＊おかげで、一応なんとかなっているわけです。かろうじて目配りが利いている。言論統制の歴史が、戦後日本の「民主主義のインフラ」になっているというのも皮肉なことですけど。複数紙ある福島と沖縄以外は、今でもみんな一県一紙になっているでしょ。

＊戦争中の言論統制によって一県一紙体制ができた　一九四二年、情報局から主要新聞統合方針が発表され、原則として一県一紙体制とされる。前年の四一年には新聞事業令が公布されており、当時すでに首相・内務大臣が新聞社を掌握しており、記者も登録制になっていた。

——そうしたメディアの役割を考えると、特定秘密保護法は今後かなり大きな影響を及ぼすのではないでしょうか？

森　法律による取締りよりも、むしろ自主規制の領域がさらに大きくなることのほうが深刻な問題だと思います。二〇一四年末の衆院選挙のとき、各テレビ局に対して自民党は、出演者の発言回数や時間、テーマ選びや資料映像の使い方などにおいて、「公平中立、公正」を求めるシートを配布しました。中立なコメンテーターを選ぶなど不可能です。誰がそれを決めるのですか。何をバカなことを言っているのですかと言い返せばいいだけの話です。でも結果としては選挙の報道量が通常の三分の一に減りました。この要求に応えることは不可能だから放送を控えようとの発想だとしたら、あまりに情けない。権力はメディアをコントロールしたがります。今に始まったことではないし、日本だけの現象でもない。でもこの国のメディアは、本来なら起動するはずの反発があまりに弱い。

池上　そういうことですね。メディアが政府の顔色を窺うようになってはお話になりません。

――西宮市長が、偏向報道をするメディアは取材拒否*しますとし、またテレビ局の取材を市広報部がビデオ撮影するということがありました。公職にある人間が、自らの判断次第で取材を受けないという対応はどう考えたらいいのでしょうか?

池上　あり得ないでしょう。当然ながら、西宮市役所の記者クラブは怒っているし、抗議しているでしょう。記者クラブのこういう問題でいうと、一番最初は田中康夫*さんが長野県知事のときに、記者クラブをやめて「表現道場」という形にし誰に対しても開放し、県としていろいろなことを広報するということを始めました。そこには、記者会見は記者クラブが開くのか、県知事が開くのかという問題もありました。それまでは記者クラブが主催して、そこに知事を呼んで会見をしていた。しかし、それだと会見には記者クラブしか入れないため、記者クラブが情報を独占しているという批判もありました。そこでこのままでは閉鎖的だから、フリージャーナリストでも誰でも会見に来ていいですよという形にしようというのが、田中康夫長野県知事のやり方でした。それで記者クラブと大ゲンカになりました。

偏向報道をするメディアは取材拒否　二〇一五年一月、兵庫県西宮市、今村岳司市長が重要政策に関して市が「偏向報道」と判断した場合、メディア会社名と抗議文を市の広報などに掲載し、それでもマスコミ側に改善が見られない場合、取材に応じないと発表。その後、取材拒否ではなく、誤解を与える報道に対しては抗議・改善を求めると発表。その是非をめぐり毎日・産経・神戸各新聞でも報道され注目される。

田中康夫（たなかやすお）　小説家・政治家。長野県知事、新党日本参議院議員、衆議院議員を歴任。

記者会見を開放することへの評価は、実はものすごく難しいんです。知事が会見するから誰でも来ていいですよというという田中康夫さんが知事をやっている間はいいけど、逆に言うと別の知事になったときに、どうなるのかという心配もあります。例えば「朝日新聞は気に入らないから出席を禁じる」ということができてしまうわけです。もともと記者クラブというのは、弱いメディアもひっくるめて、どこかの会社が記者会見に出席できない等締め出されないための組織としてあったものが、逆に閉鎖的になり、情報を独占していると批判を受けるようになったのです。それはそのとおりなのですが、「誰でも出席できます」という参加許可を行政側が持つと、逆に「あなたの社だけはダメですよ」という判断も行政側ができてしまう危険性もあるということですよね。

森　多少は記者クラブの存在理由はあった。でも今は弊害のほうが大きい。

池上　田中康夫さんが会見開放やった後、鎌倉市長もやりましたね。市政クラブの主催ではなく、市が主催する記者会見だということになってしまいました。

森　「報道の萎縮を招く」。メディア側が発するこのフレーズを目にしながら、情けないと思うことも確かです。いい歳をした大人なのに、「僕たちは萎縮しやすいからあまり締め付けないで」と言っているわけです。中国や北朝鮮のように政治権力が上から実際に押さえつけるのなら闘い方もあるけれど、日本の場合は押さえつけられる前に自主規制で手足を縮めてしまう。

　アメリカのメディアや社会にも自主規制的な問題はあります。でもアメリカは揺り戻しがある。イラク戦争のときの世論や報道のあり方は本当にひどかったけれど、後にさすがにあのときはどうかしていたという声が上がる。自分たちは判断を誤ったと認めて検証する。多民族、多言語、多宗教だからこそ復元力がある。日本の場合、行ったら行きっぱなし。扁平なんです。

池上　アメリカには修復能力が確かにありますね。私がアメリカの動きで注目したのは、今年の二月初め（二〇一五年二月三日）にケネディ大使*が北海道に行って、白老町のアイヌ民族博物館に寄ったことです。そこでアイヌの伝統的な舞踊を見たり、花ござの製作を体験したりしている。今、なぜアイヌなのか？　札幌市議会の議員でアイヌ民族の

＊キャロライン・ケネディ　弁護士・政治家。ジョン・F・ケネディの長女として生まれ、弁護士を経て二〇一三年、駐日アメリカ大使に就任。

存在を否定した人がいたでしょ。

森　在特会もアイヌをターゲットにし始めています。

池上　あからさまに「民族を大切に」などと具体的にメッセージを言うわけではないけれど、アイヌという民族があるということを、ケネディ大使がわざわざ見に行ったということは、言外に、アイヌ民族を否定するような日本の一部の人のやり方に異議申し立てをしているんだなと伝わってきますね。

森　次の問題は、メディアがそれをどう報じるかです。

池上　「この度、ケネディ大使がこういう所に行きました」というだけで、写真付きの記事になっていました。でも、コメントや解説はほとんどありませんでした。

森　二〇一四年五月、天皇ご夫妻が群馬と栃木を訪ね、佐野市郷土博物館で田中正造*の直訴状を見ました。あくまでもプライベートな旅行です。ほとんどの新聞はさらっと事実関係だけを書いていたけれど、でもこのニュース、実はちょっと考えたらすごいことです。田中正造の直訴状は、明治天皇はもちろん、大正天皇や昭和天皇も公式には読んでいない。それをわざわざプライベートな時間をつくって見に行った

*田中正造（たなかしょうぞう　一八四一〜一九一三）
自由民権運動や栃木新聞発行に関与、栃木県会議員、衆議院議員を歴任。足尾銅山鉱毒問題に抗議、議員を辞職し明治天皇に直訴を試みる。

のです。明らかに言外のサインだと思うけれど、朝日も毎日も「田中正造の直訴状をお読みになった」的な記述だけで終わっている。

池上　問題意識を持っていないということですね。

森　そうとしか思えない。あるいは気づかなかったのか。いずれにしても記者たちのそうした感覚がどんどん鈍くなっている。

池上　二〇一五年の年頭の天皇の挨拶も凄かったですね。歴史をよく学ぼう*とおっしゃっていますよね。これは安倍さんに言ってますよね。

森　ご夫妻が必死にサインを出していることは間違いない。ただ、あまり過剰にお二人を忖度《そんたく》しちゃうとね。それはそれで……。

池上　今や最後の希望は天皇皇后ですって。

森　安倍・自民党vs天皇家。映画を作ったら当たるかな。

池上　ははは、当たらないと思うけど。

今を知るために歴史を振り返る

――今年は敗戦から七〇年、また戦後史におけるさまざまな区切りとなる年で、メディアでも歴史について取り上げられています。その意義はどこにあるのでしょうか？

歴史をよく学ぼう
「本年は終戦から七十年という節目の年に当たります。多くの人々が亡くなった戦争でした。各戦場で亡くなった人々、広島、長崎の原爆、東京を始めとする各都市の爆撃などにより亡くなった人々の数は誠に多いものでした。この機会に、満州事変に始まるこの戦争の歴史を十分に学び、今後の日本のあり方を考えていくことが、いま、極めて大切なことだと思っています」（二〇一五年一月一日、新年の感想より）

池上　今ニュースになる出来事は、過去の歴史があったからこそ、今起きている。なぜこんなことが今起きているのかということは、その前の歴史を知って、初めて理解できるということです。

例えば「イスラム国」は、なぜムスリムや中東の一部の人たちの支持を受けているかといえば、サイクス＝ピコ体制*の打破というスローガンが効いているわけです。イギリスとフランス、イラクとシリアの間の国境線を一九一六年のサイクス＝ピコ協定という秘密協定で引いた。だから、それを「イスラム国」が打破したという主張です。「我々アラブの手で、イギリスやフランス、植民地主義者が勝手につくった国境線を、引き直した」と言った。これが中東の人びとの琴線に触れるのです。その点だけで言うと、確かにある種の正しさはあるということにもなります。

森　さらに言えば、イエス殺しの歴史まで遡るわけです。その帰結としてキリスト教社会におけるユダヤ差別が起き、遂にはホロコーストに至ります。差別していたのはドイツだけではない。ヨーロッパ社会すべてです。だからこそ西側社会は強引なイスラエル建国に対して萎縮した。こうしてパレスチナ人が土地を追われ、中東戦争やアルカイダ

サイクス＝ピコ体制
第一次世界大戦後、解体された旧オスマン帝国の領土を、一九一六年に英仏露が自らの利益に適合するように協議・分割した協定によってできた版図。

にまで繋がる。歴史認識がなければ、現代の事象は理解できません。誰かが誰かを逆恨みして刺して殺しましたというなら、大変な犯罪ではあるけれど結局は「個別の事件」です。でも政治や国際問題については、歴史認識を持たなければ理解できなくなってしまう。その認識を持つことは当たり前だと思うけれど、今はそれを忌避する傾向がとても強まっている。つまり歴史修正への欲望です。

カンボジアのキリング・フィールド*に行ったとき、「子ども殺しの樹」を見ました。乳幼児の足を持って振り回し、頭蓋骨を叩き付けて殺したという大きな樹です。掲示されている説明を読めば、「子どもを殺した後に若い兵士たちは泣き叫ぶ母親を輪姦して殺害した」と書いてある。今の日本でこんな展示などあり得ない。自虐史観そのものです。キリング・フィールドには世界中から観光客が来ています。アウシュビッツなどホロコースト関連施設もそうですね。ドイツ国内にも展示施設はたくさんある。

ではそうした展示を見て、今のカンボジア人はなんと残虐なのだろうとか、なんとドイツ人は恥知らずで冷血なのだと思う人がいるでしょうか。展示は国益を侵害しているでしょうか。虐殺は世界中で起き

*キリング・フィールド
カンボジア各地に残るポル・ポト政権時代の大量虐殺の跡地には、大虐殺センターが設立され、当時の状況を知ることができるように整備されている。被害者の人骨等の展示品以外にもガイドや、生存者の説明等が聞ける所もある。

ている。群れて生きることを選択した人類の普遍的な宿痾《しゅくあ》です。ことさらに隠したり否定したりするほうがよほど恥ずかしい。大阪の戦争博物館「ピースおおさか*」は、あの戦争における日本の被害と加害双方を展示する数少ない施設だったのだけど、この春に日本軍の加害の展示が、ほぼすべて撤去されました。行政の指導です。

池上　日本というのは、経済的に閉塞感が強まったり、うまくいかなかったり、自信を失ったりすると、「日本人は素晴らしい」みたいなことを、どこかで持て囃すんです。最近のテレビ番組がそうでしょ。本も出ているけれど、「日本人はこんなに世界から愛されている」とか、「親日国家がこんなにある」というのが受けるのです。それで、ちょっと自信を持ったりできるからでしょうね。

自信がなくなっているからこそ、そういうものばかり流行っています。みんながそうなってしまうというのも、また危険なことですね。

森　鎖国体制を解いた明治以降、アジアに対しての優越感を、日本はアイデンティティの一部にしてきました。言葉にすれば脱亜入欧*であり大東亜共栄圏*思想です。特に中国や朝鮮半島に対しては「チャンコロ」や「チョン」などと呼びながら、蔑視感情を保持し続けてきまし

ピースおおさか
公益財団法人・大阪国際平和センター（ピースおおさか）は一九九一年に大阪市に開館。平和の大切さを訴え、「平和の首都大阪」の実現と世界平和への貢献を目的とする。館内に戦争中の資料や大阪空襲死没者名簿を展示。平和学習などもおこなう。

脱亜入欧
後進的なアジアを離れて（脱亜）、列強であるヨーロッパ諸国の仲間入りし（入欧）、世界の一等国に伍することを目標とする言葉。明治維新後の日本で、欧米に学ぼうとする姿勢を表した言葉。

大東亜共栄圏
一九四〇年に近衛文麿内閣下で掲げられた構想。欧米列強の植民地支配を排除し、日本を盟主としてアジア各国に新秩序をもたらす対アジア政策。大東亜共栄圏建設は、大東亜戦争の目的とされた。

た。こうしたネガティブな感情が反転しながら、アジアの覇者としての神の国が造形される。自分たちのその歪んだ優越感を、日本は戦後も払拭どころか直視すらしていない。アメリカだけではなく連合国、つまり中国にも戦争で負けたのに、その実感は薄い。しかも戦後には、目標だったアジアの覇者的な位置を経済で実現します。ジャパン・アズ・ナンバーワンですね。ところがそれも今は昔話。GDPは中国に抜かれ、韓国はすぐ後ろです。もはやアジアの覇者ではない。だからこその反中嫌韓であり、空虚なプライドが反転して、書籍やテレビ番組などの「日本はこんなに世界から愛されている」式のタイトルに繋がるのでしょう。

オウムによって刺激された危機意識が国外にまで溢れだして仮想敵国を見つけ、失いかけた自信と反転した嫌悪や憎悪が湧きあがり、そうした流れの中で今、安倍首相は戦後レジーム*を変えようと提言した。その最大の要素は改憲です。

戦後レジームとはアメリカ占領下における従属のはずです。ところが安倍首相が標榜する改憲はアメリカの意向であり、安全保障関連法の変革の約束はアメリカ議会で大きく拍手されました。現政権の動き

戦後レジーム
レジームはフランス語で「体制」の意味。二〇〇七年、第一次安倍政権の所信表明演説で「戦後レジームからの脱却」と明言されてから有名なフレーズとなる。アメリカによる押しつけであるとして日本国憲法は否定的に捉えられるが、戦後になってできた在日米軍基地の撤退要求は含まれずアメリカとの友好関係は極めて重視しているので、どこまでが否定されるべき「戦後レジーム」に加えられるのか、詳細で具体的な範囲は不明。

は明らかに戦後レジームの強化です。ドイツでは憲法を変えるとき、――ドイツは憲法ではなくて基本法*といいますが――その基本法を変えるときに、国民投票をしないんです。

池上 そうですね。ドイツでは、憲法に当たる基本法を変えるとき、国民は直接にはそれに投票しないシステムになっています。

森 それを知ったときは意外でした。ナチスを教訓にしているドイツこそ、国の規範や方針を変えるときには十分に国民の声を聞かねばいけないのではないか。知り合いのドイツ人に「なぜ国民投票しないのですか」と訊いたら、「我々は自分たちに絶望したからだ」と答えました。

池上 確かにそうですね。要するにドイツは歴史の教訓から、国民の判断を信用していないんです。時に国民は熱狂してとんでもないことをやる。ナチスドイツ*台頭の時代に国民はみんな熱狂して一挙にヒトラー支持に行ってしまった。国民投票をやると、そういうことになりかねないから、知性がある代表者たちだけで考えましょうという判断をしたのです。

森 これは深いです。民主主義を守るため民主的な手続きを自分たちで

基本法
第二次大戦後、ドイツは東西に分裂したが、旧西ドイツにとって「祖国統一」は国家的悲願となった。そのため西ドイツにおいては「憲法」という呼称を使用するのは時期尚早として「基本法」の呼称が使われた。しかし、東西ドイツ統一後も「基本法」の呼称は使われ続け、まだ「憲法」という名は使用されていない。

ナチスドイツ
世界的に有名なこの独裁政治体制は、一九三三年から四五年までドイツの政権を担っていた。この一三年間にオーストリア併合やヨーロッパのほぼ全域と北アフリカで軍事行動等をおこなう。国内的にはユダヤ人をはじめとして社会主義者、平和主義者、障害者、同性愛者、ロマ人などを殺害。

制限してしまった。

池上　そう、これは凄い決断ですよ。

森　戦後体制について、何でもかんでもドイツのほうが日本より素晴らしいとは思いません。でもこれだけは言える。ドイツに比べれば、やっぱり日本は絶望が足りない。敗戦だけではなく、水俣病*に象徴される高度成長期の公害問題や福島第一原発の爆発事故も同様です。一時は大騒ぎするけれど、すぐ忘れてしまう。目を逸らしてしまう。もっと自分たちに絶望すべきです。

池上　ドイツの一番のジレンマというのは、当時、世界で一番民主的だと言われたワイマール憲法*で、世界で理想の民主主義をつくったと自負していたら、そこからナチスドイツが生まれてしまった。そのワイマール憲法下で、ナチスドイツはちゃんとした民主主義的な手続きで政権を取ったのです。政権を取ったら、一挙に憲法を無力化してしまいました。その経験から「なぜ民主主義を徹底したら、ナチスドイツが生まれてしまったのだろう」というのが、戦後のドイツの一番深刻な自問自答になったのです。

そこで、「国民というのは一時の熱狂で動かされるものなのだ。だ

水俣病
一九五三年頃から熊本県水俣湾周辺で発生した疾患。チッソ（株）の工場排水に含まれていたメチル水銀が原因で大脳や小脳等の神経細胞が深刻な障害を受ける。新潟県でも一九六二年頃、昭和電工鹿瀬工場のメチル水銀が含まれた排水が阿賀野川に流され、新潟水俣病が発生。熊本でも新潟でも患者たちは病気に加え、誤解や差別にも苦しむ。水俣病を完治させる治療法はまだない。

ワイマール憲法
一九一九年、ドイツで制定されたドイツ国憲法の通称。採択地ワイマールの名を冠する。主権在民・人権保障等を規定し「世界で最も民主的な憲法」と言われ、国名も「ワイマール共和国」と通名を得るが、一方で大統領には強い権限が付与された。ナチス台頭の時代になると大統領令が政府の都合で出され憲法が空文化。三三年、全権委任法がナチスによって成立するとワイマール憲法は改訂されないまま無視されるようになり、政府独裁に歯止めがきかなくなった。

から国民投票はやめよう」という判断になった。

森　カンボジアのトゥール・スレン*、かつての政治犯収容所であるＳ21は、二万人近くの知識人階級を収容して、生き残ったのは八人です。残りはすべて苛烈な拷問のすえに殺された。ここの所長だったカン・ケク・イウは、二〇〇九年に始まったカンボジア特別法廷*で、殺害や拷問は上司の指示だったと弁明しました。これを聞けば、誰もがアイヒマン*を想起するはずです。

池上　アイヒマンはナチス親衛隊の将校で、大勢の人を死に追いやりましたね。

森　ユダヤ人輸送の責任者でした。

池上　戦後、アルゼンチンに逃げていたところをイスラエルの特務機関が見つけて、イスラエルに拉致してきて、連行して裁判にかけました。ハンナ・アーレント*は、アイヒマンはとんでもないろくでなし、人でなし、殺人鬼だと思って裁判を傍聴していたら、どうってことない、ごく普通の凡庸な人間だったと気がつきます。ただ、言われたことをやっただけ、真面目に職務を執行しただけである。凡庸な人間がこういうことをやるんだ、ということを彼女は書いて*、世論の袋叩きにあ

トゥール・スレン
カンボジアのクメール・ルージュ治世下に設けられた収容所。Ｓ21とも言われる。政治犯を収容したとされるが、二万人とも目される収容者のうち生還できたのは数名だけとも言われている。現在は、国立の博物館として当時の惨状を展示している。

カンボジア特別法廷
ポル・ポト政権による虐殺・強制移住等の重大人権侵害・犯罪を裁くための特別法廷。判事・スタッフにはカンボジア人以外にも国連から派遣された判事や検事も参加している。国連とカンボジアが合意し二〇〇九年からおこなわれているこの法廷開催費用は、その多くを日本が負担している。

アドルフ・オットー・アイヒマン
（一九〇六〜一九六二）
ナチ党員、国家保安本部ではユダヤ人担当職を歴任。ナチスがユダヤ人絶滅を決定したヴァンゼー会議に出席。ユダヤ人虐殺に事務職として関与。戦後、アルゼンチンに偽名で潜伏していたところをイスラエルに拘束・連行され、死刑判決で絞首刑となる。

いました。でも彼女は正しい。アイヒマンは、たぶん「凡庸」なんです。

森　アーレントの指摘は、メディアによって善悪二分が促進される今こそ、より強く考えられなければならない。カン・ケク・イウの証言に対して幹部だったイエン・サリ*などは、「指示などしていない」「そもそもトゥール・スレンの存在など知らなかった」などと反論していました。おそらくどちらも嘘ではない。キーワードは過剰な忖度です。ナチスやクメール・ルージュだけではなく、かつての日本の戦争やオウムの地下鉄サリン事件も同じだと思います。世界中にあること。ただし日本はその傾向が少しばかり強い。なぜなら集団化しやすいから。同調圧力の社会です。

オウムの場合、報道の際に使われるレトリックは二つしかなかった。「残虐非道な凶悪集団」か、「麻原に洗脳されて感情や判断力を失った危険な集団」、このどちらかです。この二つが共通することは、彼らは自分たちとは違う存在だとの前提です。だからこそあんな凶悪な事件を起こすことができたのだとの論理に依拠することができる。もしも違う存在でないとしたら、自分たちもあんな凶悪な事件を起こす可

ハンナ・アーレント（一九〇六〜一九七五）
ドイツ出身の哲学者。マールブルク大学でハイデガーに師事。ユダヤ人としてナチスに追われアメリカに移住後、プリンストン大・シカゴ大等で教授を歴任。アイヒマン裁判傍聴記『イェルサレムのアイヒマン』で、アイヒマンを〈凡庸な悪〉と指摘し論争となる。アイヒマンと同年生まれであった。他にも著書に『全体主義の起源』等。

彼女は書いて
『イェルサレムのアイヒマン――悪の陳腐さについての報告』。

イエン・サリ（一九二三〜二〇一三）
ポル・ポト政権の副首相兼外相を務める。九六年、クメール・ルージュを離脱し恩赦を受けるも、カンボジア特別法廷では人道に反する罪と戦争犯罪が問われた。知識人・文化人を虐殺・弾圧したポル・ポト政権の幹部を務めたが、彼自身はフランス留学経験を持つ元大学教授であった。大虐殺については自身の責任を認めていなかった。

能性があるということを認めることになる。それは承服できない。自分たちは悪ではない。社会のこの願望にメディアは抗わない。むしろ煽ります。こうして善悪二分化が促進した。さすがに事件から二十年経った今では、オウムの信者たちは死刑囚も含めて、善良で誠実な若者だったらしいという意識は、なんとなくみんな持ち始めています。でもそれでは悪が存在できなくなる。それは承服できない。凡庸であるということは自分と変わらないということ。それは認めない。こうして例外的な悪の特異点としての麻原彰晃が強調されます。麻原だけは特別なのです。一二人の幹部信者たちの死刑は執行すべきではないと運動する人や組織は少なくないけれど、麻原だけは例外です。でも僕は麻原も同じだと思います。オウムの一連の事件、特に地下鉄サリン事件の根幹で駆動していたメカニズムは、麻原と幹部信者たちの相互作用です。

池上　オウムの信者になった人たちは、かなり感受性が強くて、自分の生き方をものすごく真面目に真剣に考えていたからこそ、あそこに行ったわけですよね?

森　そういう人は多いです。出家はすべてを捨てるのですから、生半可にできるわけがない。オウムの前は障害者施設でボランティアで働いていたとか、そんな信者は少なくないです。
　ところで、池上さんが教えている東工大の学生たちは、オウムについてどのくらい知っているのですか？　今の学生から見れば、生まれる前か直後の事件です。

池上　菊地直子*が捕まったときに、そもそもオウムとは何だったのかという授業をしました。地下鉄サリン、あるいは松本サリン事件はどうして起きたのか、みんな知りません。松本にオウムの道場が進出することに周辺の人たちが反対運動をして、民事訴訟を起こした。オウムは裁判で負けそうになったから、サリンをまいて裁判官を殺そうとしたという経緯を説明すると、みんな目を丸くします。オウムの名前だけは知っているけど、あとは何も知らない。
　そういう中で、ものすごく問題になったのは、「オウムの信者には高学歴の若者たちがいっぱいいた。実は君たちの先輩、東工大の卒業生も、大学で学んだ知識をつかってサリンのプラントの設計に携わったんだよ」という話をすると、みんな仰天するわけです。最後に、オウムはその後「アレフ」と「ひかりの輪」という名前で今も活動して

＊菊地直子（きくちなおこ）
元オウム真理教信者。地下鉄サリン事件に関与したとして殺人・殺人未遂で、一九九五年に特別指名手配、二〇一二年に逮捕されるまで長期間、逃亡生活を送る。

いると言ったとたん、何人かが突然、はっと思い当たった顔をしました。オウムについては何も知らなかったし、昔の話だと思っていた。しかし「アレフ」と「ひかりの輪」という名前を聞いたとたん、思い当たる節がある学生がいるわけです。それで私も「ああ、この学生たちも勧誘を受けたんだな」とわかりました。

今、東工大も含めた大学で一番深刻なのは、四月に地方から真面目な学生が来たときに、カルト集団にひっかかってしまうことです。東工大では四月の間、ずっと校内の電光掲示板に「カルトに注意」と出ていきます。でも、「カルトに注意」と言われても、新入生には何のことかわかりませんね。だからといって、特定の宗教団体の名前を出すわけにもいかないし……。

森 明治大学では毎日夕方一回、全学放送で「カルト集団に注意しましょう。彼らは一見優しそうな顔をして近づいてきます」とアナウンスが流れています。それを聞きながら僕は、「彼らは〈一見〉じゃなくて、本気で優しいんだけどな」と思う。「一見」と言うと何か下心があるように思えるけど、彼らに下心などない。本気だし真面目です。だから怖い。結果としては犯罪を起こすまでになってしまう。アナウンスで注意を呼びかけるだけではなく、その構造をしっかりと教えるべきなのだけど、宗教的な領域は日本のアカデミズムにおいてはタブーになりかけています。実はつい最近、明治の僕のゼミで、学生たちから「カルトとメディア」をテーマに調べたいと提案されました。それ自体はもちろん賛成です。でも学生からは、フィールドワークの一環として「アレフ」を取材したいと言われ、さすがに悩みました。あなたがたはまだ親の庇護下なのだから、まず親に了解をとれと言ったら、とりましたと翌週に返答された。ならば僕としては学生たちに取材してほしいけれど、でも今の世相は許さないでしょう。ましてや指導教官が森達也ですから、週刊誌などから激しく叩かれることは目に見えています。そうなると学部にも迷惑をかけてしまう。結局は学部とも相談して断念させました。君たちは間違っていない。でも今の世相ではどうしようもないと伝えました。

地下鉄サリン事件直後、「宗教団体なのに人を殺すなどあり得ない」とか「人を害するオウムは宗教ではない」的なことを多くの人が言っていました。嘆息するほどに浅い観点です。宗教の歴史や本質がまったくわかっていない。

そもそも宗教は危険です。生と死を転換する装置なのだから。カルトだから云々のレベルではない。だからこそイギリスのシンポジウムでは、カルトという言葉を発言した学生に対して、その言葉を安易に使うべきではないと宗教学者がたしなめるわけです。特にオウム以降、日本においては宗教がアンタッチャブル的な領域に置かれてしまい、無知はますます肥大しました。宗教について知らなすぎる。ゼミでは学生たちに、「イエス・キリストは何教徒か？」とまずは訊くのだけど、ユダヤ教と正解する学生は稀です。「キリスト教徒じゃないんですか？」と真顔で言う。そのレベルです。

池上　なるほど、そうすると「仏陀は何教徒だったか？」という問いも同じことになりそうですね。

森　少なくとも仏教徒ではない。でもバラモン教と言うこともできるけれど、ブッダは難しいですね。彼自身は無宗教との見方もできる。とにかく宗教がわからなければ、今の世界情勢の因果関係がわからない。アルカイダもわからないし、9・11もわからない、イラク戦争もわからない。池上さんが宗教についていろいろ発言されているのは当然のことで、それは世界を理解するための不可欠な要素なのに、日本では海の向こうの遠い話です。宗教は危険でアンタッチャブルみたいなことになっている。これはとても不幸なことです。

「朝日問題」とは何だったのか

森　オウムによる地下鉄サリン事件以降、他者への不安と恐怖を強く刺激された日本社会は、急激な集団化を起こします。なぜなら一人が怖くなったからです。多くの人との結びつきをより強く実感したくなる。9・11以降のアメリカが示すように、この現象は世界共通です。不安と恐怖を刺激された副作用の一つが体感治安の悪化です。実際には治安状況はとてもよくなっているのに、見えない敵への不安におびえる。だから厳罰化も始まります。やがてその感覚は国内から国外に溢れだす。つまり過剰に肥大した仮想敵国の存在です。これをスプリングボードにした安倍政権は、日本を取り巻く安全保障環境が大幅に悪化していると強調しながら、集団的自衛権を前提にした安全保障関連法案の成立を主張する。なぜ個別ではなく集団なのか。集団化への希求がより強くなっているからです。明らかに違憲です。そもそも日本を取り巻く安全保障環境は決して悪化などしていない。体感治安の悪化幻想がグローバル化しているだけです。あるいはこれを利用しようとしている。安倍政権のレトリックの欺瞞や矛盾をメディアはきちんと指摘すべきなのになんとなく鈍い。「理解が足りない」とか「議論が熟していない」など政権と同じレトリックを使っている。今のところ朝日新聞もなんとなく腰が引けている。その要因の一つは二〇一四年のバッシングが、ボディブローみたいに響いているのではないかと思います。

ということで、この話題にも触れておきたい。二〇一四年の八月に掲載された従軍慰安婦に関する朝日の検証記事については、読み終えてまず、「なぜ、誤報と認めるのがこれだけ遅れたのか」という視点での検証がほとんどないことに違和感を持ちました。何らかの圧力や妨害が社内にあったのか、あるいは社外の事情なのか、そうした観点について、記者やデスクなどの固有名詞を提示しながら検証するべきだった。固有名詞と強調する理由は、言論機関であると同時にメディアは権力でもあるからです。

産経新聞も読売新聞も従軍慰安婦については、吉田氏の証言を前提にした記事をこれまでさんざん書いてきた。確かに朝日は記事の信憑性を疑う声が出てからも記事を出し続けたけれど、読売・産経とは一年、二年の違いです。誤報という意味ではほぼすべてのメディアが同罪です。にもかかわらず、なぜ他のメディアはここまで朝日を叩けるのか。とても不思議です。

いずれにしても、検証が遅れた理由を朝日は明示すべきだったと思います。池上さんも同様の趣旨を書かれていますよね。

池上 ええ、私は朝日に掲載を断られたコラムの中に「なぜこんなに長く検証ができなかったのか、訂正ができなかったのかについての検証がない」と書いたんです。

森 特定秘密保護法を制定した安倍政権は、さらに集団的自衛権の認定に着手します。このタイミングで、最も政権に対して批判的な朝日新聞で誤報問題とそれに対する不適切な対応が続いたのは、非常にまずかった。結果として池上さんの「新聞ななめ読み*」の掲載拒否問題も、朝日叩きの大きな要素になった。ただし掲載を拒否されたとき池上さんは、自分からは発信していないですね。

池上 一切していません。

森 それは朝日の編集権だからとの理由ですね。

* 「新聞ななめ読み」 朝日新聞朝刊で定期連載されている、新聞等の報道・ニュースに関する解説。

池上　編集権とは、「それぞれのメディアが独自に何を報道するのか、ほかの人から余計なことを言われない、圧力を受ける必要がない」ということです。どこかから、ああしろとか、こうしろとか言われてやるものではないですね。朝日新聞が誰か特定のジャーナリストのコラムを載せるか載せないかについて、外部から指図されるいわれはないわけです。「池上のコラムは載せられません」と言われたときに、池上が「それはおかしいじゃないか、載せるべきだ！」と言ったら、私が朝日に圧力をかけたことになる。無理やりやらせたら朝日の編集権を侵害したことになるでしょ。朝日新聞には朝日新聞の独自の編集権があって、それは大切にしなければいけないことだから、私はそれについて、どうこう言う筋合いはありません、と思っています。

森　でも朝日から最初に原稿を依頼されたとき、「朝日への批判も含めて、好きなことを自由に書いてもいい」との約束があったと仄聞《そくぶん》しています。

池上　確かに私のコラムの場合はありました。普通はないんですけどね。

森　だってタイトルが「新聞ななめ読み」ですから。

池上　でも、「約束が違うじゃないか」とは言わなかったですね。朝日新聞が私に「何を書いてもいいですよ」というのは、朝日の編集権において下している判断でしょ。だから私としては載せる・載せないという編集権は朝日にあることは尊重するけれども、最初の約束と話が違うから、信頼関係が失われたので連載はやめますという言い方をしたわけです。

――掲載拒否は重大なニュースだから、このことについて他のメディアで書くというお考えはなかったんですか？

池上　「朝日が俺のコラムを載せなかったぞ！」と、ほかのメディアで書こうと思えば、書けますね。でも、その約束については朝日と私の関係の中での話だから他で書くことではないと思いました。

森　池上さんのコラム掲載拒否を最初に報道したのは週刊誌でしたよね。

池上　木曜日（二〇一四年八月二十八日）に朝日から連絡があって、私のコラム「新聞ななめ読み」が金曜日に掲載されないことを知りました。そのままロシアに取材に行ったら、月曜日（九月一日）になって『週刊新潮』から電話がありました。「実は朝日の人から聞いたんですが……」ということでした。その後『プレジデント』、さらに『週刊文春』から連絡が入りました。私としては、単に朝日との話ですから、自分から言うべきことではない。あくまで朝日が編集権を行使したに過ぎない。編集権は大事なことだから、自分からは一切他言しない、どこにも言わない。ただし、もしこのことが漏れて、どこかから取材が来たら、嘘をつくのはやめようと決めていました。取材には答えるけれど、それ以上、自分から「実はこんなことがありました」とは言わない。聞かれたことに答えるだけということで、一応、自分なりの筋を通したんです。だから、実は内心「肝心なこの点は聞かないのかな？　取材力ないなあ」と思いながら対応していたところもあります。

——その中で、池上さんご自身で「ほかのメディアだって朝日批判なんて言えた義理ではないでしょ。何より〈国益〉などという言葉を口にするのはジャーナリストの矜持に反するのではないか」といったことを書かれたのは、勇気のいることだったのではないでしょうか？

池上　私の朝日との一対一の関係が、朝日叩きに使われていることが、自分としてはものすごく違和感があって、「朝日叩きに私の話を使うなよ」という思いがあったので、ちょっと楔《くさび》を打ち込もうとして、ああいう書き方をしたんです。あのとき『週刊文春』が「売国」なんて言葉を使ったので、「売国」なんて言葉を使うべきではないとも書きました。あれ以来、新潮も文春も「売国」という言葉を使わなくなりましたね。

森　池上さんは感情的に朝日に怒っていたのではない？

池上　いえいえ、全然（笑）。掲載拒否が決まったとき、朝日新聞の担当者が私のところへ来たんです。そのとき、上から言われて、私のところに話に来ている朝日の人たちの顔を見て、苦渋というか、挫折というか本当につらそうでした。現場の人たちはみんな掲載したいのに、上から絶対ダメだと言われて、悔しい思いで私のところへ来たのですね。彼らの考えは会社の判断とは違うのに、会社の意見を私に伝えに来たのです。「すみません、載せられません」と言う。私のところに来たわけです、担当の人と、その上の人、さらにその上の人と、三人ほどが来てくれたのですが、私にも彼らの気持ちはわかりました。その彼らの悔しさが。そんな彼らに怒れないですよ。彼らの上司についてては「バカだなあ」とは思いましたけど。

森　オピニオン担当デスクは、池上さんのコラムは絶対に載せなければダメだって、何度も杉浦信之*編集担当役員にねじこんだと聞きました。

池上　ええ、そうらしいですね。

森　池上さんのところへは、杉浦さんは来ていないのですか？

池上　杉浦さんは来なかった。杉浦さんのすぐ下の人かな？　その方は来ましたけど。

森　池上さんのコラム掲載拒否についても、検証委員会が示すとおり、誰も明確な指示はしていないと思います。でもそれがいつの間にか確固とした指示になっている。忖度が働くからです。何度も言うように、とても普遍的な現象です。

戦艦大和の特攻*が決まった理由は、軍令部総長が天皇から「海軍にもう船はないのか」と言われて、「全海軍兵力で総攻撃をおこないます」と返答してしまったからだとの説があります。天皇に片道特攻との意識はなかったはずです。ところが事態は進む。存在しない指示を前提にして。こうして組織は間違いを犯します。

いずれにせよ池上さんのコラム掲載拒否は、従軍慰安婦問題と並行して、朝日バッシングの両輪になってしまった。

杉浦信之（すぎうらのぶゆき）
二〇一四年八月時点の朝日新聞取締役編集担当。

戦艦大和の特攻
一九四五年四月七日、沖縄を目指し航行中の戦艦大和が九州・坊ノ岬沖で米航空隊と交戦、沈没。すでに制空権をアメリカに奪われていたにもかかわらず航空支援のないままの大和の出撃は「戦艦の特攻」とも見なされた。

メディアの謝罪

森　騒動の後、池上さんのコラムは掲載されました。

池上　はい。

森　さっきも言ったように、内容についてはおおむね同意します。でも「朝日は謝罪すべきだ」という池上さんの主張に対しては、僕は違和感を持ちました。

池上　私が言った「謝罪がない」というのは、「経緯はともかく、間違いがあった。そして、それが長い間訂正されなかった。途中でおかしいというのがわかったのに、それを改めて調べて訂正しようとしなかった。それが長い間続いてきてしまった」ということに対して、「少なくとも過去に誤報をしたことに対して、読者に謝罪が必要なのではないか」ということです。あるいは「こんなに長い間、謝罪をしなかったことについての責任をどう考えるのか」ということです。まったく謝罪がないままの検証記事に違和感があるということで、謝罪をすべきではないかと書いたということですね。

森　つまり、謝罪が前提ではないということですか。

池上　それはそうです。ただ、誤報を出してそれを「実は間違っていました。間違っていたから訂正します」となったら、「間違っていました、ごめんなさい」というのが普通の人間の判断じゃないでしょうか。テレビの世界においては、誤報してしまったときは「訂正します」じゃなくて「お詫びして訂正します」というのが普通だから、そこでお詫びの言葉が一つくらいあってもよかったんじゃないでしょうか、という文脈で言っただけのことなんですね。

森　そこに違和感があります。

池上　聞きましょう。

森　騒動が起きたとき、日本の社会は謝罪を強要します。実際の心中はともかくとして、まずは詫びの言葉を形にせよとの意識です。最近では組織的な大きな不祥事や問題が起きるたびに、役員や責任者が記者会見して頭を下げます。あるいは「世間をお騒がせして申し訳ない」的なフレーズを口にする。リスクヘッジや危機管理的な観点からは、とにかくまずは謝罪すべきだとの判断なのでしょう。でもメディアはその公式でよいのだろうかと思うのです。

またオウム絡みの話になってしまうのだけど、「Ａ２」を撮影しているとき、なぜオウムは謝罪をしないのかと強く問題視されていた時期がありました。オウムの幹部たちの議論の場にカメラを持ち込みました。「すぐに記者会見を開いて謝罪すべきだ」との意見に対して、幹部の多くは、「自分たちにもサリンを撒いた理由すらわからない今の状況で、表層的な謝罪はあまりに不誠実だ」と主張しました。撮りながらつくづく思ったけれど、不器用というか生真面目すぎるんです。

池上 そうですね。確かにある意味で凄く真面目な態度ですね。

森 謝るからには、自分たちの非や過ちをしっかりと知らなければならない。それを知らずして謝るのでは、自分たちの身を守るために社会に迎合するだけだとの論理です。このとき僕はカメラを止めて、気持ちはわかるけれど、迷惑をかけたことが事実なら、まずは謝るべきではないかと口を挟んでしまった。でも確かに一理あるなと思ったことも事実です。

土下座が示すように、日本人は様式が大好きです。その様式の一つに組織の謝罪がある。そこにリスクヘッジや危機管理が絡む。でもメディアは本来、リスクヘッジや危機管理ばかりでは動けなくなる。そんな簡単なものじゃない。

メディアの過ちはとんでもないことに拡大します。日本では戦前戦中の新聞報道、あるいはイラク戦争前のアメリカのメディア、いずれも膨大な数のいのちを犠牲にしました。そのあとに「すみません、間違えました」と言われたとして、了解できるようなレベルではない。要するに謝罪の言葉なんかでは追いつかないということです。

だからこそメディアに対しては、気軽に謝って済ませないでくれよと思います。もしも間違えたとき、謝罪の言葉なんかじゃ追いつかないようなことを自分たちはやっているんだという意識を常に持ってほしい。その意識を持ったうえで、申し訳なかったと心から言うのであれば、それはもちろん全然ＯＫなんですが、謝罪することだけがあまりにも前景化してしまうと、自分たちの加害性、あるいはこれほど責任のある仕事をしているとの意識が、これはメディアの業《ごう》といってもよいのだけど、その部分が薄くなってしまう。

池上　なるほど。おっしゃることはわかります。

森　その意味で僕は、メディアの謝罪は強要すべきではないと考えます。

池上　森さんのご指摘はそのとおりですね。でも、言葉として「謝罪」というのはどこかで使わざるを得ないという点はありますよね。ただ、とにかく形だけで謝っておけばいいということではないというのは、おっしゃるとおりです。

森　例えば『ニューヨーク・タイムズ』は「corrections」という訂正記事を毎日のように掲載するけれど、そこに謝罪の言葉は書きません。

池上　「すみませんでした」とは言いません。

森　その代わりに、「デスクの某が判断を間違えた」とか、「記者の某の裏取り作業が綿密ではなかった」など、間違いの過程を具体的に、個人名まで出しながら徹底的に検証する。僕はこれがメディアの謝罪だと思います。上辺の謝罪の言葉はない。また強要もされない。なぜなら謝罪の強要は萎縮に繋がります。その代わり自分たちの判断で、間違えた過程をすべて実名も含めて公開する。この意識を国民も共有できれば、"I am sorry"はいらない。

池上　そういう意味で言うと、朝日新聞が一連の改革の中で、今度は訂正欄の掲載位置を決めましたね。これまでは、七面で間違っていたら七面に訂正、九面で間違ったら九面に訂正を出していました。それを改めて、訂正を出す面を決めて、紙面のどこであれ訂正があった場合は必ず決まった掲載場所に訂正内容を出すことになった。そこに、

「なぜ、どのように間違えたか」という説明も含めて出すんです。最近の訂正文なんか、おもしろいですよ。「あれとこれを取り違えました」「この数字を読み違えました」とか「これの計算を間違えました」とかいうことまで含めて細かく書いています。なぜ間違えたかがわかるんです。前は「これは間違いでした、訂正します」というだけで、なんか納得できなかった。今は、この部分をこう間違えましたと言われると、ああ、計算を間違えたんだ、そういうミスってありそうだよねぇって、逆に同情しちゃいます。「人間だからこんなミスはやるよねぇ」と思ってしまいますね。もっと単純なケアレスミスで、カタカナ表記の文字の順番を間違えたものなど、おもしろいというか気の毒というか、とても共感してしまって、こんなミスって、実はよくやるよねぇっていうのがわかって、説得力があるというと変だけど、意味のある訂正をやるようになっています。

森　朝日のその改革は、まさしくcorrectionsがベースになっていますね。

池上　そのとおりです。紙面としては小さくとも、改革の一つですね。

森　こうした姿勢は読者のメディア・リテラシーにも繋がります。新聞だって間違えると実感することができる。これに比べると、テレビは相変わらずです。情報の間違いや誤記はともかく、いわゆる不適切発言の場合などはいまだに、「ただいまの番組の中で不適切な発言があったことをお詫びして訂正します」的な紋切型です。誰にお詫びしているのかも不明だし、そもそもどこがどう不適切なのかもわからない。

池上　番組によってはいろいろあるとは思いますが、NHKにいたときは私は必ず説明もしました。

「首都圏ニュース８４５」とか首都圏のニュースとか、あるいは「週刊こどもニュース」をやっている頃には、「さっき、こういうふうに言いましたけど、実はこうでした」と訂正するときは、具体的な説明もしてました。「間違いがありました、ごめんなさい」だけじゃなくて、間違った箇所をフリップで示して、「さっきはこうなっていましたけど、本当はこうでした」と、その場でフリップに正誤表を書いて、「こんなふうに間違えました、ごめんなさい」と説明していました。

森　そうでしたか。池上さんのその説明に対して、上司とかデスクから何もクレームはなかったんですか？　番組でお詫びと訂正を出すときは、局内でいろいろな手続きとかが必要だと聞いたけれど……。

池上　私が編集責任者でしたから。

森　（笑）なるほど。でも番組統括とか……。

池上　それも私でしたから。

森　うーん、そうなんだ。それじゃあ、池上さん、ＮＨＫを辞めなくてもよかったんじゃないですか？

池上　いやいや（笑）。組織上の上司はいましたよ。でも番組の一番の責任者は私でしたから現場で私が判断を下し、訂正はすぐにおこなっていました。

森　じゃあ、「勝手に詫びるな」というお小言は局内からはないんですか？

池上　まったくありませんでした。

森　それは、かなり画期的なテレビの訂正のやり方です。

3

メディア・リテラシーの想像力

メディアの今

森　新聞について言えば、今の学生はほとんど誰も読んでいません。だからと言って新聞が急に消えることはないと思うけれど、凋落は明らかですね。

池上　私の授業で訊いてみましたが、東工大生はけっこう読んでいましたけど。

森　それは池上さんの授業を受けるような学生だからじゃないですか?

池上　ああ、なるほど。確かにそうかもしれない。私の授業を履修している学生だからかもしれないですね。その点は勘案するにしても、やはりけっこういましたね。約四割くらいが家でとって読んでいますと言います。ほかの私立大学へ講義に行って聞くと、誰も読んでいませんけど。

森　明治大学で僕の授業の履修生は、ほとんど読んでいない。読む理由がないのでしょう。だってネットでいくらでも情報は入るし、ネットニュースで見出しを見て終わりじゃないかな。みんな忙しいから。

池上　「ネットでニュースを見ています」と言う学生に訊くと、読んでいるのは産経新聞が多い。産経新聞はいちはやくネットですべての記事を無料で掲載したので、紙の新聞でいうと産経新聞はわずかで影響力がないけど、ネットでの影響力は凄いですよ。結局、ネットの保守層を育てている感じになっている。

森　後藤さんが殺害されたとき（二〇一五年二月三日）、衆院予算委員会で共産党の小池晃*議員が安倍首相に質問したんです。人質事件で官邸は本来どれくらいの責任を果たさなければいけなかったのか、という内容です。これを伝える産経の記事に、「小池議員がまくし立てた」という表現がある。これは前にも指摘しましたが、本来は新聞の記事で使うべき述語ではない。最近の産経新聞はこんな記述がとても多い。少し前なら働いていたはずの抑制が働いていない。

でも、百歩譲って言えば、その産経の記事も嘘ではない。記者がそう感じたのであれば、そう書けばいいと僕は思います。だから「記者はまくし立てたと感じた」と書くのなら文句はない。あとはその記事を読む側のリテラシーの問題です。でもリテラシーを身につけていないから、額面どおりに受け取ってしまう。「まくし立てた」との記述を読みながら、政権を一方的に理不尽に責めるイメージを想起してし

小池晃（こいけあきら）
日本共産党参議院議員。党の副委員長・政策委員長を務める。東北大学医学部卒。医師。

まう。ましてネットには産経ソースの記述が溢れているから、ネトウヨたちはさらに増殖してしまう。

池上　以前にメディア論を教えていた大学で、授業中に「この中で新聞を読んでいる人はどれだけいますか？」と訊いたら一人しか手を挙げなくて、あとは誰も新聞をとっていない。そんな中で一人だけ手を挙げてくれたものだから思わず嬉しくなって、「何新聞をとっているの？」と訊いたら、「聖教新聞*です」という答えでした。読んでいる新聞を訊いただけで思想調査になってしまうんだと、はたと気がついた。気軽に何新聞とっているのかと聞いてはいけないと思いました。

森　確かにそうですね。まあ今でこそ偉そうなこと言っていますけど、僕だって学生時代、新聞なんてほとんど読んでいなかった。ニュースすら見ていない。あの時代の政治的なことなんか、何も覚えていません。麻雀やって、酒飲んで、女の子と遊んでばっかりだったから、あまり声高に新聞を読まないとダメだぞと学生を批判はできない。池上さんはいつ頃から新聞を読んでいたんですか？

池上　小学校五年生頃からです。その頃、新聞はまだ一二面くらいでページ数が少なかったですから隅から隅まで読んでいましたね。

聖教新聞
創価学会の日刊機関紙。創刊一九五一年。

森　ちなみに何新聞？

池上　朝日新聞（笑）。

森　なるほど。確かに思想調査だ（笑）。

池上　当時、朝日に載っていた連載小説は大人向けの小説で、男女のことを書いているのを読んでいるのを親に見つかって、「こんなものを読んじゃいかん」と怒られて……。誰の小説だったか、あまりよく覚えていないけど。家でとっていたのはずっと朝日新聞でしたが、親父が食卓で新聞を読みながら、「最近、朝日は左傾化していて困ったものだ」みたいなことを言ってたりもしました。

――二〇一五年度の予算案が決まったときの新聞*を見ると、新聞によって見出しも内容もずいぶん違います。そういう意味では新聞は今ずいぶんと多様になっているような気もしますが。

森　これこそ、茶碗をどこから見るかで描写が変わるという例えでさきほどお話ししたことですね。いずれの報道も嘘ではない。それぞれの立ち位置から「こっちから見たら、この事件・出来事はこう見える」と報道するのは当然のことです。どれがファーストプライオリティな

二〇一五年度の予算案が決まったときの新聞
二〇一五年一月十四日、政府は新年度予算案九六・三兆円を決定したが、その報道は各紙、次のとおりであった。
読売新聞：「地方、子育て重視予算」、朝日新聞：「社会保障増え、歳出最大」、毎日新聞：「生活支援、実感薄く」、東京新聞：「暮らし抑え防衛重視」、日経新聞：「税収増　痛み先送り」

のかという選択に各社の個性が表されるのであって、子育て予算より防衛費のほうが大事なニュースとして一面の見出しにしようとか、いや違うとか、いろいろな判断が新聞によって違うことはあるでしょう。

池上　こういうとき、朝日はすごく客観的に書くんです。国家予算の決定などのニュースでは、朝日はいつもその内容について評価をしないように、しないように書いている。

森　うーん、ダメだな、朝日。

池上　社会保障が増えたと書いておいて、公共事業、防衛費も増えている、と。

森　朝日と産経とでなぜこんなに論述が違うのか、どちらが嘘をついているのか、などと学生によく質問されますが、結論から言えばどちらも嘘ではない。視点が違うだけです。そしてその視点の違いは、マーケットの違いと重複します。

日本の新聞は、世界でも珍しい宅配制度です。だからマーケットが固定化する。言い換えれば、朝日の読者という一つの層ができる。読売や産経、毎日や東京に日経も同様です。その読者の興味や嗜好に合わせて記事が微妙に変わる。産経新聞の読者で共産党を応援する人はまずいない。だから「共産党議員がまくし立てた」との述語に溜飲を下げるわけです。これもまた相互作用です。まあ産経は、ちょっととというかかなり露骨すぎるけれど。

ところがテレビの報道は、局によってそれほど変わらないですね。若干のニュアンスの違いはあっても、新聞ほどの違いはないはずです。その理由は簡単です。みんながリモコンで頻繁にチャンネルを替えながら見ていますから、テレビ局側から見れば視聴者、つまりマーケットが固定化できないんです。だからテレビ報道は中立的なスタンスを新聞以上に強調する。それはテレビの弱みではなく、むしろ強みだと思います。主義主張の違う人にさまざまな視点や意見を供給できるのだから。

新聞の場合は、固定客を持っているから安心して自説を主張できるかというと、マーケットの好みを気遣って、……この対談の趣旨でいえば忖度して、先鋭化してしまう傾向がある。つまりポピュリズムの危険性が大きい。

池上　今でこそ反原発報道で注目されていますが、東京新聞は昔はこうではなかった。福島の原発事故の後、批判的な記事を書いていたら部数が増え始めた。あの時期、朝日から東京に多くの読者が乗り換えたんです。そこから、どんどん先鋭化してきましたね。反原発ならとにかく大きく扱う。

森　メディアには会社ごとの傾向・特色が当然ありますが、実はそのカラーをメディア側は選んでいないのです。購読者や視聴者が動けば、メディアも必ず動きます。「これは商売になるぞ」となれば、どんどんそっちに流れて行くというのは、かつて戦前に大阪朝日*と東京日々*が軍部の大陸進出に際して、批判から翼賛報道に変わってしまった過程とまったく一緒です。同じような経緯で非戦を唱えていた萬朝報*は部数を落とし、最終的には路線を変えたけれど今度は内紛が起きて記者たちが辞めてしまい、結局は消滅しました。要するに、戦後七〇年経ってもメディアは同じことを繰り返しているだけなのです。

だから、メディアに不満があるならこっちが変わるしかない。東京新聞は原発再稼働についてこういう視点で書いている、一方で読売はこういうことを書いている。どちらも違う視点からの情報です。では、自分はどんな視点を重視するのか自ら考える。池上さんはプロだから一紙を二〇分で読んじゃうけれど、普通はできない。僕だって無理。

大阪朝日
一八八七年、大阪で創刊の日刊紙。一八八九年、『大阪朝日新聞』に改題。現在の朝日新聞の前身に当たる。

東京日々
一八七二年創刊の日刊紙。現在の毎日新聞の前身に当たる。

萬朝報（よろずちょうほう）
明治時代の日刊紙、黒岩涙香が創刊。幸徳秋水、堺利彦、内村鑑三などが所属したが、日露戦争反対から賛成に社論が転換したことに抗議し退社している。

であれば、想像しようよ、ある情報を受け取りながら、世界には違う視点が無限にあるのだと思うだけでも、ニュースの見方はだいぶ変わるよと、授業では学生に言っています。

——民放はスポンサーの意向には逆らえないというのも仕方ないかもしれませんが、NHKでも視聴率は重視しているのでしょうか？

池上　最近は視聴率が大事だという傾向は強くなっています。

森　違っていたら訂正してほしいんですけれど、視聴率重視の傾向って、海老沢勝二*会長体制（一九九七〜二〇〇五）からではないですか？　この時期にNHKは系列会社をたくさん作りました。要するに番組の二次使用、三次使用が多くなった。そうなるとヒットした「プロジェクトX」*は金の卵です。視聴率が高くて話題性があれば、二次使用、三次使用でも営利をもたらしてくれる。NHK本体は営利に関係なくても、繋がっている会社がたくさんできて、そこに職員たちは天下りするわけですね。そういったシステムができてしまったことと、視聴率重視の傾向が増してきたことは、大きな関係があるのではないかと思います。

海老沢勝二（えびさわかつじ）　元NHK会長。会長在職中（一九九七〜二〇〇五）は局内を強力に統括し、運営方針が一部マスコミで批判された。

「プロジェクトX〜挑戦者たち〜」　NHK総合テレビで二〇〇〇年から五年間放映されたドキュメンタリー番組。戦後から高度成長期にかけて日本経済・社会復興のために努力を重ねた人びとを取り上げ、関連グッズまで企画されるほどの人気を博する。

ただし、これは民放も同じですが、ディレクターなどテレビ番組を作る側の人は、より多くの人に見てほしいと思うわけです。それは当たり前ですよね。視聴率が五％より八％なら「やった！」と思うわけで、そこは絶対、否定できません。

池上　そうですね。NHKか民放かを問わず、番組をつくる人間はやっぱり「作った以上、見てもらってナンボだ」と思うでしょう。「週刊こどもニュース」は最初、日曜日の朝八時半の放送だったのが、その後、日曜日の午前一〇時半に移動しました。そのとたんに、不思議なことにそれまでときどきあった抗議の電話が来なくなりました。どんなことをやっても電話一本かかってこない。「今日の放送は、ちょっとバランスを欠いたかな？　まずかったかな？」と思っても抗議も何もない。

それまで与野党が政治的に対立するようなテーマ、例えば憲法改正などのテーマを取り上げると、何をどうやっても、賛否もしくは左右どっちかから必ず抗議が来ました。〈右〉からばかり抗議が来たとき、あるいは〈左〉ばかりから電話が来たときには、「今日の番組内容はちょっとバランスを欠いたかな？」みたいな反省することがあるわけです。そうすると、回を重ねるたび、真面目なスタッフでも、やっぱり人間ですから、そのうちだんだん面倒くさくなってくる。番組の途中から抗議電話がどんどん鳴り始めて、放送が終わった後は、私も含めてスタッフは全部、その電話の対応でかかりきりになるわけです。これならば「こんな行事で子どもたちが楽しい体験をしました」や、おいしい食べ物の話など対立しようがないテーマをやっていたほうが、どれだけ楽かと思いますよね。

森　日曜の一〇時半になって、視聴率が変わったんですか？

池上　激減したんです。日曜日の一〇時半までテレビをつけていない、出かけてしまうから。視聴率が下がったのを見た編成*が、これじゃかわいそうだというので、土曜日の夕方六時台に動かしたことで、視聴率が一〇%台になっていきました。

森　土曜日の夕方に一〇%とっていたんですか？　それは凄いです。

池上　全局トップでした。年間平均視聴率が一〇%くらいでした。

森　大人の僕だって、何度か見ているものね。

池上　さっきの話で言うと、昔は番組や報道に対する抗議は電話か郵便だったけど、今はメールですぐ来ます。メールがわーっとたくさん来

編成
テレビ・ラジオ等で番組の時間割等をおこなうこと。放送局には編成局編成部など専門の部署が存在し、自局の放送スケジュールの調整を図っている。民放の場合は、編成部は単に番組の時間割を決めるだけでなく、予算配分・キャスティング・災害時や大事件時の緊急番組の決定、他局の番組等を意識した視聴率競争対策、コマーシャルの整理・スポンサーに対して番組の価値を高める諸活動もおこない、局内で発言権が強く発揮される場合もある。「テレビ局の心臓・中枢」と呼ばれることもある。

ますが、番組の担当者は視聴者の反応は全部見ることになっています。抗議電話に対しては、「はいはい、わかりました。以後気をつけます」と口頭での受け答えで終わるけど、メールで来ると、返事を書かなければいけない。プロデューサーの一番の仕事は、番組が終わった後、抗議や問い合わせに対して一つひとつ、何時間もかけて返事を書くことです。民放も同じです。そうすると、正直なところ内心だんだん面倒くさくなる。

そんな中で、番組関係者がみんな見る視聴者の反応の中に「よかったね」というのが一つでもあれば救われるし、気持ちの「毒消し」にもなります。評判がよかったということであればもちろんですが、NHKでは、数字はよくなくても視聴者からの支持があれば、第二弾をやろうかという話にはなります。

森　テレビの特色は、モチベーションのない人が見るメディアであるということです。例えば映画は、ある程度その映画がどういうものか事前に知っていて、なおかつそれなりの料金を支払おうというモチベーションを持つ人が劇場に足を運ぶ。つまりその段階で、観客がセグメントされているわけです。

極論すれば、『週刊金曜日』を買う人は実はもうその主張についてはもう読む必要はないし、同じく『正論』*を買う人もその見解については、もう読む必要はない。だってすでに了解済みの同じ意見を共有する一つのマーケットの中で、そうだそうだと同意しているだけなのだから。本当は『正論』を読む人に『週刊金曜日』を読ませたいし、『週刊金曜日』を読む人に『正論』を買わせたい。でも現実的には難しい。

池上 確かに。ご意見はごもっともですが、現実にはまずそうならないですね。自説と反対のメディアをあえて見る人はまずいませんから。

森 まさしく映画もそうです。劇場で観る人はすでにその作品についての情報を持ち、賛成・反対の意見すらも準備している。つまり、上映作品によって劇場に来る人はあらかじめ限定される。そういう意味でテレビは凄いんです。不意打ちですから。視聴者にとっては予期しない、偶然見てしまう番組もたくさんある、偶発性のあるメディアです。まさしく「ただの現在」なのです。でも、逆に今、その不意打ちが自分たちの自主規制の根拠になってしまっている。せっかくの武器なのに。

*『正論』
一九七三年に創刊された産経新聞が発行する雑誌。保守を標榜し、反共を掲げるとともに中国に対して強い警戒心を示す記事も多い。

メディアとのつき合い方

森　先ほど話題に出た、番組に対する抗議電話は「週刊こどもニュース」に対する視聴者からの反応のことですね。確認ですが、その抗議は子どもではなく大人がしてきますよね。

池上　もちろんです。子どもはしてきません。

森　つまり、「子どもがこれを見たらどう思うんだ!」「教育上、悪いじゃないか!」という大人からの抗議です。小人プロレスがメディアから消えた理由も含めて、これも他者への過剰な忖度です。極めて日本的な現象らしいです。「知らない人がこれを見たら誤解するだろ!」とか「子どもに悪い影響を与えるじゃないか!」みたいな、誰かに成り代わっての抗議です。

3・11の際、すべてのメディアから遺体が消えました。甚大な被害を出した災害の報道なのに、まったく遺体が写されない。これもやはり「誰かが見て傷ついたらどうするんだ」という発想です。主体が自分ではない。配慮と言えば配慮なのでしょうけれど、これもまた不特定多数への忖度みたいなことで抗議がなされる。もっと違う言葉にして言えば、それこそ「不謹慎だ！」「配慮が足りない」という抗議です。そういう意見に萎縮してしまう。これはやはり、集団の圧力だと思います。今の日本では、そういった空気がとても強くある。

たぶん「週刊こどもニュース」に対する抗議も、まさしく同じ構造だろうと想像します。本来は、そういう声に対して、「その誰かから抗議が来たら考えます」と言い返せばいい。そうNHKの人に言ったら、それはできないという返事でした。まあ、それはそうでしょうけれど。

十年ほど前になるけれど、アジアプレスが制作したドキュメンタリーがETVで放映されました。イスラエルのレバノン侵攻*時のドキュメンタリー。イスラエル軍の戦車に砲撃され破壊された一般市民の車の映像があります。運転席にいた男性の首がちぎれかけて死んでいるカットです。これは放送は難しいだろうかとアジアプレスのディレクターたちも思ったようだけど、そのときのETVのプロデューサーは、こうした残虐なシーンをカットするならば戦争を伝えられないと放送に踏み切った。立派な決断です。絶対に支持します。

基本的にETVのドキュメンタリーは再放送が前提だけど、これは

イスラエルのレバノン侵攻
二〇〇六年、レバノン国内で活動を続けるヒズボラに対する攻撃のため、イスラエルが越境攻撃。イスラエルはヒズボラからの攻撃を受け兵士が拉致されたとして奪還・反撃の戦闘に進展したと主張するが、イスラエルの反撃がレバノン広域への空爆など大規模なものになり国連の施設にも被害が出る。民間人にも多数の死者を出した後、停戦。

一回だけの放送で終わっています。なぜならば視聴者から抗議がきたから。数は一六件くらいだったかな。そのうち一〇件くらいが、飯時に何でこんな映像を放送するんだ、というものだったらしい。だったらチャンネルを替えてくださいと言えばいい。でも、それは言えないって。一六件の抗議ってETVの人の感覚からすると、多いのでしょうか?

池上　ETVで抗議が一六件は多いほうでしょう。総合テレビの番組で一六件の抗議なら、それほど多くはないと考えていいです。視聴率が全然違いますから。首がちぎれた遺体は、総合テレビではやはり放映できないけど、ETVならいいだろうという判断もあるんです。ETVを選んで見るという人は、言ってみれば、森さんの映画を映画館に観に行くのと、かなり似たような自主的な選択意識がありますから。

森　その自主的な選択や判断が、皮肉なことに表現の場を狭めていく。

池上　だから民放も、難しい話はだんだん扱わなくなっていますね。特定秘密保護法や集団的自衛権*についての報道こそは、そこそこやっていましたけれど、議論のわかれるテーマについてはあまり扱わなくなった。政治的・社会的問題はどう扱うか考えて準備して、ものすごく

集団的自衛権
歴代の政府・内閣法制局の見解では、日本国憲法下でも個別的自衛権は保持しており必要最小限の武力行使はできるとしていたが、集団的自衛権までは認められないという憲法解釈であった。これに対し安倍内閣では集団的自衛権は現行憲法でも認められるとして法制化を急いでいる。

手間暇がかかりますから。十分に手間暇かけやったところで、必ずどこかから抗議が来るわけで、なかなかほめらることもないですし、報われることの少ない仕事かもしれません。

森　それほど高い視聴率も取れないし。

池上　そう。そんなことをやるのなら、むしろ行列のできるラーメン店の話をやっていたほうがいいよねという意見に流されがちになる。

――クレームが来る一方で、逆に番組に対する賞賛とか、「よかったよ」という視聴者からの声は少ないのですか？

池上　少ないですね。ほんのたまにあると、スタッフみんな大喜びします。それは嬉しいものです。

森　めちゃくちゃ嬉しいです。数字が悪かったときならば、なおさら嬉しいですよ。本当にたった一通の賛同、あるいはよかったという手紙とかメールで、これからももっと頑張ってこの方向で行こうという気持ちになりますよ。

――そうであるならば、視聴者はもっと賛否の意見をメディアに伝えるべきでしょうか？　そこで気になるのが、さきほど森さんがおっしゃったように、「こんな映像を流せば誰かが傷つくじゃないか。どうして配慮しないんだ？」というような、自分が誰かの架空の代弁者になってしまうという問題です。自分の意見こそ良識であると思い込んでしまうと、メディアへのクレームも攻撃的になりやすいのでしょうか？

森　ネットの書き込み、匿名掲示板とかがまさしくそれですね。自分であって自分ではない。何らかの不定形の民意みたいなものを背負っているような感覚になってしまうから、ものすごく強気になれる。だから「死ね」とか直接面と向かってはとても言えないような過激な言葉を、ぺらぺらと発してしまう。

オウムを取材していた一九九九年頃のことですが、激しく立ち上がった住民運動を撮っていました。彼らの多くは、「オウムには人権なんかない」とか「オウムは全員抹殺せよ」みたいなフレーズを書いたプラカードを手にしていました。でも一人ひとりに個別に話を聞くと、「いや、私はそこまでは思っていないけど……」と言う人が多い。ところが集団になったとき、みんなで声を揃えて強いフレーズを口走る。そうした過激な言葉を使うときの主語は常に「我々は」です。

オウム以降の二〇年は、集団化から派生する形で、主語の肥大化が起こりました。「私は」「僕は」ではなくて、「我々は」「我が国は」「我が民族は」などと主語が大きくなるから、述語が勇ましくなる。それがネットを腐葉土にする形で拡散しているという感じはします。

こういう匿名掲示板的なニュアンスは、東アジアのメンタリティーと極めて相性がいいんじゃないかと思っています。ヨーロッパでは匿名掲示板みたいなものはあまりない。まったくないことはないけれど、影響力はない。二年前にオランダの社会学者に、「あなたの国ではみんな匿名掲示板を見ないのか？」と尋ねたら、逆に訊かれました。「なんであなたの国はこんなに匿名掲示板ばかり、みんな夢中になって読んでるのだ？」と。「人生は短いでしょ、匿名の情報なんか何の価値もないわよ」と言われて、確かにそうだなと思いました。

中国、韓国、日本は匿名掲示板が大好きです。ところがここ数年、中国と韓国は、抑制し始めているそうです。法規制ではなくて、利用者たちの自主的な規制です。あまりにも荒れすぎるからとの理由だそうです。もしかしたら日本は、最後まで匿名掲示板の文化を残す国になるのかもしれません。

――メディアの新たなあり方が模索されているのでしょうか？　最近、ネットなどで「マスゴミ」という言葉が使われています。でも、国民にとってもマスコミが「ゴミ」であっていいわけはありません。メディアに市民はどう関わればいいのでしょう？

森　政治と社会とメディアは、常に同じ水準だと僕は思っています。日本のメディアがもし「マスゴミ」ならば、政治家もゴミだし、国民もゴミです。政治は一流だけど、メディアが三流だなんて国はありません。

池上　ないですね。社会とメディアは不可分です。

森　国民は二流だけど政治は一流だなんて国もないです。日本のメディアは「国境なき記者団*」が発表する「報道の自由度」ランキングで、二〇一四年は五九位でした。二〇一三年は五三位。民主党政権下の二〇一一年二月に発表されたときは一一位だったのに。

池上　３・11で原発事故が起きて、放射能の情報が出てこないことで、二〇一二年に二二位に落ちたんです。

森　そうですね。原発情報については今後もその公開性を求め続けるべ

国境なき記者団
一九八五年、フランス人記者等によって設立。ジャーナリストの取材・報道活動を支援し、暴行や誘拐被害者となった取材者の救出を目的とする。検閲反対や報道の自由のための活動もおこなう。約八十カ国のジャーナリストたちが参加しているNPO。

きです。でも、二〇〇二年にこのランキングが発表されるようになって以来、日本が五〇位以下になったのは、なぜか安倍政権下だけです。二〇〇六年の第一次安倍内閣のときが五一位でした。

池上　後藤さんたちの人質事件でも、きちんと論理的に考えればあり得ない話がネットでは出ていたようです。実は、私が先日、タクシーに乗ったら、運転手の方から話しかけられ、「あの後藤さんは実は工作員だったそうですね、だからあんなに後藤さんは金を持っているんですよね」って言うので、心底、驚きました。誰がそんなことを言っているのか運転手さんに訊いたら、「この前、このタクシーに乗った弁護士さんが、そういう話をしていた」と言うのです。そんなあやふやな話、もうデマとしか言いようがない不確かな噂じゃないですか。なぜ、そういう根拠のない陰謀論みたいなものが出るか？

ネット民はネット民以外の人びとのことをよく「情弱《じょうじゃく》」と言いますね。「情弱」とはつまり、情報に弱い人びとという意味で言っています。

森　アナロジー的にマスコミを批判しているのかな？

池上　そう。「ネットにこそ真実があるということを、いまだにわかっていないヤツがいる」みたいな意味で「情弱」と言っているようです。だからネット民の中で誰かへの悪口・批判を言うときに「情弱」という言葉が使われている。でも、そういう言葉を使っているネット民のほうこそ、ほんとは「情弱」ではないかと思います。やはり依然としてマスコミの役割は重要です。

だからこそ、番組や記事に抗議するだけでなく、頑張っていると思ったら、励ましの電話の一本をかけるとか、「この記事よかったよ」とか、ハガキでもメールでも出すととても効果的です。たった一通でも、とても喜ばれますよ。スタッフみんなで回し読みをして、プロジェクトルームに貼り出します。それで、みんなが励まされるんです。

森　既存のメディアとネットの両方から情報を得る時代であるからこそ、情報に対してきちんと咀嚼する力が、ニュースの受け手側にも問われています。

今の話題を少し切り口を変えて考えます。二〇一四年の十一月上旬、千葉の海岸に迷いトドが現れたと大騒ぎになりました。ニュースでも大きく扱われて、多くの人が心配して駆けつけて、最後は水族館に保護されました。幸せになるようにとの願いで「サチ」という名前までつけられた。でも同時期に北海道に行けば、トドは漁師から憎まれる害獣で駆除の対象です。少し前までは自衛隊が銃撃していたそうです。矛盾ではあるけれど、それはある意味で仕方がない。人間は手前勝手です。でもせめて、その身勝手さを、もう少し自覚したほうがよい。最近はそれがあまりにも自動律になってしまっている。

メディアもネットもこんなに発達した。ところが見ないものは見ない。知らないことは知らない。市場原理で情報が淘汰されるからです。世界にはいろんな悲劇があるのに、メディアが進化することによって、不可視な領域が逆に増えている。森羅万象があたかもネット上にあって、検索すれば必ずヒットするような気分になってしまっているから、逆に不可視な領域に対して意識が薄くなっている。そういう危惧を僕は今、すごく持っています。

例えば今、ＩＳ（イスラム国）がやっているのはまさしくメディア戦略です。テロの定義は、暴力行為で不安や恐怖を与えて政治的目的の達成を図ること。その意味では、「テロに屈しない」として政治的に変化すること自体が、レトリック的にはテロに屈していることになる。

今回の人質事件についても、最初は営利目的の誘拐事件と捉えるべきだったと僕は思います。ところが日本政府は最初からテロと身構えて、交渉は「テロに屈する」として一切しなかった。後藤さんの奥さんから何度も要請があったのに。その後にカイロで安倍首相が「イスラム国」と戦う国に二億ドルを提供するとスピーチして、結局は身代金を二億ドルにしてしまった。絶対に失策です。ヨルダンの死刑囚釈放を条件にしたりパイロットを巻き込んだりといろいろな要素が後から現れて、これは最初から全部ＩＳが仕組んでやったなど解説する人もいるけれど、僕はもっと行き当たりばったりが重なって、結果的に今回の事態になったのではないかと思っています。その行き当たりばったりを推進したのは、日本政府の対応です。もっと言えば、日本政府の対応が、結局は最悪の事態を招いています。

池上　今回の日本人人質殺害事件は明らかに、行き当たりばったりですよ。「イスラム国」に用意周到な作戦があったわけではないと私も思います。

求められる特異性に対し、求めるべき普遍性

森　オウム事件のあった九五年は、池上さんはまだＮＨＫにいたんですね。

池上　はい、いました。オウムの事件のときは「週刊こどもニュース」を担当していました。

森　そのときはどんなふうに解説していたんですか？

池上　子どもたちの質問に答えるという形で解説していました。「サリンってどうやってつくるんですか？」という質問もありましたね。

森　答えたんですか？

池上　答えましたよ。「そもそもはドイツでジャガイモにつく病害虫の殺虫剤を開発しているうちに偶然できてしまったもので、だけどあまりに危険なものだから、使われることがなかったのだけど……」というような話をしたりしました。青山弁護士*がずっとテレビに出ていたことから、「悪いヤツを弁護してもいいんですか？」という質問も来ました。これは親がテレビを見ていて、「なんであんな悪いヤツを弁護するんだ？」と言っていたんだろうなと思いました。「どんな人で

＊青山吉伸（あおやまよしのぶ）
元オウム真理教信者。元弁護士。京都大学法学部在学中に司法試験合格。一九九〇年代にはオウム真理教顧問弁護士として多くのマスコミ等で有名になる。殺人未遂等で有罪、弁護士登録抹消。

も人権はあるわけだし、そういう人を誰かが弁護するという役割が必要なんだよ」と、弁護士の仕事を解説したりしていました。

森　麻原の一審弁護団などに対しても、バッシングが凄まじかったです。

池上　あの頃は私もオウムのいろんな本を読んで、どのような教養なのか勉強しました。自分なりには、ヒンズー原理主義的なものなのかなと思いました。間違っているかもしれませんけど、実際はどうなのでしょう?

森　ヒンズーの要素もありますが、一番基本にあるのはチベット仏教ですね。確かにいろんな宗教の寄せ集めであることは間違いないけれど、根幹としてのチベット仏教に対しての理解はそれなりに深かったと思います。中沢新一*さんや吉本隆明*さんなどが宗教者としての麻原を評価したことでバッシングされたけど、宗教者としての位相に限定すればその見方はあながち間違っていないと思います。このバッシングや批判の背景にあるのは、宗教者は人格者であるとの前提です。でもそうとは言い切れないのかもしれない。それは宗教が人を幸せにする要素ばかりではないように。

池上　そうですね。客観的には、「よくできた」と言ったら変だけれど

中沢新一（なかざわしんいち）
思想家・宗教学者・人類学者。中央大学教授を経て、多摩美術大学教授、明治大学野性の科学研究所所長。著書に『チベットのモーツァルト』『虹の階梯』（共著）等。

吉本隆明（よしもとたかあき　一九二四〜二〇一二）
思想家・詩人・評論家、左翼系知識人として非共産党反体制思想に多大な影響を及ぼす。六〇年安保闘争後『擬制の終焉』が話題に。『共同幻想論』『言語にとって美とは何か』等多数の著作が研究されている。政治思想以外にも『最後の親鸞』等、宗教についての執筆も多い。

オウムとしての教義があって、なるほどなあと思って勉強しましたけどね。

森　インタビューなどでは、「なぜ高学歴の若者がオウムに多いのか」と頻繁に質問されます。この疑問の背景には、高学歴だったら宗教なんか信じるはずがないという前提があります。宗教が全然わかっていない。

池上　そうですね。宗教に関する根強い誤解の一つですね。

森　そもそもオウムは高学歴の人ばかりというイメージを持っている人は多いけれど、実際には中卒や高卒の信者もたくさんいるし、年配の信者も少なくない。たまたま麻原の周りには、高学歴で三〇代くらいの側近が多かったということです。そう答えると「では、なぜ高学歴の信者ばかりが側近に引き立てられたのか」と質問されるけれど、それはごく普遍的な現象だと思います。

池上　幸福の科学でも同じですね。

森　創価学会だってそうです。さらに言えばトヨタや東芝や各省庁やNHKにしても、上層部や中枢には高学歴の人が多いはずです。
大きな事件が起きるたびに、多くの人は特異性を求めます。メディアもそれに応えて、いかにこの犯人は特異な人物か、この状況は特異なのかをアナウンスする。

池上　そうです。

森　その帰結として事件の特異性が肥大して、加害者は説明できないほどの〝モンスター〟になってしまう。オウム事件はその典型です。でも事件には普遍性もあるんです。そして実はその普遍性のほうが、事件と社会との関わりなどを考察するうえでは重要です。アイヒマンにおける凡庸さと言い換えてもいい。これを直視することが重要です。ところが事件が注目されればされるほど、普遍性よりも特異性ばかりが強調される。こうして「闇」が肥大する。実は肥大させているのはメディアと社会です。

サリン事件そのものは確かに特異だけど、そこに至る過程の中に、どれほどの普遍性があるのか、そこに目を向けなければ教訓化などできません。いかに彼らが凶悪な集団なのか、洗脳されているのか、そのレトリックばっかりです。それではすべて表層的にしか解明できない。

池上　そうですね。まさに私がいつもニュース解説で注意しているところ

三菱重工爆破事件
一九七四年、東京都千代田区丸の内で発生した爆弾テロ事件。左翼グループ東アジア反日武装戦線「狼」が大手企業を狙い連続爆弾テロを実行。三菱重工業東京本社に爆弾を仕掛け、死者八名、通行人を含む負傷者四百名弱という空前の被害を出す大事件となった。

新宿三丁目交番横クリスマスツリー爆弾
一九七一年十二月二十四日、東京都新宿区で発生。左翼活動家による犯行で、交番勤務の警察官・通行人ら多数が負傷した事件。

ろは、そこなんです。どんな特異に見える事件でも、やはりそこには普遍性があるのです。例えばＩＳによる日本人殺害があって、「イスラム国のテロが日本で起きるんですか？」とか、「怖いですよね」とかいう話をよく聞きます。そこで、私が「テロは怖いですが、初めてのことではないですよね。昔は日本でもテロが起きていたでしょう」と言うと、みんな、「は？」という顔をするのです。そこで私が「三菱重工爆破事件*、知ってますか？　東京丸の内の仲通りで爆発があって、大勢の人が亡くなりましたが、あれはテロ事件でしたよね」と言うと、年配の方でもみんな、けろっと忘れているのですね。

森　当時はテロという言葉が一般的ではなかったかもしれないですね。

池上　若い人は事件そのものをまったく知らない。でも実は今から四〇年前くらいには新宿三丁目交番横クリスマスツリー爆弾*とか、土田邸爆弾事件*、日石ピース缶爆弾事件*とか、日本でテロ事件がいっぱいあったのですよと言うと、みんなのけぞります。日本でテロ事件があったこと自体、全然知らないうえに、それが頻発していたと聞いて、びっくりするわけですよ。爆弾テロだけでなく世界最初のハイジャック事件は、赤軍派の犯行でした。よど号のハイジャック事件*です。

土田邸爆弾事件
一九六九年から七一年にかけて連続した左翼活動家による爆弾テロ事件。一連の犯行をまとめて「土田・日石・ピース缶爆弾事件」とも称する。七一年の土田国保警視庁警務部長自宅での爆弾破裂では家族に死傷者が出た。

日石ピース缶爆弾事件
一九六九年、東京都千代田区のアメリカ文化センターにタバコの「ピース」の缶に入れられた爆弾が届けられ爆発、職員が負傷。七一年、日本石油本社ビル地下の郵便局で小包内の爆弾が爆発、郵便局員が重傷。荷物の宛て先は後藤田正晴警察庁長官と新東京国際空港（成田空港）公団総裁だった。

よど号ハイジャック事件
一九七〇年三月三十一日、羽田発福岡行きの日本航空機「よど号」が日本の左翼活動家の赤軍派によってハイジャックされた事件。途中、山村新治郎運輸政務次官が乗客の身代わりとなって人質になる。犯人グループはよど号を平壌に向かわせ、北朝鮮に亡命。

森　「ハイジャック」という言葉は、あれが最初ですね。成田空港だって、開港する直前に管制塔が、開港反対派の学生たちに占拠されて破壊されて、*開港が二カ月遅れました。

池上　犯行グループは、排水溝から侵入したんです。排水溝まで警察は見ていなかったのですね。成田空港でやっている厳重な警戒は、9・11以降に始まったと思っている方がよくいるのですが、実はまったく違うのです。開港以来、ずっと厳重警戒をやってきた。

森　世界で成田だけですね。空港を出入りする人をすべてチェックするのは。よほどこのときの衝撃が大きかったのでしょう。

池上　今度、ようやくやめるらしいですけれど、9・11以降じゃなくて開港が破壊攻撃によって遅れたんだということを、みんな知らないというか、忘れちゃっているのです。

森　裁判所も今は出入りする人はすべて所持品をチェックされるけれど、これはオウム以降です。普遍性に目を向ければいろんなことが見えてくるのに、社会がそれに興味を示さないから、メディアも特異性にばかり目が行ってしまう。川崎市の中一殺害事件もそうだと思う。加害少年たちの凶悪性や残虐性が毎日のように報道されました。もちろん

占拠されて破壊されて
一九七八年三月、開港直前の成田空港が空港反対派によって襲撃され、管制塔まで上がった反対派活動家によって管制塔室内の精密機器などの設備が破壊され、開港が遅れた事件。約一万四千人の警備の機動隊員の裏をかいて一五人の活動家が管制塔に侵入した事件であった。長年続いてきた成田空港反対運動の一つ。

悲惨な事件です。でも少年たちが仲間の一人をカッターナイフで殺害したという事件の輪郭そのものは、決して際立って特異な事件ではない。ところが連日のようにテレビではトップニュースでした。そうなるとメディアも腕まくりして加害少年の凶悪さを過度に強調する。

池上　川崎の事件があれだけ大きな事件になったもう一つの理由は、最近、少年による凶悪事件が少ないからでしょう。昔はああいう事件は日常茶飯事で、全然大きなニュースじゃなかったけれど、それが珍しくなったら大きく取り上げられたという部分もあるんです。これは多くの人が誤解しているので意外に思われるかもしれないのですが、「最近、少年の凶悪な事件が増えていますね」といろんな人に言われるたびに、そうじゃないのですと反論しています。テレビ朝日の番組で、「戦後、凶悪な少年事件の件数はこんなに減っているんです」とグラフを見せました。

森　少年犯罪が最も多かった一九六〇年代前後と比べて、現在の少年犯罪数は人口比でほぼ四分の一くらいに減少しています。

池上　そうです。そういうグラフを見せる一方で、社会における少年の人口比率も減っていることもグラフでお見せしました。一九八〇年代くらいまでは明らかに少年事件は減ってますが、それ以降は少年人口の比率が減っているのと少年事件の減り方が、ほぼ同じなんです。つまり、件数は減っているけれど、比率では横ばいなんです。このデータを見せると、みんな、へーって言うんですよね。なぜか少年の事件は凶悪だという思い込みがある。

森　さっそく自民党の稲田朋美議員が「非常に凶悪化している。犯罪を予防する観点から今の少年法でよいのか」と発言しました。彼女を支持する層は拍手喝采なのだろうけれど、あまりに勉強不足です。近年は、少年事件だけでなく、普通の犯罪も減っています。

池上　近年、激減していますね。

森　殺人事件が一番多かったのは一九五四年です。今は人口比で、やはりほぼ四分の一に減少している。少年事件の数のピークは六〇年前後です。この時期の十代は団塊世代*です。池上さんも含めて団塊世代が一番〝残虐〟でした。ところがその団塊世代が社会を仕切る年齢になったら、少年犯罪が多いから少年法を変えましょうと、厳罰化を進めてしまった。つくづく身勝手な世代です。まあ単純に数が多かったこともあるのだけど。

団塊世代
一九四七年（昭和二十二年）から一九四九年（昭和二十四年）までに日本の出生数が急上昇、年二六〇万人が生まれ、一世帯に平均四人の子どもが生まれたという統計もある。その後の戦後日本の経済成長や世相の変化（平和・経済繁栄とその矛盾や問題点等）を多くの人間が共有したことで、この世代に一種の時代文化が保持されているという見解もある。「団塊の世代」とも。

池上　今、警察白書では高齢者の犯罪が増えているという指摘もありますね。

森　日本は世界でも突出して高齢者の犯罪が多い国です。

池上　高齢者って何かというと、やっぱり団塊世代です。団塊の世代が圧倒的に多いのだから、犯罪者がこの世代から最も多く出るのも当たり前で、科学的じゃない。統計学がみんなわかっていないなと思います。

森　統計で言えば、サリン事件から二十年ということでテレビのオウム特番や新聞の特集などが目についたけれど、そのほとんどで、オウムの後継団体である「アレフ」と「ひかりの輪」の信者数がこの数年で激増していますと伝えました。

池上　だから危険性が再び増しているとの前提ですね。

森　その根拠は、公安調査庁が発表するデータです。でも公安調査庁のデータには、入信した信者数は記載されているけれど、脱会した信者数は載っていません。

池上　なるほどね。オウムから離脱していった棄教者はカウントしていないんですか。

森　家計簿で言えば、収入だけを書いて支出を記入していないんです。増えるのは当たり前です。実質的にここ数年で言えば、「アレフ」も「ひかりの輪」も信者数は微減しています。公安調査庁は、オウムを監視するために存続している組織です。だから危険性を必死で煽ります。

　本来ならばメディアが、公安調査庁が出したデータに対して、「辞めた信者がいないはずはない」と確認しなくてはならないのに、それを思いつけないのか、あるいは気づいていても口にしないのか、そのままを報道しています。

池上　データがおかしいとわかっていながら報道するということはないと思います。気づかないんでしょう。オウム信者が最近こんなに増えていますという公安発表の数だけ見て、ああ、そうなのかと思っちゃうんでしょうね。

森　パリでおこなわれた政治指導者たちのデモ行進の報道と同じように、公安調査庁が嘘をついているわけではない。増えた信者の数を水増ししているわけじゃなくて、単に減った信者の数をアナウンスしないだけで、後はメディアが勝手に、「こんなに信者が急増して危険です」

と報道してくれるわけですから。つまりミスリードを誘っている。池上さんは今、メディアは気づかないのだろうと言ったけれど、仮にそうだとして気づかない要素の一つとしては、不安や危機を煽ったほうが視聴率や部数が伸びるというメディアの法則にも合致するからだと思います。

ダイレクトに言えば「アレフ」とか「ひかりの輪」については、僕は今、危険性はほとんどないと思っています。でも、ここまで危険視されてしまうと、逆に彼らを危険な集団へと追い込んでしまうかもしれない。宗教は迫害が滋養になりますから。

池上　そうですね。そういう逆効果はあり得ますね。そういう意味で言うと、例えば警察白書を発表するときに、見出しをつくりますね。そうするとだいたい「高齢者の犯罪が増えている」等の見出しになりますが、それを発表すると、新聞各社がそれをそのまま書くわけです。記事を読むと、なんとなく犯罪が増えているように思える。ところが警察白書をよーく見ると、真ん中のあたりにさりげなく「殺人事件件数は戦後最低だった前年度を下回った」と書いてあるわけです。警察白書は嘘はついていない。実は殺人事件件数が減り続けているとは書いています。でも逆に犯罪が増えているかのような印象を受ける見出しが付いているのです。でも本来で言えば、これは警察のお手柄・成果として自慢するべきことですよね。こんなに我が国の警察が頑張って、こんなに治安がよくなったということを見出しにすればいいんだから。でも、それをしない。どうしてか？　そんなことしたら、治安がよくなったことが周知され、警察の人員を増やすことができなくなりますよね。

橋下徹氏*が府知事になった直後に、財政状態が悪いから大阪府警の警察官の増員計画をやめようとしたんです。そのときに、「こんなに治安が悪くなっているときに警察官を増やさないのか」とバッシングを受けて、減らす計画がなくなったんです。つまり、みんなが治安が悪くなっていると思ってくれているおかげで、警察官の数は増えて、警察の予算は増えるわけです。さらに、その結果何が起きているかというと、民間の警備会社にどんどん仕事が増えています。みんな警察官僚の天下り先です。防犯カメラがそこらじゅうに設置されている理由にもなっています。

森　防犯カメラなどセキュリティ関連のメーカーや団体もすべて警察官

*橋下徹（はしもととおる）
政治家・弁護士。前日本維新の会共同代表。大阪府知事を経て大阪市長。二〇一五年、大阪都構想の是非を問う大阪市の住民投票で都構想が否決され、政治家引退を表明。

僚の天下り先ですから。

池上　そうなんですよ。だから、本当なら警察は「殺人事件件数が減っている。われわれが頑張って、これだけ治安がよくなった」と自慢して言えばいいのに、それをやると予算や天下り先に支障が出るから、口をつぐんでいる。でも嘘はついていない。ちゃんと白書の中に殺人件数が減っていることは書いているけど、大々的には言わない。その結果、みんな治安が悪くなっていると思い込むというわけです。さすがに警察も嘘はつけないから「体感治安の悪化」という言葉を使うんですね。体で感じる治安が悪くなっているとみんな思っているという意味ですね。客観的なデータで言うと、治安の悪化とは主張できません。そこで「体感治安の悪化にどう対処するか」と主張することになるのですね。

森　結局はメディアが、警察のその思惑と都合のお手伝いをしている。今に始まったことではないです。例えば袴田巌*さんが逮捕されたとき、メディアの報道は凄まじかった。異常人格者だとか取り調べの際に刑事を嘲笑《あざわら》ったとか。まだ容疑者段階なのに無罪推定原則など影も形もない。あんな記事を読めば、誰だって袴田さんが犯人だと思います。

袴田巌（はかまだいわお）「袴田事件」の被疑者。一九六六年静岡県清水市にて家族四人が殺害され放火される事件が起き、袴田氏が犯人として逮捕され、裁判でも有罪が確定、死刑が宣告された。弁護側が抗告・再審請求を重ね、検察側の証拠捏造が明らかになり、二〇一四年釈放。

――そういうことはジャーナリストが一番先に気づくことだと思うのですが？

池上　今の若い人は全然気づいていないでしょう。実は私、こう見えても昔は警視庁捜査一課、三課担当記者、つまり殺し専門の記者でした。あの頃、殺人事件はローカルニュースでした。日常茶飯事ですから、全国ニュースにはなりませんでした。珍しくないものは大きなニュースにはならない。私が東京に戻ってきたのは一九七九年、警視庁担当だったのは一九八〇、八一年です。何人も殺害されれば全国ニュースになるけど、普通の殺人事件はローカルニュースでおしまいでした。民放はそもそもニュースの枠がないから、取り上げない。今のようにワイドショーがなかったからでもありますが。

ワイドショーにとって、殺人事件の報道ほどラクなものはないですよ。殺人事件が起きると、警視庁が「殺人容疑事件発生です」と広報してくれます。現場にカメラを出すと、パトカーが赤色灯をつけて非常線を張っていて、周りの人たちが不安そうに見てますね。カメラはそれを撮って、野次馬にマイクを向ければ「怖いですねえ」と言ってくれるわけです。それだけで五〜六分のニュースは一丁上がりなんです。こんなラクな取材はない。それでニュースを埋められるんです。今、その典型例がお昼の民放のニュースです。とにかく放送枠を埋めなければいけない、でも何もニュースがないというときには、「札幌で殺人事件」「福岡で殺人事件」という全国各地の事件を取り上げるわけです。その結果、本来ならばローカルニュースにしかならないものが、全国ニュースになるんです。平日、昼前の民放ニュースをご覧になってください。全国各地の殺人事件の報道があります。結果的に朝から晩まで殺人事件のニュースばかり見せられることになりますから、視聴者にすれば「最近、殺人事件が増えて、急激に治安が悪くなっている」という感想を持つことになる。でも、実態はまったく違うんです。昔は札幌の事件は北海道のローカルで終わっていたんです。

森　それは新聞紙面も同様です。昔は殺人事件があったとしても社会面のほんの一部でした。要するにベタ記事扱い。今はほぼ社会面トップです。

——マスコミが警察にのせられているというわけではなくて、お互いがそれぞれのニーズでやっている……ということですか？

池上　結果的に、それぞれの利益になっているということですね。

森　紙面の面積から言えば、殺人事件が人口比で今の四倍だったころの四件分より今の一件のほうが大きいかもしれない。つまり事件報道が過剰なのです。だから件数は減っても受ける印象は今のほうが……。

池上　大きいですよ。江東区で殺人事件が起きたとして、二段くらいの小さな記事です。民放がどんどんやるものだから、NHKも引っ張られて殺人事件の扱いが昔に比べて大きくなりました。

森　僕のレベルはともかくとしても、池上さんがテレビで体感治安のからくりを説明しているのに、その認識は広がらない。

池上　広がらないですね。私もテレビで言ったり、書いたりしているのですが、一般にはなかなかそれが伝わっていかないです。

森　以前、朝日の記者に、「殺人件数の認知件数は毎年、戦後最少を更新しているんだから、それを社説などで取り上げるべきじゃないか」と言ったことがあります。警察庁がこのデータを発表すると、小さな囲み記事が出るけれど、内容はほぼ全紙同じです。要するに警察からリリースされたレクそのままです。

池上　犯罪減少についての報道はほとんどそうですね。

森　しばらく考えてから記者は、「難しいなあ」と言う。理由を訊いたら、これまでさんざん「治安が悪化」的な雰囲気を紙面で煽っちゃったから理論武装が必要だって……。

池上　あはは。それは正直ですね。なるほどね。殺人について知っていなくてはならないことを付け加えますと、日本の殺人事件の認知件数の多くは、実は親子心中だったりするんです。例えば子ども二人を道連れに自殺を図ると、子ども二人を殺したことになります。つまり、二件の殺人事件です。この場合で言えば、「殺人二件と被疑者死亡」ということになるのです。日本の殺人は、こういう心中や家族間での事件が圧倒的に多い。でも私たちが一般的に怖いなと思い、治安が悪化しているなと感じるのは、通り魔殺人事件についてですよね。

森　通り魔や不審者。

池上　ええ、不審者や見知らぬ人にいきなりやられてしまうという犯罪というのはもちろん危険なんですけど、そういうものは実は滅多にないんですよね。

森　にもかかわらず学校でも会社でも地域でも、至るところでセキュリティが叫ばれている。むしろ過剰警備で逆にいろんな弊害が出ています。つまり花粉症です。この症状のメカニズムは体内の免疫細胞の過剰防衛です。その副作用で身体がダメージを受ける。同じ現象が社会で起きています。

ニュースのプライオリティ

森　十年くらい前にメディア関係者の勉強会に参加したとき、日本テレビの報道ディレクターに「そういえば日テレはＰＫＯをニュースでやらないね」と他局のプロデューサーが訊いたら、「あれ数字こないですから」ってあっさり言われて、その場の全員が愕然としたことがありました。「日テレって、数字こなかったらニュースにしないの？」と訊いたら、「当たり前じゃないですか」と即答されて。……補足するけれど、このときはたまたま日テレだけど、当たり前だと考えないディレクターやプロデューサーは日テレにもいるはずだし、当たり前だと考えるディレクターやプロデューサーは他局にもいるはずです。でもとにかくこのときは、「多くの人が興味を持たなければニュースにはなり得ない」と彼に断言されて、誰も明確な反論ができなかったと記憶しています。

池上　その発想の典型的な例で言うと、宮沢りえと貴乃花の婚約*のとき、夕方六時のニュースでみんな一斉に扱ったことがありました。でも、ずっとその記者会見の中継を続けていれば当然ネタが切れるので、会見の途中で次のニュースに切り替えるわけですよ。では、その結果はどうだったのか？

　翌日の一分刻みの視聴率で見ると、それは見事でしたよ。ほかのニュースに切り替えた局はどーんと下がり、続けていた局の数字が上がり続けたのです。結局、フジテレビが延々やり続けて、ものすごい数字をとった。あのとき、ＮＨＫも含めて各局トップで放送したのですが、中継をやめたとたんに視聴率が下がった。どこかがやめて下がったとたんに、続けてやっていた局の数字が上がるという構図です。最終的に続けていた局が、漁夫の利を占めてどんどん上がったということですね。

　それを見ていたからでしょうか、日本テレビが一番最初に、数字を常に意識してニュース番組をやるということを始めました。結果的に日テレが視聴率でトップになっているんです。

*宮沢りえと貴乃花の婚約
一九九二年、人気相撲力士の貴花田（現・貴乃花親方）とアイドル女優宮沢りえが婚約発表をおこない、世間の耳目を集める。九三年、婚約解消。

民放テレビの場合、翌日に出る一分刻みの視聴率を見て、どの話題・事件のときに数字がどうなるか細かくチェックします。例えば、ある事件を取り上げたら数字が上がるから、あるいは数字が下がらないから、今日も続報をやろうという判断材料になります。朝のニュースでも、夜のニュースでも、ワイドショーでも、すべての番組で一分刻みで視聴率データが出るわけですね。だから突然、ある事件がニュースで取り上げられなくなるのは、もう、数字がとれなくなったからです。「あれ、あの事件で数字落ちちゃった。じゃあもうあの事件については扱わなくていいか」ということなんです。

企画でも、どのディレクターの企画のときに数字がどうなっているかが出ますよね。テレビはどうしても視聴率と連動して内容が決められるのは、間違いありません。

森　確かにニュースの一つの定義として「多くの人が興味を持つこと」は間違いではない。でもそればかりが突出したら、報道はワイドショー化するでしょう。とはいえ逆に、「このニュースは大事なんだ」と誰かが決めたとしたら、それはある意味で押し付けになるし、プロパガンダになりかねない。難しいところです。でも僕は、特に報道の場合、ある程度の押し付けは否定できないと思う。だって多くの人の興味に応えるだけなら、新しい事象が伝えられなくなる。ジャーナリズムの定義としては、時には多くの人が興味を示さなくとも伝えるべきことはあると思います。

池上　同感です。むしろニュースって、そもそもそういうものですよ。

森　結局のところニュースのバリューやプライオリティを決めるのは直感です。言い換えれば主観。マニュアルや方程式があるわけじゃない。そこに客観性や中立性などあり得ない。伝える側が自ら判断することです。ニュースとは主観なのだとそろそろカミングアウトすべきです。公正中立とか客観性とか、そんなタテマエを掲げているから、今も政権から「客観的にやれ」とか言われて反論できなくなるわけです。

池上　そうですね。何をニュースにするのかという判断でジャーナリズムは勝負しないといけませんね。

森　でもその原則は、現場で感じた怒りや悲しみなど個の論理が、貫徹できている場合に言いきれることです。日本のジャーナリズムは、個よりも組織の論理を優先させる傾向が強いから、どうしても部数や視聴率を判断の大きな要素にしてしまう。

本来であれば、現場の人間がもっと歯ぎしりして、「視聴率や部数やリスクヘッジだけでニュースを決めるな」と抵抗すべきなのに、個が組織の論理に回収されてしまう傾向がとても強くなっている。そういったメディア状況において、メディアをコントロールしようとする傾向が強い安倍政権の誕生は、最悪の事態を予想させます。

池上　少なくとも、コバニに朝日の記者が入ったことを読売と産経が批判的に報道するような状態は、目を覆いたくなりますね。

森　読売はＩＳが後藤さんたちの映像を公表する前に、安倍首相がヨルダンの国王に会って密かにネゴシエーションをしていたと報道しました。ところが報道後に他紙の記者から質問された菅官房長官は、なぜかこれを否定しました。

　結局のところ事実はわかりません。でもこのままでは明らかな誤報なのに、読売は続報をまったく出さないし、他紙も触れようとしない。

池上　せっかく特ダネとったのに、読売が続報を出さないのは不思議ですね。

森　特に政権との関係において、最近は整合性のない報道が多すぎます。続報がない場合は、おそらく最初の記事で反響が少なかったからとの理由でしょう。でもそれはやはり間違っている。沖縄の基地問題よりも川崎の中一殺害事件のほうがずっと大きく扱われている状況は、やはり正常ではない。ネットなどではときおり、メディアはこうして国民をコントロールしているとの言説を目にします。いわゆる謀略史観ですね。僕はその視点にはまったく同意しない。結局は市場の原理によってメディアは動いているだけです。

池上　そのとおりだと思います。単に市場原理だけでニュースの扱いを決めているんですね。もちろん陰謀なんかじゃないです。

森　それにしても、ジャーナリストではない僕から見ても、「なんでこのニュースが一面トップ扱いなのか?」というケースが最近、特に多くなっている気がします。例えば安倍首相の「わが軍」発言*は少し前ならば、辞職を提議されてもおかしくない問題発言です。でもこの発言についてのニュースの扱いはとても小さい。

池上　まったくもって、そのとおりです。自衛隊は軍隊じゃないということになっているんですから、驚くべき発言です。

森　舌禍が多すぎるという背景はあるかもしれない。だから麻痺してしまった。でもそれを差し引いても、このニュースをメディアがほとんど

「わが軍」発言
二〇一五年三月二十日の参院予算委員会で、安倍首相が野党からの自衛隊と他国軍の共同訓練についての質疑応答で、自衛隊のことを「わが軍」と発言。自民党歴代政権では自衛隊は「軍」ではなく防衛組織であると主張し、憲法違反でないと解釈しており、安倍発言はそれまでの憲法および自衛隊法の政府解釈を踏み外すものであった。

ど問題視しない理由は、「わが軍」発言に国民が問題意識を持っていないということです。だから、改めて思う。メディアが劣化しているとすれば、それはこの国の国民が劣化しているということです。

開かれた情報空間とリテラシーを

――ここ数年、どう考えても事実に基づかない憎しみを強く持っている人たちの存在が大きくなっているように感じます。ヘイトスピーチはその顕著な例だと思います。

森　オウム以降にアクセルが入った「集団化」に視点を置けば、その傾向は説明できると僕は思っています。集団は内部には異物を捜《さが》し、強い指導者を求め、さらに外部に敵を捜します。その過程で多数派との一体感を強く実感できるからです。これは9・11以降のアメリカを考えればわかりやすい。不安と恐怖を燃料に集団化を加速させたアメリカ社会は、愛国者法*を制定して国内の異物を排除し、索敵を掲げるブッシュ政権を強く支持して、アフガンとイラクに戦争をしかけました。そう言うと、ヘイトスピーチをやっている連中は少数派ではないかと言われるけれど、彼らはネットを媒介に疑似多数派的な気分を味わっ

愛国者法
アメリカ愛国者法は二〇〇一年、9・11の攻撃後のブッシュ政権下で制定された。国内外のテロリストに対処するため、国家による国民への監視権限を大幅に拡大。プライバシー保護や表現の自由の制限、アメリカ国内での電話・メール・私信などのすべての通信に対し傍受・盗聴が認められると同時に、国民の個人情報を一元化、個人データーベースをすべて政府機関が把握。さらに通信業者・金融機関の顧客情報の提出義務が発生、政府が求めた場合は図書館の貸し出し記録も病院の患者カルテも提出義務がある。ネット売買記録や書店での購買履歴も政府の監視対象に含む。二〇一五年六月失効。

反知性主義
『アメリカの反知性主義』（R・ホーフスタッター著）で著者は、反知性主義を「知的な生き方およびそれを代表するとされる人びとにたいする憤りと疑惑」と定義づけている。反知性主義とは無知や非知性を意味するものでも、学歴についての反発でもなく、自分が共感せず興味を持たないことは知る意味を認めないとい

ています。ネットでは多数派なのです。だから彼らは決して単独では行動しません。常に集団です。

──ヘイトスピーチのもう一つの土壌は、知性への憎悪でしょうか？

池上　反知性主義*ですね。

森　文化大革命*やクメール・ルージュ*の場合も、知識階級は激しく迫害され弾圧されました。集団化を阻害するからです。なぜならば現代の知性はヨーロッパ型合理主義に起源を持ち、デカルトにしてもカント にしてもニーチェにしても、個を基底に置くからです。集団の基本原理は一律の行動であり様式です。個の煩悶や哲学は必要ない。集団原理から見れば疎ましいだけです。特にヨーロッパ型の理性とか近代合理主義的な論理は邪魔になります。根底にあるのは、理性や知性や論理が自分たちの一体感や連帯に水を差すということです。

池上　本当は世間が一斉にある方向へ動き出したときに「ちょっと待てよ」と冷静に立ち止まって考えることが、知性というものです。特定の信念をふりかざし、熱狂する集団にとってはそんな冷静さはやっぱり邪魔でしょうね。専門的な知識をもとに客観的な分析をする者に

う態度であり、自分と異なる知性や価値観・生き方に対する攻撃的な態度などを意味する。

文化大革命
一九六五年から約十年にわたり毛沢東の指導の下、展開した中国の権力闘争・国内変革運動。実質的には権力中枢への返り咲きを狙う毛による巻き返し運動で、毛の支配下にあった紅衛兵と呼ばれた青少年たちによる暴行などで多くの犠牲者が出た。

クメール・ルージュ
カンボジア共産党の別称。指導者はポル・ポト。一九七五年ロン・ノル政権を打倒して政権獲得、国名を民主カンプチアと定め独裁制を確立し国内で大量虐殺を始めるが鎖国政策もあり国際社会に気が付かれるのが遅れる。七八年にベトナムに敗北し、ヘン・サムリン政権移行後に大量虐殺の事実に世界が注目する。犠牲者は約二〇〇万人とも言われる。

は「現場を知らない大学教授が勝手なことを言っているだけだ」と検討もなしに切って捨てる、というのも反知性主義ですね。例えば橋下徹氏がそうですね。議論の途中でいきなり大学の先生を批判し始める、あれも反知性主義です。

森　朝日バッシングにも通底する部分があるけど、知性が一種の既得権益になっているから、彼らとしては叩きたいのでしょう。エリートに対するルサンチマン的な衝動を解消できるという意味合いもあるでしょうね。

池上　橋下徹氏は明らかに頭がいい人ですけど、頭がよければ反知性主義にならないかというと、そうではない。勉強ができて偏差値が高く、頭がいい人は知性主義になって、反知性主義にならないというわけでは決してないですね。さきほど森さんのお話にあったポル・ポト*だってフランスに留学したエリートのエリートです。ポル・ポト派の幹部は全員フランスに留学し、そこで共産主義を知って、フランス共産党にまず入っています。それからカンボジアに戻ってきて、インドシナ共産党をつくった人たちなんですね。そんな知的な人びとが、虐殺を引き起こす極端な反知性主義にまで行くわけです。そこが一筋縄で

ポル・ポト（一九二八?〜一九九八）
裕福な家庭に生まれ、フランス留学後、高校教師等を務める。カンボジア共産党内で昇進を重ね、一九六三年頃、書記長に就任。ロン・ノル政権打倒後、政権を掌握、首相に就任。原始共産主義を目標とする暴政を開始、特定が困難なまでに多くの人が殺され一九七五年から七九年の五年間に全国民の三分の一が虐殺されたとも目されている。

はいかないところです。本当に愚鈍な人の反知性主義じゃない。そもそも愚鈍な人たちだったら、あれだけの組織はつくれません。

森　集団化は人類の本能でもあります。だからこそ理性や論理が邪魔になる。この場合の理性には歴史認識も含まれます。こうした状況に社会が陥ったとき、最も警戒すべきは、同じように知性や理性を憎み、さらに不都合な歴史への洞察を嫌悪する指導者の出現です。その存在が社会全体と共振し、指導者や統治権力を批判する勢力は国賊や非国民として糾弾されます。

――歴史上、国家も含め組織が暴走してしまう瞬間があると思いますが、その要因は何でしょうか？

森　もう一つの集団化へのアクセルは被害者意識です。オウムの地下鉄サリン事件の特徴の一つは、不特定多数が標的になったことです。つまり誰もが被害者や遺族になる可能性があった。その帰結として被害者意識が全国民的に共有されました。被害者や遺族は当然ながら加害者を憎みます。危機意識が高揚して自衛のための暴力を肯定する。これは今のイスラエルが体現しています。ガザ*に対してあれほど不均等

＊ガザ（地区）　パレスチナ暫定自治区にある行政区域。一九六七年以来、イスラエル軍によって占領され続け、二〇〇五年にガザからユダヤ人入植地が撤去された後もイスラエル軍の制圧状態が続いている。イスラエルに対抗する武装勢力ハマスはここで結成された。

な暴力をしかけながら、彼らは自衛のための大義を常に主張しています。それはある意味で本音です。
　被害者意識が反転するこのメカニズムは、オウムがサリンを撒いた理由にも重複すると僕は考えています。麻原は目が見えなかったから、新聞を読めないしテレビも見られない。つまりメディアから情報を得ることができない。そこで側近たちがメディアになりました。側近たちは競争原理に駆られながら、麻原がより強く反応する情報ばかりを上げるようになっていった。「米軍が攻めてきます」とか、「フリーメーソンが狙っている」とか、「自衛隊が出動しそうです」などの危機を煽る情報ですね。こうして麻原の危機意識が肥大する。つまりこの構造は、今の社会とメディアの関係と同じです。そこに宗教の生と死を転換する負のメカニズムが重なった。こうして最悪の事態が起きた。もちろん他にも共同体内部の忖度など、キーとなった要素はいくつかあるけれど、大きくはこのメカニズムで説明できると考えています。

池上　さらに組織の論理の負の側面を言うと、閉鎖的な組織の中では、何か議論をすると必ず強硬派が勝つのです。どんどん強硬になる。かつての過激派と呼ばれた革マル*や中核派*などの閉鎖的な組織では対外

革マル
戦後日本の学生を中心にした新左翼グループ、日本革命的共産主義者同盟革命的マルクス主義派の通称。「革命的マルクス主義派」を自称したことに由来する。

中核派
戦後日本の学生を中心にした新左翼グループ、革命的共産主義者同盟全国委員会の通称。「マルクス主義学生同盟・中核派」を自称したことに由来する。

内ゲバ
内部ゲバルトの略語で、主に左翼組織が使用。左翼組織同士や同じ組織内でのメンバー同士の争い・暴力行使などにも使用される。ゲバルトはドイツ語で「暴力」の意味。

連合赤軍
左翼組織。戦後日本左翼運動史の中では特に有名だが活動期間は一九七一年から翌七二年までと短い。その間に山岳ベース事件、大菩薩峠事件、あさま山荘事件など内ゲバや籠城・銃撃戦等激しい武闘路線で日本中に知られるようになった。

的な行動はもちろん、内ゲバ*をするしかないに至る議論で、穏健派は必ず負けました。連合赤軍*もそうだった。限定され、閉ざされた中で何か議論をすると、強硬な意見を言った者が必ず勝つんです。「おまえは臆病者だ」「尻込みしやがって」「忠誠心が足りない」「なんで徹底的に闘わないんだ」と言われると、強硬論が勝つ。どの国でも、いつの時代でも必ずそうなっていきます。

森　元連合赤軍兵士で懲役を終えて出所した植垣康博*さんに聞いた話だけど、一連の連合赤軍事件が起きる前、まだ赤軍派と京浜安保共闘*が完全に融合する直前に、二人の仲間を殺害した印旛沼事件*が起きました。永田洋子*と森恒夫*が微妙なヘゲモニー争いをしているときです。京浜安保共闘を率いていた永田は、組織内にスパイが二人いたと赤軍派のリーダーである森恒夫に相談した。これに対して森は、粛清するしかないと答えたそうです。永田は仲間を殺していいものかとさんざん悩んだけど、これをやらないと自分が組織内で森に対してより劣位になると考えて、最終的には二人を処刑した。その後に永田は森に報告に行って、森はああそうかと応じたのですが、永田がいなくなってから、その場にいた植垣と坂東國男*に対して、「あいつらほんとに殺《や》

植垣康博（うえがきやすひろ）　元連合赤軍活動家。弘前大学入学後、左翼活動に参加。連合赤軍に加わり山岳ベース事件にも関与。逮捕、刑期終了後、スナック経営。

京浜安保共闘　一九六〇年代から八〇年代に活動した左翼組織。日本共産党（革命左派）神奈川県常任委員会を名乗るが、現存の日本共産党とは別組織。メンバーの一部が連合赤軍などに参加している。

印旛沼事件　一九七一年、左翼活動家永田洋子、坂口弘、森恒夫等が共謀し、組織を抜けようとしたメンバー二人を殺害、遺体を遺棄した事件。

永田洋子（ながたひろこ　一九四五〜二〇一一）　左翼活動家。共立薬科大学卒、慶應義塾大学研究生を経る。連合赤軍に参加、山岳ベース事件等に関与。獄中にて病死。

っちゃったのか」とあきれたように言ったそうです。これが一連の大量リンチ殺人のきっかけです。結局は誰も本気で言っていないのに、口にした過激な言葉がリアルになってしまい、今度はそのリアルさに発言した当人が引きずられてしまう。こうして誰も明確な意思がないままで最悪の事態が起きる。

これはオウムにおける別の要素でもあります。側近たちは麻原の言葉を過剰に忖度した。また麻原も、側近たちの願望に同調していった。互いに過激な言葉を発してしまえば、次にはもっと過激な言葉を発さないと後退したことになる。相互作用のポピュリズム。これが普遍性です。日本が勝ち目のない戦争に突入していったのも、まったく同じ構造だったと思います。

池上　閉鎖空間の中で議論すると、どんどん極論になっていくわけです。だからこそオープンな社会が必要です。組織で何か議論するためには、その組織の中の議論を少しでもオープンにしたり、外の人たちに知らせたりするとか、外部からの批判を受けるという仕組みをつくっていかないと、いわゆる定向進化に、つまり定まった方向にどんどん行ってしまいます。あたかも一部の恐竜がどんどん巨大化して、結局、適

森恒夫（もりつねお　一九四四〜七三）
左翼活動家。連合赤軍参加、十二人殺害の山岳ベース事件の指揮者の一人。逮捕後、東京拘置所内にて自殺。

坂東國男（ばんどうくにお）
左翼活動家。京都大学中退、連合赤軍結成。あさま山荘事件で逮捕されるも、日本赤軍がクアラルンプールのアメリカ大使館を占拠し坂東等の釈放を要求した結果、超法規的措置として釈放、海外に逃亡。

応能力を失って滅びてしまったような定向進化に陥ってしまうということです。

森　サーベルタイガー*やマンモス*の牙とかが定向進化の典型です。誇っていた武器が重荷になって身を滅ぼしてしまう。

池上　そう。たぶん「イスラム国」もそうではないかと思うのです。

森　オウム以降と9・11以降、日本と世界では「対テロ」や「テロに屈しない」という言葉をキーワードに社会の集団化が進みました。テロの主体は、これまでの国家に比べれば不可視な存在です。つまり敵の存在を前提とするような社会になりつつある。ここまできてしまうと、ISが滅びた後に世界はどうなるのだろうと煩悶します。また新たな「敵」を社会の内外に見つけようとすれば、同じことの繰り返しになりますね。

池上　そうですね。だからこそ大切なことは社会・組織を常にオープンにしておくこと。そして、その大切さをきちっと伝えていく、あるいはそれを伝えるメディアが絶対に必要だということです。

森　開放された情報空間が必要だけど、同時に僕らもリテラシーを持つのが大前提ですね。

サーベルタイガー
約一〇万年前に絶滅と目される。大型の牙が特徴で進化論上、しばしば議論・検討の対象になってきた。

マンモス
約一万年前にほぼ絶滅。現存するゾウと体の大きさには著しい差はないが、牙は特に大きく、有用性が疑われる。定向進化、あるいは配偶者選択の結果とする見解もある。

メディア・リテラシーを身につける

——私たちは、メディア・リテラシーをどうやって身につければいいのでしょうか？

池上　二〇〇八年から学習指導要領が変わって、今は小学校と中学校の国語と社会科で、メディアとのつき合い方というのを学ぶことになっています。私がメディアについて書いた文章も、いくつかの教科書に採択されています。新聞とのつき合い方や、「すべての情報は編集されている」ということを書いています。日本ではもう義務教育でメディア・リテラシーについての学習を、必ずやることになっています。我々の学生時代とは、ずいぶん違います。

私が監修したメディア・リテラシーについての書籍のシリーズがいくつかあって、図書館に収蔵されていますが、こうしたものを教材にしての勉強もあります。このように日本でもメディア・リテラシーの向上のため何とかしようという意識はあるということですね。この点は昔と違って教育の機会が用意されています。

森　リテラシーは、〈違う視点を想像する〉ということが、まず大前提だと思います。例えば、「ＩＳに参加するようなヤツは人間じゃない」という視点があるなら、「いや、ああいう熱狂や残酷さは、実はとても人間的な属性でもある」という視点があるのではないかと思う想像力です。別の言葉で言えば、常に自分の視点から見た「正しさ」を疑って、別の「正しさ」もあるのではないかと思考することでしょう。

池上　「イスラム国」ってとんでもないことやっているけど、「イスラム国」の領域内に八百万人が暮らしているわけです。ということは、それを統治するシステムがある。もちろん逃げてくる人もいるけど、逃げない人もいる。国としてどこも認めていないけれど、なぜ国の形式を維持できているのかということは、疑問に思わなくてはいけないですね。

森　ＩＳから逃げてきた人をメディアはよく使います。顔を隠してインタビューを撮って。北朝鮮と同じで逃げてきた人たちは、とんでもない国だとか組織だと誰もが糾弾します。まあこの二つについては、僕もとんでもないと思いますよ。でも実際はそう思っていない人も、ＩＳ内にいっぱいいる。

池上　とんでもないと思ったからこそ「イスラム国」から逃げてくるわけですから、逃亡者の証言を集めると必然的に「イスラム国」は悪の帝国ということになり、その内実についてかえってわかりづらくなりますね。

森　僕は二〇一四年に北朝鮮に行ったけど、もうあまり行きたくない感じです。池上さんは二回行ってますね。

池上　ええ、金正恩*体制になる前です。おもしろい国ですよ、ある種のテーマパークですから。

森　確かに。金正日*がつくった温水プールの遊技場に行きました。自動ドアが開いたら、いきなり目の前に軍服姿のカーネル・サンダースが立っていた。よく見たら金正日の蠟人形なんです。思わず写真を撮ろうとしたら、横に立っていた衛兵に怒られました。まずお辞儀をしろとのことでした。その後に遊技場に入ってくる北朝鮮の人を見ていたら、確かに入ってきた人はみんな、まずお辞儀をしています。

本当に独裁国家はいやだなと思ったけど、でもよく考えてみたら昔の日本だって、学校などに揚げられていた御真影*にはお辞儀どころか、見ることすらいけないくらいのこと言っていたわけですよね。

金正恩（キム・ジョンウン）　現在の北朝鮮の最高指導者。二〇一一年、父・金正日死去に伴い、指導者の地位に就く。朝鮮労働党第一書記。

金正日（キム・ジョンイル　一九四二〜二〇一一）　北朝鮮の最高指導者、朝鮮労働党中央委員会総書記、朝鮮人民軍最高司令官等を務めた。父は金日成。

御真影（ごしんえい）　希望申し立てのあった学校等に宮内庁から貸与された天皇皇后の写真。明治時代中頃から急速に普及。一九三〇年代には日本のほぼすべての学校に交付された。細心の注意と最大の敬意をもって取り扱われ火事などで焼失した場合、校長が自殺するという事件も起きている。

池上　そうですね。教育勅語*だって、頭の上に掲げて読まなければいけなかった。見て読むことができないから、校長先生は教育勅語を全部、暗記していなくてはいけなかったのです。

森　御真影だけではなく教育勅語も見てはいけない存在だったのですか？

池上　見ると不敬に当たるというわけではないけど、高く掲げながら読む、というふうになっていました。頭の上に掲げると当然、読めない。だから暗誦できるように全部覚えなくてはいけなかったのです。

森　うーん。唸るしかないな。学校が火事になったときに御真影を守って焼け死んだ校長先生のことが美談になったという話もありましたね。ということは、時代はまったく違うけれど、かつての日本も今の北朝鮮と何ら変わらないじゃないか、という捉え方もできるわけです。でもそうした普遍性に気づかなければ、もしくは歴史認識がなければ、北朝鮮はとんでもない国で自分たちには理解できない国民になってしまう。確かにとんでもない国ですよ。認める気は一切ない。でもそのとんでもなさは、実は別の形で自分たちにもあることだと気づくかどうかの差は大きい。

教育勅語
一八九〇（明治二三）年に発せられた「教育に関する勅語」。明治天皇から与えられたという形式をとる。国民に対しては忠義・孝行の大切さが説かれる。

僕はＩＳも同じことが言えると思います。確かにやっていることは本当に残虐だし、到底賛同できないのは当たり前です。でも、あの残虐さは、かつて大陸で日本兵士がやったことやアメリカの東京大空襲*、インドネシアやクメール・ルージュの虐殺や文化大革命にホロコーストなど、洋の東西を問わずすべて同じです。

池上　そういうことです。

森　ＩＳが人質を殺害したとする映像をネットにあげたとき、「人間とは思えない」と岸田外相*がぶら下がり会見で発言しました。他にも同じようなことを口にした自民党議員はたくさんいた。コメンテーターも。僕はこの発言に対してだけは、絶対に反駁したい。人間だからこそ、こんなひどいことをやってしまうんです。その視点は持たなければいけないと思います。

池上　韓国のセウォル号沈没事故*でも、日本のメディアはひどい事件だ、信じられない事故だとばかり報道し、言っていました。しかし、何を言っているのかと思いたくもなります。だって、日本でも戦後、一九五五年（昭和三十年）に宇高連絡船同士の衝突事故*があって、修学旅行の小中学生が大勢死んだのです。残念ながら、惨事や大事故はどこ

東京大空襲
一九四五年三月十日、アメリカ軍による東京への大規模爆撃。一晩で十万人以上の住民が殺害された。人口密度の高い地域に焼夷弾を大量に投下したこの爆撃はほとんどが民間人を攻撃対象にしたものであった。

岸田文雄（きしだふみお）
自民党衆議院議員。内閣府特命担当大臣等を歴任、現在、外務大臣。宏池会会長を務める。

セウォル号沈没事故
二〇一四年、韓国仁川から済州島に向かったフェリー「セウォル号」が沈没、乗っていた修学旅行生等三〇四名が死亡・行方不明となる大規模海難事故。事故後、捜索者にも死亡事故が発生。事故後、船体の不法改造や乗客下船の前に船長が先に避難したことが明らかになり大きな問題になる。

の国でも起きます。だからこそ、他人事と考えるのではなく、しっかり調べて検証することが大切なんです。

セウォル号と宇高連絡船衝突事故で大きく違うのは、沈没した紫雲丸の船長は船が沈みかかったときに船員を退避させて、自分は船の中に入って船と運命をともにしたことです。こういった悲劇を繰り返さないためにも、しっかりした調査こそ必要なんです。

森　セウォル号の船長に対しても、「人間以下だ」とか、「鬼畜だ」など、ネットでの非難がすごかった。確かに救助の際の例の無様な映像*を見たりして、僕もこの船長は処罰されて当然だと思いました。でも鬼畜とか極悪人などの語彙は違う。一言にすれば弱い男です。それは船長の資質としては大問題ではあるけれど、少なくとも人間以下ではないし鬼畜でもない。僕だってもしもあの場にいたら、同じ行動を絶対にしないとは言いきれない。人間は弱い。その前提に立てば、惨事を防ぐための教訓を考えることができる。

池上　さっきお話に出たアイヒマンのケースと同じ問題があると思います。アイヒマンだって、冷酷な殺人鬼だと言われた。実際にアイヒマンは大量殺人の実行者の一人ですが、ハンナ・アーレントの指摘のよ

宇高連絡船衝突事故
一九五五年、瀬戸内海で起きた大規模海難事故。香川県高松港出港の国鉄（当時）の宇高連絡船「紫雲丸」が岡山県宇野から来航してきた国鉄貨物船「第三宇高丸」と衝突・沈没した。濃霧のため視界不良の中の事故であったが当時の最新レーダーなども装備していた。紫雲丸の修学旅行生を含む多数の乗客のうち一六八人が死亡した。両船とも操船ミスがあったことが裁判で認められ、国鉄総裁が引責辞職した。

無様な映像
セウォル号沈没事故の際、乗客救助の責任を負う船長が乗客より先に自ら救助船に乗る映像が放送される。さらに、その脱出の際に船長は船員の制服を脱いで一見して船員と判別できない服装になっていたことにも意図的な救護義務違反を指摘する意見もあり、厳しい非難を浴びた。

うに〈凡庸な悪〉でもあるのです。このことのほうが、むしろ恐ろしいことです。

エピローグ

森　以前、上杉隆*さんと対談本*を出したことがありました。そのとき上杉さんに、「自分自身がメディアになっているのでは？」と質問しました。だからこそ、時には大仰な言葉を使う。見出しを誇張する。つまり市場原理に取り込まれてしまっている。もちろん嘘は言いません。でもぎりぎりを発言したり書いたりする。その自覚を彼は持っていました。

同じ質問を、最後に池上さんにもぶつけます。かつては個人として自由に在野でやっていたけれど、今や自分自身が大きな影響力を持つ存在になってしまった。その点について、きっと池上さんご自身、いろいろ思うところがあるのではないかと思うのですが。

池上　ものすごく怖いことだと思います。以前、一度、テレビのレギュラー番組全部やめたことがありましたが、その少し前に、フジテレビでやった番組がありました。番組内容は私の書店巡り。情報をどうやって収集しているのかを見せるというので、池袋のリブロで「私はいつもこうやって本屋を回っています」と本棚の見方や本の選び方について紹介しました。「書店というのは、それぞれお客さんのことを考えているんですよ。例えば文庫本のコーナーには女性読者がけっこう

上杉隆（うえすぎたかし）元ジャーナリスト。現在もインターネット報道番組に出演。著書多数。

対談本『誰がこの国を壊すのか』森達也・上杉隆著、ビジネス社、二〇一二年刊。

行くので、文庫本の横には文芸書を置いて、女性客が小説の棚へ自然に流れるようにする。新書は男の読者が多いから、新書のコーナーの横にはビジネス書を並べておくと、男性が自然に店内を回れる。こういうふうに読者のことを考えて、書店の本は並んでいるんですよ」と解説しながら、私が子どもの頃に読んだのはこういう本で、この本にはすごく感動したんですという番組をやったのです。それが土曜日の夜に放映されたのですが、日曜日には池袋のリブロに大勢の人が押し掛けた。事前に番組は収録していたから、放送したら売れるだろうとリブロではあらかじめ私が取り上げた本を大量に仕入れていたそうですが、午前中で売り切れちゃった。実は私も気になって日曜日の午後、リブロにこっそり様子を見に行ったんです。そうしたらものすごい人でね。「うわーっ、私のたった一言で、こんなに人が動くんだ」と驚き、同時にこれはものすごい怖いことだなと思いましたね。

森　直接現場を見たら、自身の影響力を実感しますよね。

池上　私の一言で世の中が動くってことは、あってはいけないことだとしみじみ思いました。以来、それまで以上に自分の意見は言わないことにしました。

森　確かに池上さんはブログやツイッターとかはやらない。

池上　やらないです。

森　線を引こうという思いがあるのですか？

池上　単に時間がないだけという理由もありますが、それ以上に私が何かうっかり言ったことでみんなが、「そうだ、そうだ」と動くということは、民主主義としていいことじゃないなと思ったんです。私が変に影響力を持って、特定のテーマについて「これはこうだよね」と言ったら、みんなが、「うん、そのとおりだよね」と動くのは健全なことではないなと思っています。よく私に、「これはどう考えたらいいんでしょうか？」と社会問題などへの意見を訊いてくる人がいます。でも私は「人に頼っちゃいけません。あなたが自分で考えてくださ い」と答えています。私は、みんなが自分の頭で考えるための材料は提供するけれど、こうすべきだといったことは言うべきではないと自分では思っています。でも人間ですから、ニュースを伝えたり解説をしたりすれば、どうしても自分の思いのニュアンスは出ますよね。それを極力抑えよう抑えようと一所懸命努力しているということなんです。

私ごときが、なんか偉そうに言って、みんながそれで動くなんて、とんでもないことだという思いがありますから。

――『世界を変えた10冊の本』* という池上さんのご著書がありますね。

森　そこに僕の本を一冊入れてくれればね……。

池上　ははは、いや、世界を変えたという歴史的評価が出るのは、出版してから何十年か後ですから。森さんの本はもう少し後ですね。

――この本で取り上げられた『アンネの日記』の著者アンネ・フランクは一五歳で亡くなる前に日記に「将来、自分はジャーナリストか作家になりたい」と書いています。軍隊に入ってドイツ兵をやっつけたいと言うのではなく、ジャーナリストになりたいと言った。迫害の中にいる少女がジャーナリズムに希望を託したことがとても示唆的に思えました。

池上　悲しいことにアンネ・フランクは収容所で死んでしまったことで、そして日記を残したことによって彼女の願いは達せられたわけです。世界的に有名な作家になったわけですね。

アンネ・フランクが書いた〈ジャーナリスト・ジャーナリズムの

*『世界を変えた10冊の本』池上彰著、文藝春秋、二〇一一年刊。

力〉について言えば、去年、カンボジアに取材に行ったとき、大変、衝撃的な出会いがありました。共同通信プノンペン支局の助手をしていたためポル・ポト派に捕まってぎりぎり殺されそうなところから逃げてきたカンボジア人です。ポル・ポト派は海外のジャーナリズムで働いていたヤツだ、という理由だけでその人を殺そうとしたんですね。そのとき、彼は「私はただの一介の人間で、武器も持っていないのになんで殺そうとするんだ」とポル・ポト派の兵士に訊いたんだそうです。するとその兵士が、「メディアというのは何万人もの人を動かして、何万人もの人を殺す力を持っているんだ」と言ったそうです。「銃を持っている兵士が、その銃で殺せる人数は限られる。しかしジャーナリストは、何万人もの人を動かしたり、殺したりする力を持っている。だから殺すんだ」と言われたというのです。

森　ポル・ポト派の兵士のほうが、ジャーナリズムの本質を理解していた。

池上　そうなんですよ。ジャーナリズムって、それほど強い力を持っているんだと、ポル・ポト派は理解していた。だからジャーナリストが狙われたのですね。

森　その人にはお会いになったんですか？

池上　はい。会って話を聞きました。

森　ローランド・ジョフィが監督した映画「キリング・フィールド」*も、ポル・ポト時代にカンボジアで取材していたアメリカ人ジャーナリストと、その助手をしていたカンボジア人男性を主人公にしたストーリーです。

池上　そうですね。『ニューヨーク・タイムズ』記者の助手だった人の実体験が元になった映画でした。私が会った人は共同通信の助手だったのですが、殺されそうになったときに、ポル・ポト派の兵士を突き飛ばして逃げて、助かったという体験をした人でした。ポル・ポト派が崩壊した後、共同通信の人が戻ってきたら、その人が生きていたということがわかり、彼とその子どもを日本に連れて帰ってきた。その人の子どもは日本で教育を受けて、今は日本の国籍を持っています。だからプノンペンに日本人が行くときに、コーディネーターをしてくれるんです。カンボジアでの取材で、「ジャーナリズムって、そういうものなのだ」と改めて思い知らされる体験談で、とても衝撃的でした。

＊「キリング・フィールド」
一九八四年制作のアメリカ映画。『ニューヨーク・タイムズ』記者の七〇年代後半のカンボジア取材時、現地スタッフを務めたカンボジア人の目を通し、クメール・ルージュ時代を描く。

森　池上さんは自身をジャーナリストと規定するけれど、同時に自分自身が一つのメディアになりかけていることへの危惧も持っている。個人だから抑制できるけど、これがもし池上株式会社であったとしたら、まさしく市場原理に埋没してしまう可能性がある。それはもうジャーナリズムでも何でもない。本来の使命・役割から最も遠いところに行っちゃうわけです。まさに今、そのぎりぎりのタイトロープの上で池上さんは仕事をしているなと、見ていて感じます。

池上　前に触れたとおりジャーナルとは「日記」という意味ですから、ジャーナリストとは日々の記録をとる人のことなのですね。日々の記録をとって、それを残していく・伝える人という意味で、私はジャーナリストと名乗っています。何よりも私は、この仕事が楽しいからやっているだけのことです。

――今は給料が高かったり、イメージがよかったりするから記者になりたいとか、マスコミに就職したいという人が多いのではないでしょうか？　最近まで、文系の学生の志望職種でマスコミ・メディアの記者というのはトップクラスの憧れの仕事だったと思います。

池上　そうですか？　私が記者になる頃は、新聞記者とかそういう職に就くヤツは、ろくでもなかったよね（笑）。学生運動やったからどこにも就職できないとか、成績があまりに悪いから、どうしようもないからなっていただけという感じの職種でした。成績のいいヤツは、まず銀行に行って、商社に行って、それから製造業に行って、最後まで残ったはぐれ者がマスコミでしたよ。

森　僕が小学生の頃に、親戚のお兄ちゃんが朝日新聞に入りました。そのときに両親が、早稲田を出たのに朝日新聞に入ったのかと嘆き合っていたことを覚えています。子ども心にも「新聞記者はどうしようもない仕事なのか」と思いました。だって当時は〝ブンヤ〟と言っていましたからね。

池上　ははは、そうでしたね。ブンヤですから、もうイメージはどうしようもないんです。新聞屋の略ですけど、蔑んだ呼び方でした。

森　でも、その後にイメージは大きく変わります。僕が大学を卒業して就職する頃は、テレビ局や新聞社は花形産業でした。そのあたりから、メディアが〝企業〟になっちゃった。

池上　以前、私が捜査一課の担当の記者だった頃、夜、捜査担当者のところに行くでしょ。そこで一緒にこたつなんかに当たってると、おまえどこの大学だと言うから、慶應の経済ですと答えると、「なんで銀行や商社に行かないで、こんなところに来ているんだよ」と言われました。当時はそんなものでしたね。「すいません、好きなもんですから」としか言いようがなかった。それからしばらくして、バブル期の頃に、首都圏のニュースキャスターをしてたのですが、そのとき首都圏部に若いディレクターが入ってきた。NHKの場合、最初は地方勤務なんですが、バブル採用でたくさん採っちゃったものだから、地方に配属できなくて東京勤務がいたのですね。いろいろ話をしているうちに、君はどうしてNHKに入ったのと訊いたら、「第一勧銀*で内定もらったんですけど、内定の拘束が嫌でNHKに来ました」と言うのです。いや、呆れました。つい「おまえなんか辞めちまえ」って、言っちゃったくらいです。大手銀行の内定とっていたヤツが、なんでNHKに来るんだと思いましたよ。第一勧銀とNHKが同格に扱われる、そういう意識でNHKに来ている人がいるんだと、びっくりしましたね。

森　ジャーナリズムの仕事って、後ろめたさを保持し続けなければなら

第一勧銀
旧第一勧業銀行。第一銀行と日本勧業銀行の合併によって第一勧業銀行が発足したのが一九七一年だが、その源は第一国立銀行まで遡る伝統ある都市銀行で、規模も日本最大級であった。現、みずほ銀行。

ないと考えています。結局は他者の不幸や悲劇を飯の種にしているんだとの意識です。「賤業だとの思い」と言ってもいい。微かでいいけれど、その意識はなくすべきじゃない。足の先でよいから引っかけていてほしい。

池上　そうですね。就職選択で都市銀行と同格でNHKを捉えていた、という話を聞いて、「あっ、マスコミがエリートになってしまったんだ」って気がついて、びっくりしました。でもそれじゃ、ジャーナリズムはいけないと思います。

森　肩で風切っちゃいけない。例えば事件現場に急ぐとき、そんな気持ちを足の先に引っかけておくぐらいの姿勢が大事だと思うのだけど、そういう負い目や後ろめたさのない人が増えてきている。

池上　一昨年だったでしょうか、『週刊新潮』に「朝日新聞で内定が決まった中に東大出身がゼロだった」という記事が出ましたね。朝日問題が起きる前に、もうすでにそんなニュースが出ていますけど、私はそれを見ても「マスコミ人気の凋落だ」なんて思わず、「ただ昔に戻っただけじゃないか」と思いました。メディアに入るのはエリートだなんて、やっぱりおかしいですよ。マスコミに入ったことがエリートの証で、ああ、マスコミに入ってよかったねと思われるなんていう、勘違いが起きますよ。

――でも、それでもジャーナリストという仕事は魅力的ですね？

池上　仕事としては、とってもおもしろいですよ。だって、みんなが知らないことを真っ先に知ることができるんですから。でも、決してエリートなんかじゃないですよ。あくまでも基本は、「ねえねえ、みんな知ってる？　こんな話があるよ」って伝えることですから。誰だってびっくりするようなことがあると、「ねえねえ、こんなことあったのだけど知ってる？」とみんなに言いたくなるでしょ。メディアって、基本的には、そんな仕事ですよ。

――それはドキュメンタリーの場合も同じですか？

森　僕もよく、ドキュメンタリーのおもしろさって何ですかとインタビューで質問されるけれど、最後はそういう答えになりますね。「ねえねえ、これ知っている？」という気持ちです。以前何かのインタビューでまったく同じフレーズを使ったので、今少し驚いています。やっぱり、おもしろい出来事に出会うと「ねえ、みんな聞いて、聞いて」

って言いたくなるから。さらに、これを多くの人に伝えることで、もしかしたら困っている人を少しでも救うことができるかもしれないし。それが目的化しているわけじゃないけれど、それはとても意義のあることだし。本人はともかく、周りから見て、そういったジャーナリズムなり、ドキュメンタリーの意義というのを見出してくれれば嬉しいです。

池上　今のお話に尽きますよね。ジャーナリズムもドキュメンタリーもまさにそれですよ。「ねえ、知ってる？　こんなおもしろいこともあるんだよ」と伝えることもあれば、「ねえねえ、こんなにかわいそうな人もいるんだよ。こんなひどいことが横行するなんて、このままでいいんですか？」という場合もあるだろうし、国内だけではなく、遠い外国でも「実は今、こんなひどいことが起きているんだよ。ひどいですよね」ということもあるわけです。事件だけではなく政治についての報道だって同じですよね。「政府がこんなひどいことをしてるんだよ。許せないよね」というのだってありでしょ。社会の狭間で生きにくい人がいたり、こんな悲しい思いをしたりしている人がいるんだよ、こんなこと人間として許せないよね、というのもありでしょ。本当に素朴に、人間としてそういうことがあったら、みんなに知ってほしいとか、許せないよねと伝えたいと思うでしょ。ジャーナリスト、あるいはメディアで発言するというのは、そうしたことを伝える素朴な仕事だと思います。

あとがき

池上　彰

森さんと初めて出会ったのは、冒頭で森さんが書いているように、ヨルダンのパレスチナ難民キャンプでした。

映画やテレビのドキュメンタリー監督として知られる森氏は、こういう所にも出没するのか。その行動力に驚いた記憶があります。さて、そのとき何を話したのか……。いまでは定かでありません。

数多くのパレスチナの若者たちをかき分けながら歩いたことだけは覚えているのですが。

二日後、エジプトのアレキサンドリア市の夜の町で「ビール、ビール、ビールが飲みたい！」と叫ぶ森氏は、単なるおやじと化していました。

「まえがき」で、森氏は、その場所をカイロだと誤認しています。これだから呑兵衛の記憶は当てにならないのです……。

今回、出版社から「森さんが対談したいとおっしゃっています」と言われ、「おお、あの森さんが、か。なんと光栄な」と感激して対談を受けたら、実際は、出版社に騙されたに過ぎなかったようです。

対談の初日、森さんに、「なんだ、出版社の釣りを信じたの！」と呆れられてしまいました。

それでも森さんとの対談は、刺激に満ちたものでした。ヨルダンでもアレキサンドリアでも、せっかくご一緒しながら、きちんとした会話をしていなかっただけに、やっと実現した対話でした。いまのメディア状況をどう見るか。二人の話は、ここに集中しました。朝日新聞のいわゆる「誤報問題」では、私自身が騒動に巻き込まれてしまいました。この問題を、森さんはどう見ているのか。ぜひ知りたい点でした。

二人の立場に微妙な違いがありましたが、多くの側面で意見は一致。メディアのあるべき姿を論じて、爽快な後味がありました。

中東の自称「イスラム国」によって日本人二人が殺害された事件では、取材のあり方を議論しました。危険を冒してでもしなければならない取材はある。そのときに、「危険な所へ行くな」という自己責任論が出てきますが、と同時に、今回は政府が旅券の返納を求めるという介入も起きました。

政府の言いなりになるメディア、政府に逆らうのかとライバルを批判するメディア。これが独立したメディアと呼べるのか。驚くべきことです。メディアのあり方が問われています。

自称「イスラム国」をどう考えるべきか、という点においては、森さんの視点が貴重でした。というのも、森さんが、オウム真理教の信者たちの中に入って、ドキュメント映画「Ａ」そして「Ａ２」を制作してきているからです。

大事件を引き起こした宗教集団であっても、個々の信者は不器用で真面目一辺倒。その様子を取材してきた森さんは、宗教集団について、安易な決めつけをしないからです。

とかく世間は、「殺人者集団」「凶悪集団」と断罪しますが、実際には、哲学者ハンナ・アーレントが、ユダヤ人殺害の責任を問われたナチスのアイヒマンについて「悪の凡庸さ」を見出したように、「普通の若者」たちが引き起こした事件だったのです。

「凡庸な悪人」は、日本にも大勢いるはずです。それは宗教集団に限りません。世間の「空気」を読んで行動する小心者は、いつしか良心を失い、思わぬ犯罪に手を染めることがあり得るのです。

最近の政治情勢を見ると、第二次安倍政権の成立以降、メディアの側に忖度のムードが広がっているように思えます。政権はけっして剝き出しの弾圧などはしません。それほど乱暴ではありません。もっと洗練されています。メディアの側が自分から〝お利口さん〟になってしまって、権力者の意向を忖度。自主規制が広がっていく。これこそが問題なのです。ここにも「空気」を読む人たちがいます。

その点、森さんは、そんな〝お利口さん〟の対極に存在します。言うべきことをズケズケと言う。恐れを知らない人物。こういう人物が貴重なのです。現代では、〝絶滅危惧種〟に分類されてもいい存在でしょう。

そんな存在の森さんと、縦横に語り合って誕生したのが、この本です。それぞれの立場の違いはありますが、対談によって刺激を受け、化学反応が起きて、新たに生まれた視点や論点がありました。ジャーナリストとしての生き方を改めて教えてもらった点も多々ありました。

そこを読み取っていただければ幸いです。

さて、次に森さんと顔を合わせるのは、果たして世界のどこになるのか。そこからまた、新しい物語が始まるはずです。

二〇一五年八月

ジャーナリスト・東京工業大学教授　池上彰

池上　彰（いけがみ　あきら）
一九五〇年、長野県松本市生まれ。ジャーナリスト・東京工業大学教授。七三年、NHK入局。報道記者として松江放送局、呉通信部を経て東京の報道局社会部へ。「週刊こどもニュース」でお父さん役を務め、わかりやすい解説で人気を博する。二〇〇五年に独立。著書に『伝える力』（PHPビジネス新書）、『おとなの教養』（NHK出版新書）、『超訳日本国憲法』（新潮新書）、『ニュースの大問題』（さくら舎）、『世界から戦争がなくならない本当の理由』（祥伝社）、他多数。

森　達也（もり　たつや）
一九五六年、広島県呉市生まれ。映画監督、作家。明治大学情報コミュニケーション学部特任教授。テレビ・ドキュメンタリー作品を多く制作。九八年、ドキュメンタリー映画「A」を公開、ベルリン映画祭に正式招待。「A2」では山形国際ドキュメンタリー映画祭で特別賞・市民賞を受賞。二〇一一年、『A3』（集英社インターナショナル）で講談社ノンフィクション賞受賞。著書に『放送禁止歌』（知恵の森文庫）、『死刑』（角川文庫）、『僕のお父さんは東電の社員です』（現代書館）、他多数。

池上彰《いけがみあきら》・森達也《もりたつや》のこれだけは知《し》っておきたいマスコミの大問題《だいもんだい》

二〇一五年九月二十五日　第一版第一刷発行

著　者　池上　彰・森　達也
発行者　菊地泰博
発行所　株式会社現代書館
東京都千代田区飯田橋三―二―五
郵便番号　102-0072
電　話　03（3221）1321
FAX　03（3262）5906
振　替　00120-3-83725
組　版　デザイン・編集室エディット
印刷所　平河工業社（本文）
東光印刷所（カバー）
製本所　越後堂製本
装　幀　伊藤滋章

校正協力／高梨恵一

ISBN978-4-7684-5762-7

http://www.gendaishokan.co.jp/

活字で利用できない方のための
テキストデータ請求券
『池上彰・森達也』